바른 성경을 찾아서 11

바이블 내비게이션

바른 성경을 찾는 길잡이

조승규 목사 지음

말씀보존학회

서 문

성경에는 같은 말씀이 반복해서 기록된 경우가 많이 있는데, 그 중에서 여러 구절들은 그 말씀을 강조하기 위해서 두 번이나 혹은 그 이상 반복적으로 기록된 것이다. 이와 같은 구절들 중에 큰 교훈을 주는 말씀이 다음과 같이 잠언 14:12과 16:25에 두 번 기록되어 있다.

『사람에게 옳게 보이는 길이 있으나, 그 끝은 죽음의 길들이니라.』

하나님께서는 사람에게 옳게 보이는 길이 있지만 그 길의 끝이 실제로는 죽음이라고 말씀하신다. 하나님을 믿지 않는 세상 사람들은 하나님이 없다고 생각하며 자신들의 눈에 보기 좋은 대로, 또 자신들이 좋다고 생각하는 대로 살지만, 그런 인생의 끝에는 죽음과 지옥에서의 영원한 형벌이 기다리고 있을 뿐이다(히 9:27, 살후 1:8-9).

이와 같은 불신자들처럼 분별력 없는 많은 기독교인들이 성경 번역본에 관해 잘못된 판단을 하고 있다. 한국 교계의 많은 기독교인들이 한국 교단들의 연합 기관인 대한성서공회에서 출간한 성경을 '믿을 만한' 것이라고 생각하고 있지만, 실제로는 영적 생명을 죽이는 변개된 성경이다. 또한 유명한 출판사들에서 출간한 성경들도 좋은 것이라고 착각하고 있다. 우리 나라만이 아니라 전 세계적으로 변개된 성경이 마치 정통 성경처럼 오인되고 있다.

왜 이런 일이 있겠는가? 만일 누군가 복음을 믿지 않고 구원받지 못했다면, 그것은 사탄의 역사 때문이다. 성경은 이렇게 말씀한다.

> 『그러나 만일 우리의 복음이 가려졌다면 그것은 구원받지 못한 자들에게 가려진 것이라. 그들 가운데 이 세상의 신이 믿지 않는 자들의 마음을 어둡게 하여 하나님의 형상이신 그리스도의 영광스러운 복음의 광채가 그들에게 비치지 못하게 하느니라』(고후 4:3-4).

세상의 불신자들 가운데 소위 '지성인'이라고 평가받는 많은 전문가들이 있지만, 그들의 전문 지식이 인간의 가장 본질적인 죄의 문제를 해결할 수 없다. 그들은 자신들의 지식과 경험을 근거로 그리스도의 복음을 거부한다. 이처럼 사탄이 그들의 지식과 경험을 이용하여 그들의 마음을 어둡게 함으로써 그리스도의 영광스런 복음의 광채가 그들에게 비치지 못하게 하기 때문에 많은 사람들이 구원받지 못하는 것이다.

또한 누군가 바른 성경이 어떤 것인지 분별하지 못하고 변개된 성경을 정통 성경이라고 잘못 알고 있다면, 그것 역시 사탄의 역사 때문이다. 성경은 이렇게 말씀한다.

> 『사람들이 잠자는 동안 그의 원수가 와서 곡식 사이에 독보

리를 뿌리고 가 버리니』(마 13:25).

『누구든지 왕국의 말씀을 듣고도 깨닫지 못할 때에는 악한 자가 와서 그 사람의 마음에 뿌려 놓은 것을 빼앗아 가나니, 길가에 씨가 뿌려졌다는 것은 곧 이 사람을 두고 말하는 것이요』(마 13:19).

원수요, 악한 자인 사탄이 곡식, 즉 바른 성경 사이에 독보리, 즉 변개된 성경을 만들어내고, 또한 말씀을 빼앗아가고 있다. 따라서 진리의 지식이 결여된 많은 기독교인들이 곡식과 독보리를 구분하지 못하는 것처럼 사탄의 역사로 인해 어떤 성경이 참된 하나님의 말씀인가를 분별하지 못하고 있다. 또한 한국 교계에는 진리가 아니라 거짓으로 인도하는 "눈먼 안내자들"이 많이 있으며, 이들의 잘못된 안내로 인해 순수한 믿음을 지닌 그리스도인들이 바른 성경을 찾지 못하고 있다. 성경은 다음과 같이 경고의 말씀을 기록하고 있다.

『너희 눈먼 안내자들아, 너희에게 화 있으리라! 너희는 말하기를 '누구든지 성전으로 맹세하면 아무것도 아니나 성전의 금으로 맹세하면 빚진 자라.'고 하니』(마 23:16).

『너희 눈먼 안내자들아, 너희가 하루살이는 걸러내고 낙타는 삼키는구나』(마 23:24).

예수 그리스도께서는 위선자들인 당시의 종교지도자들을 "눈먼 안내자들"이라고 부르셨다. 오늘날에도 이들 "눈먼 안내자들"은 신학대학

교수들과 목사들과 교계의 지도자들과 신앙 경력이 오래된 사람들 중에 많이 있다. 위의 두 구절은 성경적 근거 없이 자기 생각이나 인간적인 관점으로 안내하는 사람들에게 경고하는 말씀이며, 또 하루살이 같이 작은 잘못이나 죄는 걸러내면서 자신을 거룩하게 나타내지만 실제로는 낙타같이 큰 잘못이나 죄를 지으면서 지도자의 자리에 있는 종교적 위선자들에게 하신 말씀이다. 한국 교계에는 이와 같은 눈먼 안내자들이 바른 성경을 찾는 길을 가로막고 있으며, 이들의 잘못된 안내로 인해 많은 사람들이 죽음의 길로 가고 있다.

그렇다면 바른 성경을 찾고 분별하는 방법은 무엇인가? 성령의 인도하심을 받는 것이다. 그리스도인들이 구원받기 전에는 죄들 가운데서 『...이 세상의 풍조를 따르고 공중 권세의 통치자, 곧 지금은 불순종의 자녀들 안에서 역사하는 영을 따라』(엡 2:2) 행했었다. 그러나 이제는 거듭난 그리스도인들 안에 성령께서 들어오셔서 인도하고 계신다. 따라서 『...우리는 육신을 따라 행하지 않고 성령을 따라 행하는 자들이라.』(롬 8:4)고 말씀하는 것이다. 하지만 성령께서 그리스도인들 안에 내주하심에도 불구하고 그리스도인들 스스로 성령의 인도하심을 구하지 않고, 또 순종하지 않으면 성령의 역사는 일어날 수 없다. 육신이 강하면 성령충만할 수 없다.

먼저 바른 성경과 변개된 성경을 분별할 수 있도록 성령의 인도하심을 기도해야 한다. 구체적으로 이 책의 내용이 옳은지 틀린지 분별할 수 있게 해 달라고 기도해야 한다. 만일 독자들 가운데 자신이 거듭난 그리스도인이라고 확신하는 사람이 있다면, 성령께서 자신을 인도하신다는 사실을 확신할 수 있을 것이다. 눈먼 안내자들의 말에 귀기울이지 말고, 자신 안에서 역사하시는 성령님의 음성에 경청해야 한다.

운전하는 사람에게 길을 찾아 안내해 주는 역할을 하는 것이 자동차 내비게이션이다. 비록 인간이 만든 기계이기 때문에 고장이 나거나 최신 지도가 새롭게 공급되지 않으면 가끔 문제가 생길 경우도 있겠지만, 내비게이션의 안내대로 운전하면 목적지를 찾아가는 데 실패하지 않는다. 이와 같이 거듭난 그리스도인이 바른 성경을 찾고 변개된 성경을 분별하기 위해서는 완벽하게 역사하시는 성령님, 곧 우리를 모든 진리로 인도하시는 진리의 영을 따라 한걸음 한걸음 나아가는 것이다. 성경은 이렇게 말씀한다.

> 『그러나 진리의 영이신 그분이 오시면 너희를 모든 진리로 인도하시리라. 그분은 스스로 말씀하지 아니하시며, 무엇이나 들은 것을 말씀하실 것이요, 또 너희에게 다가올 일들을 알려 주시리라』(요 16:13).

이 말씀대로 이 책을 읽는 독자들이 성령의 인도하심을 받는 사람들이 되기를 간절히 기도한다.

이 책은 전체 5장과 부록으로 구성되어 있는데, 필자가 〈한글킹제임스성경〉의 안내서로 집필했던 〈우리말로 번역된 가장 정확하고 가장 권위있는 한글킹제임스성경〉이라는 제목의 소책자와 월간 〈성경대로 믿는사람들〉에 기고했던 성경 관련 글들을 발췌하여 수정하고 보완한 것이다.

제1장은 성경에 관한 기본적인 지식과 믿음을 다루고 있는데, 성경에 대한 바른 믿음과 잘못된 믿음이 무엇인지 설명하며, 성경의 역사를 간략하게 제시하고 있다.

제2장은 〈킹제임스성경, KJV〉에 관한 질문과 답변인데, 그동안 자주 받았던 질문에 대한 답변이기 때문에 이 책을 읽는 독자들에게도 유익할 것이다.

제3장은 〈한글킹제임스성경〉과 〈개역성경〉을 비롯한 변개된 성경들과의 구절 비교와 그에 대한 설명인데, 주제별로 핵심 구절들을 다루고 있으며, 바른 성경과 변개된 성경을 판단하는 구체적인 증거가 될 것이다.

제4장은 보존된 성경과 변개된 성경의 계보인데, 역사적으로 전래된 필사본들과 인쇄본들을 도표 형식으로 간략하게 제시한 것이다. 따라서 최초의 원본에서부터 현재까지의 성경의 역사를 한눈에 확인할 수 있을 것이다.

이렇게 1,2,3,4장이 가장 기본적인 내용으로 가능한 한 이해하기 쉽고, 부담 없이 읽을 수 있도록 간략하게 쓴 것이다. 따라서 보다 더 자세한 설명과 근거를 찾고자 하는 독자들은 각주에 제시된 자료들과 제5,6장 및 부록을 주의깊게 읽을 것을 권한다. 그러나 4장까지의 내용을 주의깊게 읽고 비교한다면, 성령님께서 독자들에게 어떤 성경이 참된 하나님의 말씀인가를 깨닫고 확신할 수 있도록 이끄실 것이다.

제5장은 성경의 문제에 관한 한 신뢰할 수 없는 한국 교계 지도자들의 실상을 다루고 있다. 한국 교계가 성경 번역을 위한 가장 근본적인 문제인 저본(底本) 선정을 잘못한 사실, 〈개역성경〉과 〈개역개정판〉의

변개를 입증하는 구절들에 대한 깊이있는 설명, 대한성서공회 스스로 〈개역성경〉의 종말을 고하고 있다는 사실, 〈개역개정판〉을 두고 이익을 취하기 위해 야합한 대한성서공회와 예장합동의 위선적인 행위, 그리고 〈개역개정판〉을 선전하는 사람들의 죄를 지적하고 있다. 이 장은 배교한 한국식 기독교의 가장 근본적인 문제를 바로잡고 있다.

제6장은 결론으로, 〈한글킹제임스성경〉의 열매들을 제시하고, 변개된 성경에서 바른 성경으로 돌아가야 한다는 대안을 제시한 것이다.

부록은 〈개역성경〉과 〈개역개정판〉의 변개의 실상을 3장에서 다루기에 다소 어렵거나 자세한 내용을 담고 있는데, 지옥의 실상과 사탄의 정체에 대한 보다 깊이있는 설명이다.

필자는 이 땅에 하나님을 사랑하는 사람들과 하나님께서 사랑하시는 사람들이 많이 있다고 믿는다. 그런 분들이 변개된 〈개역성경〉과 〈개역개정판〉을 비롯한 한글 성경들의 실상을 정확히 깨닫고 하나님께서 한국어를 모국어로 사용하는 사람들에게 최종권위로 주신 〈한글킹제임스성경〉을 자신들의 최종권위 성경으로 믿고 사용하는 데 이 책이 도움이 되기를 간절히 기도한다.

2007년 11월

조 승 규

목 차

이 책에 인용된 성경 구절은 〈한글킹제임스성경〉입니다.

제 1 장

성경에 관한 기본적인 지식과 믿음

그리스도인은 성경을 "지식의 말씀"(고전 12:8)과 "믿음의 말씀"(롬 10:8, 딤전 4:6)으로 믿고 실행해야 한다. 『하나님께서는 모든 사람이 구원을 받고 진리의 지식에 이르기를 원하시느니라』(딤전 2:4).

1

성경에 대한 바른 믿음

1. 성경은 하나님의 말씀이다.

성경(聖經, The Bible)은 인간의 저작이 아니라 살아 계신 전능한 하나님의 말씀이기 때문에(히 4:12, 벧전 1:23) 절대 진리이며(요 17:17), 모든 문제를 판단하는 최종권위(最終權威, final authority)이다. 따라서 성경은 인간의 이성과 논리로 이해하는 책이 아니라 오직 믿는 사람에게 효과적으로 역사하는 하나님의 말씀이다(살전 2:13).

『하나님의 말씀은 살아 있고 활력이 있어 양날이 있는 어떤 칼보다도 예리하여 혼과 영, 그리고 관절과 골수를 찔러 가르고 마음의 생각들과 의도들을 판별하느니라』(히 4:12).

『너희가 거듭난 것은 썩어질 씨로 된 것이 아니라 썩지 아니할 씨로 된 것이니 살아 있고 영원히 거하는 하나님의 말씀으로 되었느니라』(벧전 1:23).

『아버지의 진리로 그들을 거룩하게 하여 주옵소서. 아버지의 말씀은 진리니이다』(요 17:17).

『이로 인하여 우리가 하나님께 쉬지 않고 감사함은 너희가 우리에게 들은 바 하나님의 말씀을 받을 때에 사람의 말로 받아들이지 아니하고 사실 그대로 하나님의 말씀으로 받았음이니, 이 말씀이 믿는 너희 가운데서도 효과적으로 역사하느니라』(살전 2:13).

2. 하나님께서 성경을 영감으로 기록하시고 섭리로 보존하셨다.[1)]

성경이 하나님의 말씀이라는 말은 하나님께서 그분의 손으로 직접 성경을 쓰셨다는 말이 아니라, 하나님께서 그분의 거룩한 사람들에게 하나님의 말씀을 "주셔서" 기록하게 하셨다는 뜻이다. 하나님께서는 성경을 기록한 하나님의 사람들 안에 그분의 호흡을 불어넣으심으로써 그분의 말씀 한 글자 한 글자를 받아 기록하게 하셨는데, 이것을 성경

---

1) 성경의 영감과 보존에 관한 자세한 설명은 다음 자료를 참고하시오. 조승규, 『하나님께서 지키신 성경』 (서울: 말씀보존학회, 1998), pp.28-71,72-146; Peter S. Ruckman, 「The inspiration of the Bible」, *Theological Studies*, Vol.15, (Pensacola, Fla.: Bible Baptist Bookstore, 1988), pp.1-23; Edward F. Hills, *The king James Version Defended* (Des Moines, Ia.: The Christian Research Press, 1988), pp.87-93,102-114.

의 영감(靈感, inspiration)이라고 말한다(딤후 3:16-17).

『모든 성경은 하나님의 영감으로 주어진 것으로 교리와 책망과 바로잡음과 의로 훈육하기에 유익하니 이는 하나님의 사람이 온전하게 되며, 모든 선한 일에 철저히 구비되게 하려 함이니라』(딤후 3:16-17).

그러므로 모든 성경이 하나님의 영감으로 "주어졌다"(All scripture is given by inspiration of God)는 사실은 성경에 어떤 오류도 없음을 보증한다. 하나님의 모든 역사는 완벽하기 때문이다. 이렇게 기록된 성경은 최초 기록되었을 당시에만 무오(無誤, infallibility)하고 권위있는 말씀"이었던" 것이 아니라, 그 말씀들 하나하나가 그대로 보존(保存, preservation)되어 시대를 거쳐 지금까지 필사본들을 통해 전수되고 번역되었기 때문에 현재 우리 손에 들려 있는 성경 역시 권위있는 하나님의 말씀"이다"(시 12:6-7).

『주의 말씀들은 순수한 말씀들이라. 흙 도가니에서 단련되어 일곱 번 정화된 은 같도다. 오 주여, 주께서 이 말씀들을 간수하시리니 주께서 이 세대로부터 영원토록 그것들을 보존하시리이다』(시 12:6-7).

3. 성경에 대한 바른 믿음은 구원받은 그리스도인들이 공통적으로 갖고 있는 "평범한 믿음"이다.

이 "평범한 믿음"(the common faith)은 성경에 관해 세 가지를 믿는 것이다. 첫째는 성경이 하나님의 영감으로 주어진 하나님의 말씀이라는 사실을 믿는 것이며, 둘째는 그 성경은 시대를 통해 섭리적(攝理的, providential)으로 보존되었다는 사실을 믿는 것이고, 셋째는 결과적으로 현재 우리에게 주어진 성경이 최초의 성경과 같은 권위를 지닌 하나님의 말씀이라는 사실을 믿는 것이다. 이러한 믿음은 모든 그리스도인들이 가지고 지켜야 할 매우 소중한 것이다.

하나님께서 독생자이신 주 예수 그리스도를 믿는 사람들을 구원하시고 그 구원을 영원히 보증하시겠다고 말씀하셨기에 한 번 구원받은 사람은 그 구원을 잃어버리지 않고 어떠한 이유로도 지옥에 가지 않는 것과 같이, 하나님께서 하나님의 말씀들을 영원토록 보존하시겠다고 말씀하셨기에(시 12:6-7) 그 어떤 학자들이 인간의 이성에 호소하여 오류들을 주장한다 할지라도 하나님의 말씀은 하나님께서 말씀하신 그대로 영원히 보존되어 왔다. 하나님께서 그분의 약속을 지키시고 그 분의 말씀을 보존하신다는 것에 대한 믿음에 대해 영국 옥스퍼드대학 교수이며 치체스터의 학장이었던 존 윌리암 버간(John William Burgon)은 이렇게 말했다.

> 당신과 내가 성경의 최초의 기록이 하나님에 의해 문자 하나하나가 영감받았다는 사실을 믿는다면, 필연적으로 그 기록들은 시대

를 통해 섭리적으로 보존되어 있어야만 한다.

이러한 믿음에 대해 금세기에 뛰어난 원문비평학자였던 에드워드 힐스(Edward F. Hills) 박사는 영감으로 기록되고 섭리로 보존된 사실을 믿는 것은 그리스도인의 "순수한 믿음"일 뿐만 아니라 "논리적인 믿음"(logical faith)이라고 말했다. 또 한 가지 〈*International Standard Bible Encyclopedia*〉의 편집자인 제임스 오르(James Orr) 박사가 성경에 관한 현대 신학의 비평을 바로잡는 말을 한 것을 유념해야 할 것이다.

> 초자연적인 계시를 기록한 성경을 비평할 때 그 성경 비평의 접근 방식에 나타나는 오류의 주된 원인은 초자연적인 어떤 것도 일어날 수 없다는 가정이다. 이것은 신·구약에 대한 새로운 비평의 많은 부분을 무효로 만드는 요소이다.[2)]

만일 당신이 성경대로 믿는 그리스도인이라면 하나님의 말씀인 성경이 인간의 저서들과 다르게 하나님께서 초자연적인 영감으로 기록하시고 시대를 통해 그분의 섭리로 보존하셔서 하나님의 자녀들에게 권위 있는 바른 성경을 주셨다는 사실을 믿을 것이다. 믿음 없는 사람들이 믿지 않는 것은 하나님의 신실하심을 무효화시킬 수 없다는 사실을 깨

---

2) James Orr, ed., *The International Standard Bible Encyclopedia,* Vol.II, (Grand Rapids, Mich.: WM. B. Eerdmans Publishing Co., 1986), p.749.

달아야 한다(롬 3:3,4).

『어떤 자들이 믿지 아니하였다면 어찌하겠느냐? 그들의 믿지 아니함이 하나님의 신실하심을 무효화시키겠느냐? 결코 그럴 수 없느니라. 실로, 하나님은 참되시나 사람은 모두 거짓말쟁이라, 기록된 바 "이는 주께서 주의 말씀에 의롭다 함을 얻으시고 판단받으실 때에 이기려 하심이라."고 함과 같으니라』(롬 3:3,4).

2

성경에 대한 잘못된 믿음

1. 성경에 대한 바른 믿음을 거부하는 자유주의자들과 신정통주의자들을 주의해야 한다.

성경에 대한 그리스도인의 평범한 믿음을 현대의 많은 자유주의 신학자들과 신정통주의 신학자들은 믿지 않고 거부한다.

"자유주의"(自由主義, Liberalism)는 성경이 하나님에 관해서 사람들이 쓴 책이라고 주장하는 것이다. 자유주의에 속한 사람들에게는 성경에 기록된 창조와 기적들은 믿을 수 없는 것이며, 동정녀 탄생과 피의 속죄, 부활 등의 근본적인 믿음 자체도 수용할 수 없는 것이다. 예수 그리스도를 하나님이 아닌 인류의 4대 성인 가운데 한 사람 정도로 생각하기 때문에 성경에 대해서도 잘못된 견해를 갖고 있는 것이다. 이와 같은 사람들은 성경을 단지 세상의 고대 문서와 같이, 또는 조금은 다른 가치를 부여하는 정도로 판단한다. 심지어 이러한 사람들은 자신들의 사상을 담은 성서들을 번역하기도 한다. 그러나 이러한 자유주의 신학자들의 견해는 불신자들의 생각과 같다.

"신정통주의"(新正統主義, Neo-Orthodoxy)에 속한 사람들은 "성경이 하나님의 말씀을 포함하고 있다."(The Bible contains the word of God)고 생각하며, 또 사람들에 따라 부분적으로 "성경이 하나님의 말씀이 된다."(The Bible becomes the word of God)고 생각한다. 이 말은 성경에는 하나님의 말씀도 있지만 인간이 쓴 인간의 말도 있다는 주장이며, 어떤 성경 구절이 믿는 사람에게는 하나님의 말씀이 되지만 안 믿는 사람에게는 하나님의 말씀이 아니라는 뜻이다. 또한 신앙의 문제를 제외한 역사적, 과학적인 기록은 오류를 지니고 있으며, 성경의 구체적인 사건들을 진술한 기록들에도 인간의 한계가 있기에 오류가 있다고 주장한다. 그 결과 성경은 모든 문제를 판단하는 절대기준이 되지 못하며, 권위를 지니지 못하게 되는 것이다. 성경의 권위를 믿는다고 말은 하지만 그것은 입술로만 하는 신앙고백일 뿐 하나님께서 인정하시는 바른 믿음은 아닌 것이다.

2. 최초의 원본만 권위있는 성경이고, 성경의 필사본들과 번역들은 권위가 없다는 생각은 잘못된 것이다.

자유주의나 신정통주의와는 다르게 "정통주의"(正統主義, Orthodoxy)에 속한 대다수의 보수적인 사람들은 "성경이 하나님의 말씀이다."(The

Bible is the word of God)라고 믿는다. 정통주의는 성경이 역사적, 과학적 사실뿐만 아니라 초자연적인 기록에 있어서도 절대 오류가 없다고 믿는다. 그 이유는 성경의 글자 하나하나가 영감을 받아서 기록되었다고 믿기 때문이다.

그러나 이러한 믿음을 고백하는 대부분의 사람들은 한 가지 잘못된 생각을 가지고 있다. 즉 표면적으로 올바른 성경관을 갖고 있는 많은 사람들이, 최초에 기록된 원본만이 온전한 성경이고 필사본이나 번역본은 온전한 성경일 수 없다는 잘못된 견해를 갖고 있는 것이다. 성경은 온전한 하나님의 말씀이지만 최초의 원본이 없어진 오늘날에는 처음과 같은 권위를 지닌 성경이 존재하지 않는다는 생각은 하나님께서 그분의 말씀을 영원토록 보존하시겠다는 약속(시 12:6–7)을 믿지 못하는 데서 나오는 불신의 표현이며, 실제로 자유주의나 신정통주의와 같은 입장이다. 또한 성경의 원본이 없어진 상황이기 때문에 여러 가지 성경들을 모두 수용해도 좋다는 주장 역시 유일하고, 최종적이며, 절대적인 권위가 있는 하나님의 말씀을 제거하려는 상대주의(相對主義, relativism) 사고체계에서 유래한 생각일 뿐이다. 그리스도인은 이렇게 잘못된 주장들을 바로 알고 수용해서는 안 된다.

3 성경의 역사

1. 바른 성경의 역사

신약성경은 "그리스도인"이라는 이름이 처음으로 시작되고 바울의 사역과 전도여행의 기반이 된 시리아의 안티옥(행 11:26)을 기점으로 해서 소아시아와 지중해 연안 지방으로 확산되어 갔고, 또 콘스탄티노플을 거쳐 독일과 영국 등지로 전해졌다. 이렇게 전달된 성경은 그리스도인들의 손을 거쳐오면서 변개(變改, perversion)되지 않고 잘 보존되었다. 이것은 전통원문, 비잔틴 원문, 혹은 다수 원문 등으로 불렸고, 에라스무스(1516,1535), 스테파누스(1550,1551), 베자(1598), 엘지버 형제(1635) 등에 의해서 헬라어 〈표준원문, Textus Receptus〉으로 편집, 출간되었다.

이 보존된 원문에서 1384년 〈위클리프 성경〉, 1525년 〈틴데일 성경〉,

1539년 〈그레이트 성경〉, 1560년 〈제네바 성경〉, 1602년 〈비숍 성경〉, 1611년 〈킹제임스성경〉 등의 영어 성경이 번역되었고, 또 이 원문에서 독일어 〈루터 성경〉(1534), 프랑스어 〈올리베탄 성경〉(1535), 스페인어 〈레이나 발레라 성경〉(1602), 이태리어 〈디오다티 성경〉(1607) 등 세계 주요 언어들로 바른 성경이 번역되었다. 이렇게 섭리로 보존된 성경들과 일치하는 우리말 성경은 〈한글킹제임스성경〉(1994)이며, 이 성경이 우리말로 번역된 가장 "정확"(正確)하고 가장 "권위"(權威)있는 성경이다.

2. 변개된 성경의 뿌리와 썩은 열매들

변개된 성경들은 보존된 바른 성경들과 다르게 시리아 안티옥에서 기원한 것이 아니라, 세상을 상징하는 부정적인 곳인 이집트 "알렉산드리아"에서 기원했다. 이곳 출신의 "오리겐"(Origen, A.D. 184-254)은 예수 그리스도의 신성을 부정하여 예수 그리스도를 아버지 하나님과 동등하게 믿지 않은 에비온파(Ebionites)의 일원으로서, 예수 그리스도의 신성과 권위를 증거하는 많은 성경 말씀들을 변개시켰다(눅 2:33, 요 1:18, 행 8:37; 20:28, 롬 14:10, 골 2:9,10, 딤전 3:16 등). 이렇게 오리겐이 변개시킨 성경에서 "유세비우스"(Eusebius, A.D. 260-340)가 50권의 성경을 복사함으로써 변개된 성경이 확산되었는데, 그것이 가장 심각하게 변개된 두 사본인 '시내 사본'(Codex Sinaiticus)과 '바티칸 사본'(Codex Vaticanus)이다. "제롬"이 이 사본에서 라틴어 성경을 번역함으로써 변개된 성경이 로마카톨릭에 확산되었던 것이다.

1881년에 영국의 두 학자, "웨스트코트"(B.F. Westcott)와 "홀트"(F.J.A. Hort)가 시내 사본과 바티칸 사본을 근거로 하여 헬라어 신약성경을 편집하여 출간했으며, 이 성경에서 1884년 영어 〈개역본, Revised Version〉이 번역되었다. 이로 인하여 1611년 이래 270년 동안 〈킹제임스성경〉을 사용해 온 기독교계는 하나의 커다란 혼란을 맞게 되었다. 〈킹제임스성경〉을 일부 개정한 것뿐이라는 명분을 내세웠으나 그것은 거짓말이고 실제로는 5,700여 군데가 변개되었던 것이다. 그들의 주장대로 그 성경이 원본에 가깝다고 한다면 그 성경은 〈킹제임스성경〉을 제압하고 꾸준히 사용되었어야 했을 것이다. 그런데 그 성경을 지금 누가 어디에서 사용하고 있는가? 현재 영어 〈개역본, RV〉은 출판이 중단된 지 오래되었으며 아무도 사용하고 있지 않다.

한편 독일의 성경 비평가 "네슬"(Eberhard Nestle)이 1898년에 웨스트코트와 홀트의 변개된 헬라어 성경을 근거로 일명 "네슬판 헬라어 원문"을 출간했는데, 여기에서 〈개역한글판성경, 1961〉(이하 개역성경)이 나왔다. 〈개역성경〉과 〈한글킹제임스성경〉을 비교해 보면 〈개역성경〉은 신약에서만 2,200단어 이상이 삭제되었다. 과연 "삭제된 성경"(개역성경)과 "삭제되지 않은 성경"(한글킹제임스성경) 중 어느 것이 참된 하나님의 말씀이겠는가?

대한성서공회에서 발행된 〈개역성경〉, 〈공동번역〉, 〈표준새번역〉,

〈개역개정판〉은 동일하게 변개된 한 원문에서 번역되었는데, 왜 동일한 원문에서 네 가지 성경을 출간했겠는가? 생명의말씀사에서 출간한 〈현대인의 성경〉도 〈개역성경〉과 마찬가지로 변개된 같은 원문에서 번역되었으며, 아가페출판사의 〈쉬운성경〉도 변개된 같은 원문에서 번역되었다. 이러한 한글 성경들이 하나같이 알렉산드리아에서 유래한 필사본들의 헬라어 원문을 선호하게 된 것은 성경의 번역과 출판에 관여한 사람들이 바른 성경의 역사와 원문비평학에 대해 무지했기 때문이다. 그 결과 한국 교계는 처음 한글 성경이 번역될 때부터 지금까지 계속해서 한 가지 변개된 원문에서 여러 번역본들이 출간되는 잘못된 역사를 남기고 있는 것이다.[3)]

3. 하나님께서는 한 가지 성경만을 쓰셨다.

하나님께서는 혼란의 하나님이 아니시다. 예수님께서는 하늘과 땅은 없어져도 주님의 말씀은 결코 없어지지 않는다고 단언하셨다(마 24:35). 삭제되고 변개된 부분으로 말미암아 오류를 지니게 된 성경이 어떻게 신학과 교리와 신앙의 최종권위가 될 수 있겠는가? 진리가 왜곡되면 인본주의적인 종교가 되며, 하나님의 말씀이 변개되면 바른 믿음과 신앙은 자라날 수 없다. 따라서 하나님을 바르게 믿고 그분의 뜻대

3) 한글 번역본들이 하나같이 변개된 원문에서 번역되었다는 사실에 대해서는 제5장(pp.161-175)을 참고하시오.

로 섬기기를 원하는 사람은 변개된 성경을 분별하고 바른 성경으로 돌아가야 한다.

〈한글킹제임스성경〉은 히브리어 맛소라 원문(Hebrew Massoretic Text), 헬라어 표준원문(Greek Textus Receptus), 독일어 〈루터 성경〉, 프랑스어 〈올리베탄 성경〉, 스페인어 〈레이나 발레라 성경〉, 이태리어 〈디오다티 성경〉, 영어 〈킹제임스성경〉과 같은 맥을 유지하는 섭리로 보존된 성경이다. 그 중에서도 영어 〈킹제임스성경〉은 1611년에 출간된 이후 전 세계에서 가장 완벽한 성경으로 입증되어 온 최고의 성경이며, 종교개혁과 세계 선교는 물론 영적 부흥을 주도한 성경으로 여기서 약 800개의 다른 언어들로 성경이 번역되었다. 〈한글킹제임스성경〉도 영어 〈킹제임스성경〉으로부터 번역하였고, 구약 어휘들은 〈히브리어 맛소라 원문〉으로, 신약 어휘들은 〈헬라어 표준원문〉으로 대조하여 조화를 이루었다.

〈한글킹제임스성경〉은 1994년 4월 12일에 출간되어 현재에 이르고 있으며, 이 땅에서 분별력 있는 그리스도인들에게 우리말로 번역된 가장 "정확"하고 가장 "권위"있는 성경으로 인정받고 있다. 한글 성경의 대안은 바로 〈한글킹제임스성경〉이다.

제 2 장

<킹제임스성경, KJV>에 관한 질문과 답변

『내 입의 모든 말들이 의에 있나니, 그 말에는 비뚤어진 것이나 왜곡된 것이 전혀 없느니라. 그것들은 깨닫는 자에게는 모두 알기 쉬운 것이요, 지식을 얻는 자들에게는 옳은 것이니라』(잠언 8:8-9).

『정녕, 네가 지식을 구하려고 소리지르며 명철을 위하여 네 목소리를 높이고, 은을 구하듯이 지식을 구하며 숨겨진 보물들을 찾듯이 명철을 찾는다면, 네가 **주**의 두려움을 깨달을 것이요, 하나님의 지식을 발견하리니 **주**께서 지혜를 주시고 그의 입에서 지식과 명철이 나오느니라』(잠 2:3-6).

1

Q 〈한글킹제임스성경〉을 최종권위라고 말하는데, 무슨 뜻입니까?

A 그리스도인이 직면하는 모든 문제에 대해서 성경은 해답을 가지고 있습니다. 따라서 그리스도인은 성경을 바로 알고 성경대로 실행해야 합니다. 우리가 문제에 부딪칠 때 성경을 얼마나 의뢰합니까? 우리의 목사님과 교사들은 상담할 때나 질문에 대답할 때 성경에서 해답을 명확히 제시하고 있습니까? 성경을 얼마나 많이 아느냐고 묻는 것이 아닙니다. <u>모든 문제의 해결은 성경에서 제시하고 있다는 확신을 갖고 성경에서 구체적인 해답을 찾느냐는 것</u>입니다. 이렇게 <u>성경에 최고의 권위를 두는 것</u>이 성경을 최종권위(final authority)로 바르게 사용하는 것입니다. 판사는 정확한 판단과 적용을 위해서 법전과 판례에 충실해야 합니다. 마찬가지로 그리스도인의 신실함도 성경을 어떤 자세를 가지고 자신에게 적용하는가에 달려 있습니다.

역사를 통해 그리스도인들이 믿고 따라야 할 하나님의 말씀으로 주신 성경은 히브리어 〈맛소라 원문〉과 헬라어 〈표준원문〉, 영어 〈킹제임스성경〉 등이며, 이 성경들과 일치하는 각 언어의 보존된 성경들 역시 하나님께서 주신 성경입니다(딤후 3:16,17). 이 성경들의 특징은 ① 바른 원문에서 ② 의도적인 변개가 없이 ③ 직역한 것입니다. 우리말 성경으로는 이 성경들의 권위를 그대로 전수한 〈한글킹제임스 성경〉이 "한국어를 모국어로 사용하는 사람들에게 주신" 하나님의 말씀입니다.

"한국어를 모국어로 사용하는" 우리에게 최종권위는 원어 성경이나 영어 성경들과 같은 외국어 성경이 아니라, 우리가 읽고, 암송하고, 가르치고, 설교하고, 판단할 때 실제로 우리 손에 들려져 있으면서 말씀의 권위를 행사하는 그 성경을 지칭합니다. 자신의 모국어로 번역된 바른 성경이 최종권위라는 사실은 원어나 영어를 모르는 평범한 그리스도인들을 속이는 학자들과 목회자들의 위선과 오류를 바로잡는 것이기도 합니다.[4)]

2

Q **예수님 믿고 신앙생활만 잘 하면 되지 왜 성경을 가지고 문제를 삼는 것입니까?**

A 경기를 하는 사람이 "규칙대로" 하지 않으면 상을 받을 수 없듯이 하나님을 믿고 신앙생활을 하는 데도 따라야만 하는 규

4) 최종권위에 대한 자세한 설명은 다음 글을 참고하시오. 조승규, 「성경에 대한 모든 것 - 최종권위를 왜곡하는 자들을 바로잡는다」, 월간 『성경대로믿는사람들』, 2000년 1월-9월호(통권 94-182호).

칙이 있는데, 그것은 바로 성경 말씀입니다. 우리의 신앙이 하나님께 인정받을 수 있는 길은 성경과 일치되는 것입니다. 따라서 성경은 신앙생활과 뗄 수 없는 관계입니다.

현재 통용되는 여러 한글 번역본들에는 삭제되고 첨가된 단어들과 구절들이 들어 있음은 물론, 오역된 곳이 매우 많이 있습니다. 현재 사용되는 성경들을 비교해 보면 신구약 전체에서 각기 약 30,000군데의 차이를 보이고 있습니다. 〈개역성경〉과 〈표준새번역〉과 〈개역개정판〉은 모두 동일하게 대한성서공회에서 출간했지만, 많은 구절들에서 신학과 교리의 차이를 드러내고 있으며, 똑같은 〈개역성경〉과 〈개역개정판〉에도 일반용과 침례교용이 다르게 번역되어 있습니다. 하나님께서는 한 가지 성경만을 쓰셨는데, 하나님께서 주신 성경 말씀이 번역본들에 따라 다르게 기록되어 있음으로 인해 하나님께서 의도하시고 말씀하신 것이 사람들에게 잘못 전달되는 것입니다.

그러므로 하나님 앞에서 경건한 삶을 살고 사랑을 실천하는 것이 중요하다고 생각하는 사람에게, 그리고 겸손과 온유를 실천하는 삶을 살기를 원하는 사람에게, 보다 우선되어야 할 근본적인 것이 있습니다. 그것은 바로 하나님께서 우리에게 주신 말씀을 정확히 제시한 성경이 어떤 성경인가를 분별하는 것이며, 그 성경을 통해 하나님의 뜻을 올바로 알고 실천하는 것입니다.

그러나 "현재는 완전한 성경이 없다."는 생각을 가지고 "여러 성경들을 비교해서 보는 것이 바람직하다."라는 태도를 지닌다면, 여러 성경들을 수용하고 또한 동시에 추천함으로써 결국에는 자신이 믿는다고 말하는 바와는 다르게 현재 자신은 하나님께서 주신 성경을 가지고 있지 않음을 스스로 입증하는 셈입니다. 여러 종류의 성경을 동시에 인정하는 것은, 뒤집어 생각해 보면 최종권위를 지닌 하나의 성경이 존재하지 않는다고 믿는 것이기 때문입니다. 이는 하나님께서 하나의 성경을 기록하신 것에 대치되는 생각입니다. 많은 사람들이 이러한 오류에 머물고 있습니다. 따라서 바른 신앙을 위해서는 최종권위가 될 수 있는 변개되지 않은 바른 성경이 있어야 하는 것입니다.

3

Q 절대적인 표준이라고 자신할 수 있는 성경은 이 세상에 없지 않습니까?

A 성경 기록자들과 예수님께서는 기록된 하나님의 말씀의 절대적인 권위를 증거하셨습니다. 예수님께서는 자신을 시험하는 사탄을 물리치실 때 성경을 인용하셨으며(마 4:4,7,10), 또한 부활의 문제에 대하여 바리새인들의 잘못을 책망하여 바로잡으시고 사두개인들에게 대답하실 때(마 21:42; 22:32), 성전을 깨끗하게 하실 때에도(막 11:17) 모두 성경을 인용하셨습니다. 사도 바울 역시 자신이 전하는 말씀을 확증하고(행 17:2, 롬 1:2; 4:3, 고전 15:3-4, 갈 3:22) 사람들을 잘못 인도하는 철학과 과학과 전통에 대해 경고하는(골 2:8) 경우를 포함해서 모든 상황에서도 늘 성경 말씀을 인용하여 말

했습니다. 또한 성경 곳곳에는 성경의 다른 부분들을 인용하면서 “기록되기를,” “성경에 말씀하시기를,” “율법과 선지자를 통하여,” “성경을 이루려” 등의 표현들이 있는데, 이는 모두 성경 말씀에 최고의 권위가 있기 때문에 성경으로 문제를 해결할 수 있음을 알려 주는 것입니다.

하나님의 말씀으로서 성경은 글자 하나하나에 영감받았기에 단 하나의 오류도 없으며, 구약의 세부적인 역사적 사실(히 7:4-10), 단어나 구절(행 15:3-17), 심지어 한 단어의 단수와 복수(갈 3:16)까지도 오류가 없다는 사실이 성경 자체를 통해 입증됩니다. 그러므로 영감받은 성경은 폐기될 수 없는 권위가 있습니다. 예수님께서는 유대인들을 향해 시편 82편을 인용하시면서 『성경은 폐기될 수 없나니』(요 10:35)라고 말씀하심으로 그 권위를 확증하셨습니다. 바로 이 영감받은 성경이 하나님의 섭리를 통해 온전히 보존되어 우리에게 전수되었습니다(시 12:6,7). 만일 우리 신앙의 절대적인 표준이 없다면 우리 구원과 영원한 소망은 보장받을 수 없으며, 우리의 모든 믿음도 헛것일 뿐입니다. 성경의 절대적인 권위, 즉 현재 자신의 손에 들려진 성경에 대한 절대적 권위를 고백하는 성경에 대한 바른 믿음은 우리 신앙의 척도입니다. 따라서 현재 어떤 성경에도 최고의 권위를 두고 있지 못하다면, 자신의 무지함과 믿음 없음을 고백하고 하나님의 바른 인도를 구해야 합니다. 그리고 최종권위 성경을 찾아야 합니다.

4

Q 삭제, 첨가, 대체는 번역상의 문제이지 의도적인 성경 변개와는 상관없지 않습니까?

A 성경들이 서로 다른 것은 단순한 번역상의 착오가 아니라 "의도적인 변개" 때문입니다. 현대 신학자들은 자신들의 사상에 따라 성경에서 어떤 말씀을 빼거나, 더하거나, 다른 단어로 바꿈으로써 성경을 변개시키고 있는데, 이런 일은 창세기 3장의 에덴 동산에서부터 사탄의 역사로 시작되었습니다. 창세기 3장에 나타난 성경 변개 방법은 세 가지로 정리할 수 있으며, 지금도 이와 같은 변개가 계속되고 있습니다.

(1) 성경 변개의 첫 번째 방법은 하나님의 말씀 중에서 일부를 "삭제"(削除, ommision)한 것입니다. 창세기 3:2에서 2:16의 말씀이 삭제된 것을 볼 수 있습니다. 창세기 2:16은 『주 하나님께서 그 사람에게 명령하여 말씀하시기를 "동산의 모든 나무에서 나는 것을 네가 마음대로 먹을 수 있으나』입니다. 그런데 창세기 3:2은 『여자가 그 뱀에게 말하기를 "우리가 동산 나무들의 열매는 먹을 수 있으나,』입니다. 보는 바와 같이 "마음대로"(freely)라는 말이 "삭제"되었습니다.

(2) 성경 변개의 두 번째 방법은 하나님의 말씀에 다른 말을 "첨가"

(添加, addition)한 것입니다. 창세기 2:17은 『선과 악의 지식의 나무에서 나는 것은 먹지 말라...』입니다. 그런데 3:3은 『동산 가운데 있는 나무의 열매에 관해서는, 하나님께서 말씀하시기를 '너희는 그것을 먹지도 말고 만지지도 말라. 혹 죽을까 함이라.' 하셨느니라.』고 되어 있습니다. "만지지도 말라."는 말이 "첨가"된 것입니다.

(3) 성경 변개의 세 번째 방법은 하나님의 말씀에 대한 권위를 부정하고 거짓으로 진리의 자리를 "대체"(代替, substitution)시킨 것입니다. 창세기 2:17에서 하나님께서는 『네가 거기서 나는 것을 먹는 날에는 반드시 죽으리라.』(thou shalt surely die)고 하셨으나, 3:3에서는 『...혹 죽을까 함이라』(lest ye die), 또 3:4에서 사탄은 『...너희가 반드시 죽지는 아니하리라.』(ye shall not surely die)고 말했습니다. 즉 반드시 죽으리라는 말씀의 권위를 부정하고 약화시켜서 죽지는 않으리라고 왜곡했으며, 의문을 일으키는 정도가 아니라 거짓말로 하나님의 말씀을 바꾼 것입니다. 하나님께서는 『네가 거기서 나는 것을 먹는 날에는 반드시 죽으리라.』고 말씀하셨고, 사탄은 『...너희가 반드시 죽지는 아니하리라.』고 말했습니다. 여기서 두 개의 "권위"가 충돌된 것입니다. 그러나 과연 둘 다를 신뢰할 수 있습니까? 그렇지 않습니다. 오직 하나의 권위만을 신뢰할 수 있으며, 하나만이 진리입니다.

이와 같이 창세기 3장의 사례에서 입증되는 것은 성경의 차이들이 단순한 번역상의 실수가 아니라는 사실입니다. (구체적인 사례들은 제3장 "성경 구절 비교"를 참고하십시오.) 변개된 성경을 만들어내는 학자들은 자신들이 성경을 보다 정확하고, 이해하기 쉽게 만든다는 생각을 하고 자신의 지식과 사상에 따라 "의도적으로" 원문 성경을 편집하거나 번역합니다. 그러므로 학자들의 생각이 성경과 일치하지 않는 곳에서 성경이 "의도적으로" 변개되는 것입니다.[5)]

다음에 제시되는 성경 변개에 대한 경고의 말씀들을 보면, 단순한 착오가 아니라 성경이 기록되던 시기부터 "특정한 목적을 가지고 의도적으로" 하나님의 말씀을 변개시키는 무리들이 있었다는 사실을 확인할 수 있습니다.

• 신명기 4:2 『너희는 내가 너희에게 명령한 그 말씀에 더하지도 말고, 거기에서 빼지도 말고, 내가 너희에게 명령하는 주 너희 하나님의 계명들을 지킬지니라.』

• 잠언 30:5-6 『하나님의 모든 말씀은 순수하니, 그는 자기를 신뢰하는 자들에게 방패시니라. 너는 그분의 말씀들에 더하지 말라. 그분이 너를 책망하실까 함이며, 네가 거짓말쟁이가 될까 함이라.』

• 예레미야 23:30 『주가 말하노라. 그러므로 보라, 각기 자기 이웃으로부터 내 말들을 도둑질하는 선지자들을 내가 대적하노라.』

• 예레미야 23:36 『너희는 "주의 엄중한 말씀이라."고 다시는 말하지 말라. 각 사람의 말이 자신의 무거운 짐이 되리니 이는 너희가 살아 계

5) 의도적인 성경 변개에 관한 자세한 설명은 다음 자료를 참고하시오. 조승규, 『칠십인역의 망상』 (서울: 말씀보존학회, 1996), pp.9-36; 조승규, 「의도적인 오류를 부정하는 비평가들」, 월간 『성경대로믿는사람들』, 2001년 2월호, 통권 107호, (서울: 말씀보존학회), pp.72-77.

신 하나님, 만군의 주 우리 하나님의 말씀을 변질시켰음이라.』

• 고린도후서 2:17 『우리는 하나님의 말씀을 변개시킴으로써 *이익을 취하는* 여러 사람들과 같지 않고 오직 성실함으로써 또 하나님께로부터 난 자로서 하나님 앞에서와 그리스도 안에서 말하노라.』

• 요한계시록 22:18-19 『이는 내가 이 책의 예언의 말씀들을 듣는 각 사람에게 증거함이니 누구든지 이것들에 더하면 하나님께서 이 책에 기록된 재앙들을 그에게 더하실 것이요 또 누구든지 이 예언의 책의 말씀들에서 삭제하면 하나님께서 생명의 책과 거룩한 도성과 이 책에 기록된 것들에서 그의 부분을 제하여 버리시리라.』

5

Q 성경 필사본들은 KJV(킹제임스성경)를 지지하지 않는나고 들었습니다.

A 전혀 근거없는 말입니다. 현존하는 신약성경의 필사본들은 약 5,400여 개입니다. 이 중에서 90% 이상은 영어 〈킹제임스성경〉이 옳다고 증거하고 있습니다. 〈킹제임스성경〉의 근거가 되는 헬라어 〈표준원문〉을 "다수 원문" 혹은 "다수 필사본"이라고 부르는데, 그 이유가 성경 필사본들의 절대 다수가 헬라어 〈표준원문〉과 영어 〈킹제임스성경〉을 지지하기 때문입니다. 이러한 사실은 대표적인

성경 변개자인 커트 알란드와 브루스 메츠거 같은 학자들을 포함해서 대부분의 학자들도 모두 인정하는 사실입니다.

저명한 원문비평학자인 제인 하지스(Zane C. Hodges) 박사는 이렇게 말합니다.

> 이러한 거대한 양의 필사본들(약 80-90%)이 〈킹제임스성경〉의 근거가 된 원문을 가장 잘 드러내는 헬라어 원문을 담고 있다는 것은 원문비평을 연구하는 사람들 사이에서 잘 알려진 사실이다.[6]

또한 〈킹제임스성경〉을 지지하는 다수의 필사본들이 수적으로만 많은 것이 아니라 필사본의 신뢰도와 가치에 있어서도 그 순수함을 매우 잘 유지하고 있습니다.[7]

6

Q 왜 KJV(킹제임스성경)만 옳다고 주장합니까?

---

6) Zane C. Hodges, 「The Greek Text of the King James Version」, *Bibliotheca Sacra*, 125, 1968, p.339.

7) 킹제임스성경의 필사본 증거에 대한 자세한 설명은 다음 자료를 참고하시오. 게일 립링거, 『뉴에이지 성경 역본들』 (서울: 말씀보존학회, 1998), pp.429-453

A 이렇게 주장하는 데는 몇 가지 분명한 증거들이 있습니다.

첫째는 "성경적 증거"입니다. 성경이 하나님의 말씀이며, 영감으로 기록되고 섭리로 보존되었다는 진리가 영어 성경 중에서 〈킹제임스성경〉에만 확고하게 제시되어 있고, 다른 모든 현대 영어 번역본들에는 이 진리가 제거되거나 약화되어 있습니다.

둘째는 "역사적 증거"입니다. 교회사를 통해서 구약과 신약성경이 전수된 경로를 확인하면 오직 영어 성경 중에서 〈킹제임스성경〉만이 최초의 성경의 권위와 전통을 이어받았기 때문입니다.

간략하게 역사를 살펴보면, 구약성경의 경우 그 전승 경로가 다음과 같습니다. 「하나님께서 기록 → 레위 지파의 제사장들(신 31:9-13; 31:24-28; 17:18-19, 말 2:7) → 에스라(스 7:10)와 그의 계승자들 - 유대에서의 보존(A.D. 70년 이전까지) → 구시리아어 역본(A.D. 120-150), 구라틴어 역본(A.D. 120-150) → 스페인과 영국과 독일 및 유럽에서 보존(A.D. 400-1525) - 모세 벤 나흐만, 티베리아 맛소라들, 모세 벤 아세르, 야곱 벤 하임의 히브리어 맛소라 원문(the Hebrew Masoretic Text) → 틴데일성경(1525년), 루터성경(1534년), 킹제임스성경(1611년) → 킹제임스성경에서 번역된 800개 이상의 성경들, 한글킹제임스성경(1994년)」

신약성경의 경우도 그 전승 경로가 다음과 같습니다. 「하나님께서 기록 → 구시리아어 역본(A.D. 120-150), 구라틴어 역본(A.D. 120-150) → 이태리 교회(A.D. 157-180), 골 교회(A.D. 177-200), 켈트 교회(A.D. 300), 발칸과 독일지역에서 사용한 성경(A.D. 400) → 비잔틴 제국 기간 동안 희랍 교회들이 사용한 성경(A.D. 312-1453) → (크리소스톰, 노바티안, 알반, 성 패트릭, 폴리시안, 유카이트, 보고마일, 아놀드, 카타리, 알비겐스, 보도파, 위클리프, 사보나롤라, 후스) → 인쇄된 헬라어 표준원문 : 에라스무스(1535년), 콜리네우스(1534년), 스테파누스(1550년), 베자(1598년), 엘지버(1633년) → 틴데일성경(1525년), 루터성경(1534년), 킹제임스성경(1611년) → 킹제임스성경에서 번역된 800개 이상의 성경들, 한글킹제임스성경(1994년)」

셋째는 "필사본 증거"입니다. 현존하는 필사본들의 수와 가치를 평가하여 어떤 성경을 지지하는가를 판단하면 〈킹제임스성경〉이 90% 이상의 증거를 가지고 있으며, 경우에 따라 99%에 달하는 절대적인 필사본 증거들을 가지고 있습니다. (앞에서 언급된 필사본의 증거 부분을 참고하십시오.)

넷째는 "열매를 통해 나타나는 증거"입니다. 성경을 주신 목적은 교리와 책망과 바로잡음과 의로 훈육하는 것과 하나님의 사람을 모든 선한 일에 철저히 구비되게 하는 것입니다. 그런데 〈킹제임스성경〉만이 "신학과 교리"에 있어서 모순이나 오류가 없으며, 모든 이단 주장들을 성경으로 바로잡을 수 있는 정확한 단어 하나하나가 각 구절마다 그대로 제시되어 있습니다. 반면 현대의 변개된 성경들은 삭제, 첨가, 대체가 무분별하게 이루어져 성경을 주신 위와 같은 목적을 달성할 수 없습니다. (이러한 사례들은 제3장 "성경 구절 비교"를 참고하십시오.) 또한 가장 중요한 복음 전파에 있어서도 교회사에 기록되는 복음의 확산과 세계적 선교는 〈킹제임스성경〉과 일치하는 초기 성경들을 믿고 사용한 성경대로 믿는 사람들과 〈킹제임스성경〉을 들고 전파하는 선교사들과 설교자들에 의해 이루어졌습니다. 생명이 생명을 낳듯이 바른 성경이 바른 신앙의 열매를 내는 것입니다.

7

Q 영어 KJV(킹제임스성경)는 고어체 영어라 어렵다고 하던데요?

A 이런 주장은 〈킹제임스성경〉을 사람들의 손에서 떼어놓으려는 비방일 뿐입니다. 이해를 돕기 위해 우리말 어미의 고어체와 현대어를 비교해 보겠습니다. "**영접**하나이다"(**영접**합니다), "**기도**하옵니다"(**기도**합니다) 등과 같이 어미의 차이가 단어의 이해를 어렵게 하지 않습니다. 마찬가지로 영어 〈킹제임스성경〉의 경우를 비교해 보면, "찾다"는 뜻의 "**find**eth"(**find**), "구하다"는 뜻의 "**ask**eth"(**ask**) 등과 같이 고어체와 현대어는 어미의 차이가 있지만 우리말의 어미 변화와 같은 수준입니다. 몇 가지 규칙에 따른 어미 변화만 있기 때문에 실제로 이해하는 데 어렵지 않습니다.

우리말에서 고어체 표현은 성경 본문에서 사용되고, 기도할 때도 사용되며, 시를 쓸 때도 사용됩니다. 마찬가지로 영어의 경우 〈킹제임스성경〉의 고어체는 현재 성경 본문과 기도에 일상적으로 사용되며, 시에도 즐겨 사용되며, 특히 영어권에서 사용하는 예배 찬송가는 모두 〈킹제임스성경〉의 본문을 근거로 했기 때문에 예배와 일상 생활에서 찬송할 때마다 소위 영어 고어체를 사용하고 있습니다. 그러므로 고어체이기 때문에 현대 역본들보다 더 이해하기 어렵다는 주장은 전혀 타당하지 않습니다.

물론 〈킹제임스성경〉의 어휘들 중에서 현재 사용하고 있는 뜻과는 다른 의미가 있거나 혹은 사용하지 않는 단어들이 소수 있지만, 이것은 전체 791,328단어 중에서 1%도 안되는 것이며, 사전을 통해 확인하여 알 수 있는 것들입니다.

이 문제와 관련하여 현대 영어 번역본들과 〈킹제임스성경〉의 단어들을 비교하여 난이도를 평가한 여러 연구들이 있는데, 오히려 〈킹제임스성경〉의 어휘가 현대 역본들보다 쉽다는 것이 입증되었습니다.[8)]

8

Q 많은 신학대학 교수님들과 선교사님들은 NIV나 NLT를 추천합니다.

---

8) 이런 사실에 대한 구체적인 내용은 다음 자료를 참고하십시오. 게일 립링거, 『뉴에이지 성경 역본들』(서울: 말씀보존학회, 1998), pp.175-195(제5장 어린이를 위한 KJV); D.A. Waite, Jr., *The Comparative Readability of the Authorized Version* (Collingswood, New Jersey: The Bible For Today Press, 1996), pp.2-80.

A 대부분의 신학대학 교수님들과 선교사님들은 성경 원문과 번역에 관한 전문가가 아닙니다. 평범한 성도들과 다르게 신학을 전공했다고는 하지만 국내에서 성경 원문비평학(textual criticism)을 제대로 전공하고 바른 지식을 전파하는 학자는 거의 없으며, 국내 신학대학과 대학원에서 원문비평학(혹은 사본학)을 가르치는 곳 역시 거의 없습니다. 심지어 대한성서공회에서 번역을 총괄하는 민영진 총무(전 감신대 교수)는 이렇게 말합니다.

> 사실을 말하자면, 세계성서공회연합회에 속한 각국 성서공회 번역실에서는 원본 선정 문제를 독자적으로 다루지 않습니다... 각국 성서공회는 신약번역의 대본으로서 당대에 가장 권위를 인정받는 GNT나 NTG와 같은 비평적 편집을 선택할 뿐입니다. 대한성서공회도 여기서 예외가 아닙니다... 일반적으로 번역자들은 히브리어 본문의 비평적 편집에 관한 전문가들이 아닙니다. 그래서 번역 원본 선정 문제에 관해서는 세계성서공회연합회가 번역자들에게 제공하는 참고자료에 의존할 수밖에 없습니다.[9)]

이러한 상황에서 대부분 교단 신학교에서 공부하고, 유학 역시 교단과 연계된 해외 대학들에서 주로 공부했기 때문에 교단의 신학과 교리의 틀을 벗어나지 못하고 있습니다. 그런데 NIV나 NLT를 만들어내는

9) 민영진, 「표준새번역은 이 시대 최선의 선택이 될 것이다」, 월간 『목회』, 1993년 10월호, pp.95,96,97.

출판사들이 수십 개의 교단에서 대표를 파송해 줄 것을 요청하여 번역한 것이기에 각 교단들의 입장이 각 구절들에 반영되어 있고, 각 교단들과 관련 교수들은 이 번역본을 추천하게 되는 것입니다. 출판사의 입장에서는 넓은 판로를 얻게 되고 교단 파송자와 교단은 명성을 얻는 것입니다. 이러한 다소 정치적인 행보로 인해서 추천되는 것이지 그 번역의 정확성이나 권위로 인한 것이 아닙니다. (구체적인 증거들은 제3장 "성경 구절 비교"를 참고하십시오.)

9

Q **1948년 발견된 사해사본이 성서 사본학 연구와 성경 번역에 영향을 주는 정확한 것이라고 하는데 정말 그런가요?**

A 한마디로 말해 사해사본은 많은 사람들이 알고 있는 바와는 다르게 훌륭한 필사본이 아닙니다.

사해사본은 에스더, 느헤미야, 그리고 소선지서의 일부를 제외한 구약성경이 발견된 상태입니다. 기본적으로 히브리어로 기록되었는데, 레위기, 욥기 등은 시리아어(아람어)로 기록되었으며, 헬라어로 기록된 약간의 필사본들이 발견되기도 했습니다. 이 사해사본을 만든 사람들은 에세네파(Essenes)로, 이 집단은 구약성경의 율법에 따른 희생제사와 신약의 메시야를 모두 거부한 '비밀 종교 공동체'였습니다. 어떤 사람들이 성경 필사본을 만들었는가에 따라 그들의 믿음이 그 필사본에 반영되기 때문에 이들 에세네파가 만든 사해사본은 역사를 통해 하나님의 섭리로 보존된 히브리어 맛소라 원문의 본문을 수정할 수 있는 근거가 된다거나, 혹은 권위있는 증거 자료가 전혀 아닙니다.

따라서 현대 성경 변개자들과 현대 번역본들이 사해사본을 참고하는 것은 매우 심각한 오류를 범하는 것입니다. 20세기에 와서 발견된 신뢰할 수 없는 사해사본을 따라서 히브리어 맛소라 원문의 정확성을 논하지 않아도 맛소라 원문의 권위는 이미 확고하게 서 있습니다. 다만 성경의 영감과 보존에 대해 바른 지식과 믿음이 없는 사람들에게 새로운 발견이 필요할 뿐입니다.

10

Q **"뉴(NEW) 킹제임스성경"(1982)이 최근에 나온 것인데, 원래 "KJV"(1611년)보다 더 정확하지 않습니까?**

A 이런 주장은 "진화론적인 사고"에 호소하여 사람들을 속이는 것입니다. 이전에 만들어진 것보다 후에 만들어진 것이 앞선 것의 단점을 보완하여 보다 좋게 만들어지는 사례들은 매우 많습니다. 그러나 모든 경우가 이와 같지는 않습니다. 특히 과학이나 기술의 발전

은 오래된 것보다 현재나 미래가 더 나아질 수 있습니다. 반면 도덕이나 옳고 그름의 기준, 그리고 성경과 관련된 믿음 등에 관해 살펴보면 오히려 반대입니다. 성경은 과거에도 있었고 지금도 있습니다. 동일한 성경을 놓고 얼마나 잘 깨닫고 실행하며 하나님께 인정받는가에 관한 판단은 진화론적인 사고에 근거해서는 안 됩니다.

또한 성경 필사본들과 번역본은 과거의 자료들에 근거하여 현재 해석하는 것이지 오늘날이 특별히 더 나아질 수 있는 상황이 아닙니다. 현대 신학과 인간의 지식은 과거 〈킹제임스성경〉이 번역, 출간되던 1611년 당시보다 현재가 하나님을 더 많이 대적하고 성경을 거부하기 때문에 오히려 더 좋지 않은 상황입니다.

성경은 완전한 창조로부터 시작한 인간과 세상이 타락하여 악화되어 왔으며, 결국 심판으로 멸망한다고 말씀합니다. 긍적적인 미래가 아니라 부정적인 미래입니다. 성경은 『옛 지계표[the old landmark]를 옮기지 말며』(잠 23:10), 『네 조상들이 세운 옛 지계표[the ancient landmak]를 옮기지 말라.』(잠 22:28)고 말씀합니다. 이것은 예전에 세워진 기준을 유지하라는 뜻입니다. 〈킹제임스성경〉이 번역되던 당시의 번역자들의 신앙과 학문적 업적은 현대의 번역자들과 비교될 수 없을 만큼 우월합니다. 단순한 객관적 비교뿐만 아니라 하나님께서 인정하고 열매로 보여 주신 것에서 확증됩니다. 특히 1611년 이후에 서양 세계는 철학과 과학의 반론으로 하나님과 성경을 대적했으며 이러한 것이 쌓여 현대 영어 번역본들에 영향을 주었고, 1900년 이후는 더욱더 심각한 자유주의 신학이 성경 번역에 침투했습니다.

"뉴킹제임스성경"은 〈킹제임스성경〉을 대체하려고 만들어졌는데,

소위 고어체을 현대어로 바꾸겠다는 명분으로 출간되었지만, 현대의 변개된 영어 성경들처럼 변개된 히브리어, 헬라어 원문을 근거로 본문들을 무분별하게 개정함으로써 심각하게 변개되었습니다. 더욱 교묘하게 사람들을 속인 것은 바르게 보존된 히브리어 〈맛소라 원문〉과 헬라어 〈표준원문〉을 근거로 했다고 선전했지만, 실제로는 변개된 원문을 따랐기 때문에 현대의 변개된 성경들과 일치하는 오류들로 가득합니다.[10] 하나님께서 영광을 받으신 영어 〈킹제임스성경〉이 이미 있는데도 헛된 수고를 한 것입니다. 해 아래 새 것은 없습니다. 뉴(new)라는 말을 붙여서 나온 현대 번역본들은 오래된(old) 성경 〈킹제임스성경〉을 제거하려고 노력하지만, 성경적 분별력을 가진 그리스도인들은 하나님께서 세워주신 "옛 지계표"를 옮기지 않습니다.

성경의 역사를 보아도, 〈구라틴어 역본〉(A.D. 120)은 보존된 바른 성경이지만 이것을 개정한 제롬의 〈라틴어 벌게이트〉(A.D. 427)는 변개된 성경입니다. 〈구시리아어 역본〉(A.D.120)은 바른 성경이지만 라불라가 개정한 〈시리아어 역본〉(A.D. 431)은 변개된 성경입니다. 루터의 독일어 성경(1534)은 바른 성경이지만 현대 독일어 성경은 변개된 것입니다. 자신들의 여가를 "새로운"(new) 것을 말하거나 듣는 데 열중했던 아테네 사람들을 신뢰할 수 없듯이(행 17:21,22) 하나님의

---

10) 〈뉴킹제임스성경〉에 대한 자세한 설명은 다음 책으로 참고하시오. Peter S. Ruckman, *How to teach the "Original" Greek* (Pensacola, FL: Bible Baptist Bookstore, 1992), pp.87-92; Peter S. Ruckman, *About the "New" King James Bible* (Pensacola, FL: Bible Baptist Bookstore, 1987); Daryl R. Coats, *NKJV Nonsense* (Natchitoches, LA: Blessed Hope Baptist Church, 1992).

"옛"(old) 것을 대적하는 새로운 현대 번역본들은 신뢰할 수 없습니다.

또한 이 땅에서도 하나님의 섭리적인 역사로 1994년에 〈한글킹제임스성경〉이 출간되어 변개된 한글 성경들의 실상을 지적하여 바로잡고, 이 성경에 근거하여 바른 신학, 바른 교리, 바른 신앙이 전파되고 정착되는 과정에 있는데, 〈킹제임스성경〉에서 번역했다고 하는 "새로운" 한글 번역본들이 출간되어 사람들을 미혹하고 혼란시키고 있지만 분별력 있는 그리스도인들은 그런 유사품에 속지 않으며 하나님께서 세우신 "옛 지계표"를 옮기지 않습니다.

제 3 장

바른 성경을 찾기 위한 성경 구절 비교

제3장은 "바른 성경"(한글킹제임스성경 / KJV)과 "변개된 성경"(개역한글판성경 · 표준새번역 · 개역개정판 · 쉬운성경 / NIV · NLT)을 비교한 것입니다. 〈개역한글판성경〉은 "개역성경"으로 〈표준새번역〉은 "새번역"으로 표기했으며, 최근 아가페출판사에서 출간한 〈쉬운성경〉과 NLT(New Living Translation)를 함께 비교함으로써 〈개역성경〉을 비롯한 대한성서공회의 변개된 번역본들은 물론, 〈쉬운성경〉과 NLT 같은 변개된 성경으로부터 특히 어린이들과 청소년들이 오염되지 않도록 그 변개의 실상을 알리고자 합니다.

1

삼위일체와 예수 그리스도의 신성

1. 요한일서 5:7, "삼위일체의 강력한 증거" - "이 세 분은 하나이심이라"

〈한글킹제임스성경 / KJV〉

6 이분은 물과 피로 오신 분, 곧 예수 그리스도시라. 물로만이 아니라 물과 피로니라. 증거하시는 이는 성령이시니, 성령은 진리이시기 때문이라.
7 이는 하늘에서 증거하시는 이가 세 분이시니, 아버지와 말씀과 성령이시요, 이 세 분은 하나이심이라.

6 This is he that came by water and blood, even Jesus Christ; not by water only, but by water and blood. And it is the Spirit that beareth witness, because the Spirit is truth.
7 For there are three that bear record in heaven, the Father, the Word, and the Holy

Ghost: and these three are one.

〈개역성경 · 개역개정판 / NIV〉

6 이는 물과 피로 임하신 자니 곧 예수 그리스도시라 물로만 아니요
물과 피로 임하셨고 **7** 증거하는 이는 성령이시니 성령은 진리니라
6 This is the one who came by water and blood – Jesus Christ.
He did not come by water only, but by water and blood. And it
is the Spirit who testifies, because the Spirit is the truth. **7** For
there are three that testify:

※ 새번역, 쉬운성경 – 삭제

※ NLT – 삭제

〈개역성경〉과 〈개역개정판〉은 6절의 후반부를 분리해서 7절에 기록하고 실제로는 7절 말씀을 삭제했다. 〈개역성경〉과 〈개역개정판〉은 신약에서 13구절을 '없음'이라고 표기하고 절 전체를 삭제했는데, 이 경우에는 7절에 '없음'이라고 표기하지 않고 마치 7절이 있는 것처럼 의도적으로 삭제를 감추고 있는 것이다. 삭제된 7절의 내용은 성경 전체에서 삼위일체를 가장 강력하게 증거하는 말씀이다. NIV는 절의 절반만 있고 나머지는 삭제했으며, 〈새번역〉, 〈쉬운성경〉, NLT는 절 전체를 모두 삭제했다.

초기 성경 변개자들 가운데 대표인 오리겐(Origen, A.D. 184–254)과 그의 추종자들이 있었는데, 오리겐은 에비온파로서 예수 그리스도

의 신성을 거부했으며, 여호와의 증인들이나 아리안주의자들처럼 삼위일체를 믿지 않았고, 믿음으로 인한 구원을 부인했다. 오리겐에 의한 삭제, 첨가, 대체가 성경 전체에서 폭넓게 이루어졌으며, 성경 변개의 95%가 오리겐에게서 유래한다. 오리겐과 그의 추종자들의 열매들 가운데 대표적인 것이 삼위일체와 예수 그리스도의 신성을 증거하는 말씀들을 변개시킨 것이다(딤전 3:16, 계 1:8-11, 요일 5:7,8, 롬 14:1-12, 엡 3:9, 요 9:35; 6:69, 눅 2:33,43, 마 1:25, 막 1:1, 눅 23:42, 고전 10:28; 15:47).

2. 디모데전서 3:16, "경건의 신비" - "하나님"과 "그"의 차이

〈한글킹제임스성경 / KJV〉

경건의 신비는 논쟁의 여지없이 위대하노나. 하나님께서는 육신으로 나타나셨고 성령으로 의롭게 되셨으며, 천사들에게 보이셨고 이방인들에게 전파되셨으며, 세상에서 믿은 바 되셨고 영광 가운데로 들려 올라가셨음이라.

And without controversy great is the mystery of godliness: God was manifest in the flesh, justified in the Spirit, seen of angels, preached unto the Gentiles, believed on in the world, received up into glory.

〈개역성경 · 개역개정판 / NIV〉

크도다 경건의 비밀이여 그렇지 않다하는 이 없도다 ○ 그는 육신으로 나타나신 바 되시고 영으로 의롭다 하심을 입으시고 천사들에게 보이시고 만국에서 전파되시고 세상에서 믿은 바 되시고 영광 가운데서 올리우셨음이라

Beyond all question, the mystery of godliness is great: He appeared in a body, was vindicated by the Spirit, was seen by angels, was preached among the nations, was believed on in the world, was taken up in glory.

※ 새번역 - 그는 / 쉬운성경 - 주님께서는

※ NLT - Christ appeared in the flesh

"예수 그리스도"께서 육신으로 나타나신 것이 아니라 "하나님"께서 육신으로 나타나신 것이다. "하나님"께서 육신으로 오셨기 때문에 "하나님께서 자신의 피(his own blood)로 사신 교회"(행 20:28)라는 말씀이 맞는 것이다.

헬라어 대문자로만 기록된 필사본들 중에 하나님(ΘΕΟΣ)의 첫글자와 마지막 글자만 사용하여 하나님을 약자로 기록한(ΘΣ, 세타 시그마) "알렉산드리아 필사본"(Codex A)이 있다. "세타"(Θ)의 가운데 획이 없으면 "오미크론 시그마"(ΟΣ)가 되는데 이것은 관계대명사(who, which)이다. 따라서 "하나님"이 "그"(he who)로 변개되는 것이다. 그런데 알렉산드리아 사본은 처음 발견될 당시(1628년) "하나님"(ΘΣ, 세타 시그마)으로

기록되어 있었으나, 1758년에는 "그"(ΟΣ, 오미크론 시그마)로 변개되었고, 오늘날 〈개역성경〉을 비롯한 변개된 성경의 근거로 제시되고 있다.

3. 사도행전 8:37, "믿는 자의 신앙고백"

〈한글킹제임스성경 / KJV〉

빌립이 말하기를 "만일 당신이 마음을 다하여 믿으면 합당하니라." 고 하니 그가 대답하여 말하기를 "나는 예수 그리스도가 하나님의 아들이신 것을 믿나이다." 라고 하더라.

And Philip said, If thou believest with all thine heart, thou mayest. And he answered and said, I believe that Jesus Christ is the Son of God.

〈개역성경 · 개역개정판 / NIV〉

없음

※ 새번역 · 쉬운성경 - 없음

※ NLT - 없음

예수 그리스도를 "하나님의 아들"로 고백하는 것은 그분이 "하나님"이심을 고백하는 것이다(요 5:17,18; 20:31). 사도행전 8:37은 예수 그리스도의 신성을 증거하는 말씀이며, 오직 믿음으로 구원받는 진리를 명확하게 제시해 주는 말씀이고, 또한 누구에게 어떻게 침례를 베풀어야 하는가를 정확하게 기록한 말씀이다. 이런 진리를 증거하는 핵심적인 구절을 〈개역성경〉과 〈개역개정판〉을 비롯한 변개된 성경들은 구절 전체를 삭제했다.

4. 요한복음 6:69, "살아 계신 하나님의 아들" vs. "하나님의 거룩하신 자"

〈한글킹제임스성경 / KJV〉

우리는 주께서 그 그리스도, 곧 살아 계신 하나님의 아들이심을 믿으며 또 확신하나이다."라고 하니라.

And we believe and are sure that thou art that Christ, the Son of the living God.

〈개역성경 · 개역개정판 / NIV〉

우리가 주는 하나님의 거룩하신 자신줄 믿고 알았삽나이다

We believe and know that you are the Holy One of God."

※ 새번역, 쉬운성경 – 하나님의 거룩한 분

※ NLT – the Holy One of God

베드로는 예수님께서 구약에 예언된 "그 그리스도"(that Christ)이시

며, 또 살아 계신 하나님의 아들, 곧 하나님이심을 믿고 확신한다는 신앙고백을 했다. 그러나 〈개역성경〉은 이 고백을 제거하고 "하나님의 거룩하신 자"라고 변개했는데, 이것은 예수님을 "하나님의 거룩한 사람들"(벧후 1:21), 즉 선지자나 사도들을 포함한 하나님의 거룩한 일꾼들 중 하나로 격하시킨 것이다.

5. 요한복음 9:35, "하나님의 아들" vs. "인자"

〈한글킹제임스성경 / KJV〉

예수께서 유대인들이 그를 쫓아내었다는 말을 듣고 난 후 그를 만나서 말씀하시기를 "너는 하나님의 아들을 믿느냐?"고 하시니

Jesus heard that they had cast him out; and when he had found him, he said unto him, Dost thou believe on the Son of God?

〈개역성경 · 개역개정판 / NIV〉

예수께서 저희가 그 사람을 쫓아냈다 하는 말을 들으셨더니 그를 만나사 가라사대 네가 인자를 믿느냐

Jesus heard that they had thrown him out, and when he found him, he said, "Do you believe in the Son of Man?"

※ 새번역, 쉬운성경 - 인자

※ NLT - the Son of man

요한복음의 핵심적인 주제는 예수 그리스도께서 신성을 지니신 "하나님"이심을 증거하는 것이다(요 20:31). 바로 이 구절에서도 예수 그리스도께서는 소경이었다가 보게 된 자에게 직접 "너는 하나님의 아들을 믿느냐?"고 물으심으로써 자신의 신성을 증거하셨다. 보게 된 그 사람은 믿고자 했으며 주님께서 하나님의 아들이라고 밝히시자(요 9:36,37) 믿는다고 고백하고 예수님을 하나님으로서 "경배"했다(요 9:38). 그런데 〈개역성경〉은 이 구절의 "하나님의 아들"을 인자, 곧 "사람의 아들"로 변개함으로써 이 진리를 제거했고 신성을 부인하고 있다.

6. 사도행전 4:27, "아들" vs. "종"

〈한글킹제임스성경 / KJV〉

과연 주께서 기름부으신 주의 거룩하신 <u>아들</u> 예수를 대적하여 헤롯과 폰티오 빌라도가 이방인들과 이스라엘 백성들과 함께 모였으니

For of a truth against thy holy <u>child</u> Jesus, whom thou hast anointed, both Herod, and Pontius Pilate, with the Gentiles, and the people of Israel, were gathered together

〈개역성경 · 개역개정판 / NIV〉

과연 헤롯과 본디오 빌라도는 이방인과 이스라엘 백성과 합동하여 하나님의 기름부으신 거룩한 <u>종</u> 예수를 거스려

Indeed Herod and Pontius Pilate met together with the Gentiles and the people of Israel in this city to conspire against your holy servant Jesus, whom you anointed.

※ 새번역, 쉬운성경 - 종

※ NLT - servant

'거룩하신 아들'이라는 표현은 예수님께서 하나님의 아들로서 하나님과 동등하신 분, 곧 하나님이심을 증거한다. 그러나 〈개역성경〉은 아들을 '종'으로 변개시킴으로써 예수님의 신성을 격하시켰다. 아들이라는 말씀은 어떤 다른 것으로도 대체되어서는 안 된다.

7. 다니엘 3:25, "하나님의" 아들 vs. "신들의" 아들

〈한글킹제임스성경 / KJV〉

왕이 대답하여 말하기를 "보라, 내가 보니, 네 사람이 풀려서 불 가운데서 걸어다니고 있는데, 그들이 다치지도 않았으며, 그 넷째의 모습은 하나님의 아들과 같도다." 하더라.

He answered and said, Lo, I see four men loose, walking in the midst of the fire, and they have no hurt; and the form of the fourth is like the Son of God.

〈개역성경 · 개역개정판 / NIV〉

왕이 또 말하여 가로되 내가 보니 결박되지 아니한 네 사람이 불 가운데로 다니는데 상하지도 아니하였고 그 넷째의 모양은 신들의 아들과 같도다 하고

He said, "Look! I see four men walking around in the fire, unbound and unharmed, and the fourth looks like a son of the gods."

※ 새번역, 쉬운성경 – 신의 아들

※ NLT – a divine being

성경은 용광로 속에서 다니엘의 세 친구들을 보호해 주신 분을 "하나님의 아들"로 기록하고 있다. 이분이 바로 구약에 나타나신 주 예수 그리스도이시다. 그런데 〈개역성경〉과 〈개역개정판〉, 〈새번역〉, 〈쉬운성경〉, NIV, NLT는 이 구절을 "신들의" 아들로 변개함으로써 예수 그리스도를 이방 신들의 아들로 격하시키고 있다.

8. 스카랴 12:10, "나를" vs. "그를"

〈한글킹제임스성경 / KJV〉

또 내가 다윗의 집과 예루살렘의 거민들 위에 은혜와 간구의 영을 부어 주리라. 그러면 그들은 그들이 찔렀던 나를 쳐다볼 것이며, 그들이

그를 위하여 애통하리니, 마치 어떤 사람이 자기 외아들을 위하여 애통함같이 할 것이요, 그들이 그를 위하여 비통에 잠기리니 마치 어떤 사람이 자기 첫아들을 위하여 비통에 잠기듯 하리라.
And I will pour upon the house of David, and upon the inhabitants of Jerusalem, the spirit of grace and of supplications: and they shall look upon me whom they have pierced, and they shall mourn for him, as one mourneth for *his only son*, and shall be in bitterness for him, as one that is in bitterness for *his* firstborn.

〈개역성경 · 개역개정판 / NIV〉
내가 다윗의 집과 예루살렘 거민에게 은총과, 간구하는 심령을 부어 주리니 그들이 그 찌른바 그를 바라보고 그를 위하여 애통하기를 독자를 위하여 애통하듯 하며 그를 위하여 통곡하기를 장자를 위하여 통곡하듯 하리로다
"And I will pour out on the house of David and the inhabitants of Jerusalem a spirit of grace and supplication. They will look on me, the one they have pierced, and they will mourn for him as one mourns for an only child, and grieve bitterly for him as one grieves for a firstborn son.

스가랴 12:10의 "내가, 나를" 등 1인칭 화자는 1,4절의 "**주**가 말하노라," 7,8절의 "**주**는," 9절의 "내가" 등의 말씀에 따라 "**주**," 곧 "**여호**

와"이시다. 그러므로 10절은 십자가에서 찔리신 예수 그리스도께서 구약의 "**주**," 곧 "**여호와**"이심을 증거하는 것이다. 그러나 〈개역성경〉은 "그를"이라고 변개함으로써 이 진리가 제거되었다. NIV, NLT는 이 구절에서 〈킹제임스성경〉을 따라 "나를"(me)이라고 번역했다.

9) 누가복음 23:42,
신성을 나타내는 이름 "주" vs. 인성을 나타내는 이름 "예수"

〈한글킹제임스성경 / KJV〉

예수께 말씀드리기를 "주여, 주께서 주의 왕국에 임하실 때 나를 기억하소서."라고 하니

And he said unto Jesus, Lord, remember me when thou comest into thy kingdom.

〈개역성경 · 개역개정판 / NIV〉

가로되 예수여 당신의 나라에 임하실 때에 나를 생각하소서 하니

Then he said, "Jesus, remember me when you come into your kingdom.

※ 쉬운성경 - 예수님

※ NLT - Jesus

삼위일체와 예수 그리스도의 신성을 부인하는 초기 이단들은, 예수님께서 전적으로 인간으로 태어났다가(동정녀 탄생을 부인한다.) 공생애 사역 전에 침례를 받으실 때 성령이 임하셔서 신성이 부여되었으나 십자가에서 못박히실 때 신성이 떠나갔다는 이단 교리를 가르쳤다. 따라서 십자가에 달린 예수님께서는 신성을 나타내는 이름인 "주"(Lord)라고 불릴 수 없기에 "주"를 인간의 이름인 "예수"라고 불러야 한다는 이유로 "예수"로 변개시켰다. 〈개역성경〉과 〈개역개정판〉을 비롯한 현대 번역본들은 이와 같은 거짓 교리를 가르치고 있다.

10. 마가복음 1:2,3, 선지서들 vs. 선지자 이사야

〈한글킹제임스성경 / KJV〉

2 선지서들에 기록된 바와 같이 "보라, 내가 네 면전에 나의 사사를 보
내리니, 그가 네 앞서 네 길을 예비하리라. **3** 광야에서 외치는 자의
음성이 있어 '너희는 주의 길을 예비하고 그의 길을 곧게 하라.'고 하는
도다." 하였더라.

2 As it is written in the prophets, Behold, I send my messenger
before thy face, which shall prepare thy way before thee. **3** The
voice of one crying in the wilderness, Prepare ye the way of the
Lord, make his paths straight.

〈개역성경 · 개역개정판 / NIV〉

2 선지자 이사야의 글에 보라 내가 내 사자를 네 앞에 보내노니 저가
네 길을 예비하리라 **3** 광야에서 외치는 자의 소리가 있어 가로되 너
희는 주의 길을 예비하라 그의 첩경을 평탄케 하라

2 It is written in Isaiah the prophet: "I will send my messenger
ahead of you, who will prepare your way" – **3** "a voice of one
calling in the desert, 'Prepare the way for the Lord, make straight
paths for him.' "

※ 새번역 – 예언자 이사야, 쉬운성경 – 이사야 예언자
※ NLT – Isaiah the prophet

마가복음 1:2,3은 말라키 3:1과 이사야 40:3의 인용이다. 따라서 성경은 선지서"들"(the prophets)이라고 기록되었다. 그런데 〈개역성경〉과 〈개역개정판〉은 단지 이사야의 인용만 있는 것처럼 선지자 이사야라고 변개시키고 있으나, 2절 말씀은 이사야서 어디에도 없다. 성경은 오류가 없으나 〈개역성경〉과 〈개역개정판〉에 따르면 있는 것이다. 2절의 말씀은 말라키 3:1에 있으며, 이 말씀은 예수 그리스도께서 구약의 "**主**," 곧 "**여호와**"이심을 증거한다. 따라서 마가복음 1:2이 말라키 3:1을 인용했다는 것이 입증되면 신약의 예수 그리스도께서 구약의 여호와이심이 확증되는 것이다. 이런 이유로 예수 그리스도의 신성을 부정하는 초기의 성경 변개자들에 의해 변개된 것이며, 〈개역성경〉, 〈개역개정판〉, 〈새번역〉, 〈쉬운성경〉, NIV, NLT도 똑같이 변개되었다.

11. 로마서 14:10-12, 그리스도 vs. 하나님

〈한글킹제임스성경 / KJV〉

10 그런데 너는 어찌하여 네 형제를 판단하느냐? 어찌하여 네 형제를 업신여기느냐? 우리가 모두 그리스도(Christ)의 심판석 앞에 서리라.
11 이는 기록된 바 "주(Lord)가 말하노라. 내가(I) 살아 있으니 모든 무릎이 내게(me) 꿇을 것이요, 모든 혀가 하나님(God)께 자백하리라."고 하였음이라. **12** 그러므로 우리 각 사람이 하나님(God)께 자신에 관해 설명하리라.

10 But why dost thou judge thy brother? or why dost thou set at nought thy brother? for we shall all stand before the judgment seat of Christ. **11** For it is written, *As* I live, saith the Lord, every knee shall bow to me, and every tongue shall confess to God.
12 So then every one of us shall give account of himself to God.

〈개역성경 · 개역개정판 / NIV〉

네가 어찌하여 네 형제를 판단하느뇨 어찌하여 네 형제를 업신여기느뇨 우리가 다 하나님의 심판대 앞에 서리라. 기록되었으되 주께서 가라사대 내가 살았노니 모든 무릎이 내게 꿇을 것이요, 모든 혀가 하나님께 자백하리라 하였느니라

You, then, why do you judge your brother? Or why do you look down on your brother? For we will all stand before God's judgment seat. It is written: 'As surely as I live,' says the Lord, 'every knee will bow before me; every tongue will confess to God.' So then, each of us will give an account of himself to God.

※ 새번역, 쉬운성경 - 하나님의 심판대

※ NLT - the judgement seat of God

10절의 "그리스도의 심판석"은 천년왕국 전에 우리 주 예수 그리스도께서 오직 그리스도인들(형제, 우리가 모두, 우리 각 사람)에게 그들의 행위에 따른 상(면류관, 유업)을 주시는 심판을 말한다. 반면 "하나님의 심판석"은 요한계시록 20:11-15에 기록된 것처럼 "하나님 앞에"서(계 20:12) 죽은 자들이 받는 "백보좌 심판"을 말한다. 교리적으로 심판받는 대상도 다르며 시기도 1,000년의 간격이 있다.

10절의 그리스도의 심판석이라는 표현은 우리 주 예수 그리스도께서 그리스도의 날에 행하시는 심판으로, 문맥을 보면 11절에서 "그리스도"를 "주"라고 말씀하고 있으며, 또 12절에서는 "그리스도"를 "하나님"으로 기록함으로써 그리스도의 신성을 증거하고 있다. 그런데 〈개역성경〉, 〈개역개정판〉, 〈새번역〉, 〈쉬운성경〉, NIV, NLT처럼 하나님의 심판대로 변개되면 이 진리를 나타내시는 하나님의 뜻이 제거되는 것이다.

12. 미카 5:2, 영원 vs. 태초

〈한글킹제임스성경 / KJV〉

그러나 너 베들레헴 에프라타야, 네가 비록 유다의 수천 가운데서 작을지라도 이스라엘을 통치할 자가 너로부터 내게로 나오리라. 그의 나오심은 예로부터요, 영원부터였느니라.

But thou, Bethlehem Ephratah, though thou be little among the thousands of Judah, *yet* out of thee shall he come forth unto me *that is* to be ruler in Israel; whose goings forth *have been* from of old, from everlasting.

〈개역성경 · 개역개정판 / NIV〉

베들레헴 에브라다야 너는 유다 족속 중에 작을찌라도 이스라엘을 다스릴 자가 네게서 내게로 나올 것이라 그의 근본은 상고에, 태초에니라

"But you, Bethlehem Ephrathah, though you are small among the clans of Judah, out of you will come for me one who will be ruler over Israel, whose origins are from of old, from ancient times."

※ 새번역 - 태초, 쉬운성경 - 멀고 먼 옛날

※ NLT - the distant past

삼위일체 하나님이신 우리 주 예수 그리스도께서는 영원부터 계신 분이시다. 그러나 태초는 세상의 창조 때로서 〈개역성경〉과 〈개역개정판〉처럼 "그의 근본(NIV, NLT - 기원)은 상고에, 태초에니라"고 표현된 것은 예수님께서 태초에 시작된 분이라는 뜻이다. 따라서 〈개역성경〉과 〈개역개정판〉의 번역은 삼위일체와 예수 그리스도의 신성을 부정하는 여호와의 증인들이 주장하는 것과 똑같이 예수님께서 태초에 아버지 하나님에 의해 첫 번째로 창조된 열등한 하나님이라는 주장과 일치하는 것으로 심각하게 변개된 것이다(골로새서 1:15 참조).

13. 골로새서 1:15,
피조물의 첫태생 vs. 모든 피조물보다 먼저 나신 자

〈한글킹제임스성경 / KJV〉

그는 보이지 않는 하나님의 형상이시며 모든 피조물의 첫태생이시니

Who is the image of the invisible God, the firstborn of every creature:

〈개역성경 · 개역개정판 / NIV〉

그는 보이지 아니하시는 하나님의 형상이요 모든 창조물보다 먼저 나신 자니

He is the image of the invisible God, the firstborn over all creation.

※ 쉬운성경 – 이 세상 만물보다 먼저 계신 분
※ NLT – is supreme over all creation

주 예수 그리스도께서는 "성령으로 태어나신" 첫 번째 분이시다(히 1:5,6. 눅 1:35, 마 1:20). 이것은 동정녀 탄생을 말한다. 따라서 그리스도께서는 "성령으로 태어나서" 하나님의 나라에 들어가는 많은 그리스도인들 가운데 첫태생이 되신 것이다(롬 8:29 – 『많은 형제 가운데서 첫태생』). 그래서 거듭난 그리스도인들은 그리스도 안에서 새로운 "피조물"이라고 불리는 것이다(고후 5:17).

〈개역성경〉과 〈개역개정판〉, NIV, NLT는 예수님을 "모든 창조물보다 먼저 나신 자"라고 기록함으로써 여호와의 증인들이 가르치는 교리와 똑같이 변개되어 있다. 그들은 예수님이 태초에 아버지 하나님에 의해 '창조된 하나님'이며, 아들에게 창조를 위임했다고 가르친다. 따라서 골로새서 1:16,17에서 "만물이 그에게 창조되되... 만물이 다 그로 말미암고 그를 위하여 창조되었고 또한 그가 만물보다 먼저 계시고 만물이 그 안에 함께 섰느니라"(개역성경, 개역개정판)는 번역은 여호와의 증인들의 교리를 그대로 가르치는 것이다.

14. 요한복음 1:18, 독생자 vs. 독생하신 하나님

〈한글킹제임스성경 / KJV〉

아무도 어느 때나 하나님을 본 사람이 없지만 아버지의 품 안에 계신 독생자, 그가 하나님을 분명히 밝히셨느니라.

No man hath seen God at any time; the only begotten Son, which is in the bosom of the Father, he hath declared *him*.

〈개역성경 · 개역개정판 / NIV〉

본래 하나님을 본 사람이 없으되 아버지 품속에 있는 독생하신 하나님이 나타내셨느니라

No one has ever seen God, but God the One and Only, who is at the Father's side, has made him known.

"독생자"라는 단어는 예수 그리스도께서 "하나님의 아들"이심을 뜻하는 것으로, 역시 예수 그리스도의 동정녀 탄생과 함께 주님의 신성을 나타내는 중요한 표현이다. 그런데 여호와의 증인들의 성경인 〈신세계역, NWT〉은 "the only-begotten god"이라고 변개되어 있다. 이것은 그들의 교리에 따라 예수님을 "피조된" 신(하나님)으로 표현한 것이며, 이러한 이유로 교회사 초기에 예수 그리스도의 신성을 부인한 성경 변개자들이 이런 생각에 따라 의도적으로 아들(Son)이라는 헬라어 단어 "후이오스"(huios)를 하나님이라는 헬라어 단어 "데오스"(theos)로 변개시킨 것이다. 시내 사본, 바티칸 사본, 파피루스 66 등이 변개된 대표적인 필사본들이다. 이런 변개를 〈개역성경〉과 〈개역개정판〉을 비롯한 현대 번역본들이 답습함으로써 예수님을 피조된 하나님으로 만든 것이다.

15. 마태복음 1:23, 우리와 함께하시는 하나님 vs. 하나님이 우리와 함께 계시다

〈한글킹제임스성경 / KJV〉

"보라, 처녀가 잉태하여 한 아들을 낳으리니, 그의 이름을 임마누엘이라 하리라." 하셨으니, 이를 해석하면 '우리와 함께하시는 하나님.'이라.
Behold, a virgin shall be with child, and shall bring forth a son, and they shall call his name Emmanuel, which being interpreted is, God with us.

〈개역성경 · 개역개정판 / NLT〉

보라 처녀가 잉태하여 아들을 낳을 것이요 그 이름은 임마누엘이라 하리라 하셨으니 이를 번역하즉 하나님이 우리와 함께 계시다 함이라
"Look! The virgin will conceive a child! She will give birth to a son, and he will be called Immanuel (meaning, God is with us)."

※ 새번역 – 하나님이 우리와 함께 계시다

성육신하여 오신 하나님은 예수 그리스도이시다. 따라서 성령으로 잉태하여 처녀에게서 태어난 한 아들의 이름을 성경은 "임마누엘"이라고 알려 주었으며, 그 뜻이 "우리와 함께하시는 하나님"이라고 밝히고 있다. 성경은 동정녀 탄생을 통해 이 땅에 오신 "한 아들"을 "하나님"

이라고 기록하고 있다. 그런데 〈개역성경〉과 〈개역개정판〉, 〈새번역〉, NLT는 "하나님"이라는 이름을 변개하여 "하나님이 우리와 함께 계시다."라는 서술형으로 번역함으로써 성경 본래의 의미를 제거했다. 반면 NIV는 이 구절에서 〈킹제임스성경〉을 따라 "God with us"라고 번역했다.

16. 요한계시록 1:11, 알파와 오메가, 처음과 마지막이신 주님

〈한글킹제임스성경 / KJV〉

말씀하시기를 "나는 알파와 오메가요 처음과 마지막이라. 그러므로 네가 보는 것을 책에 써서 아시아에 있는 일곱 교회, 곧 에베소와 스머나와 퍼가모와 두아티라와 사데와 필라델피아와 라오디케아에 보내라." 하시더라.

Saying, I am Alpha and Omega, the first and the last: and, What thou seest, write in a book, and send *it* unto the seven churches which are in Asia; unto Ephesus, and unto Smyrna, and unto Pergamos, and unto Thyatira, and unto Sardis, and unto Philadelphia, and unto Laodicea.

〈개역성경 · 개역개정판 / NIV〉

가로되 너 보는 것을 책에 써서 에베소, 서머나, 버가모, 두아디라, 사데, 빌라델비아, 라오디게아 일곱 교회에 보내라 하시기로

which said: "Write on a scroll what you see and send it to the seven churches: to Ephesus, Smyrna, Pergamum, Thyatira, Sardis, Philadelphia and Laodicea."

※ 새번역, 쉬운성경 - 삭제
※ NLT - 삭제

"나는 알파와 오메가요 처음과 마지막이라."는 말씀은 예수 그리스도를 영원부터 계신 창조주 하나님이라는 신성을 나타내는 표현이다. 이 말씀 역시 초기의 성경 변개자들이 신성을 부정했기 때문에 삭제된 것이며, 이 구절을 바르게 기록하고 있는 다수의 필사본 증거들을 배제한 채 〈개역성경〉, 〈개역개정판〉, 〈새번역〉, 〈쉬운성경〉, NIV, NLT를 비롯한 현대 번역본들은 이 말씀을 모두 삭제했다.

17. 요한복음 3:13, "하늘에 있는"

〈한글킹제임스성경 / KJV〉

하늘에서 내려온 이, 곧 하늘에 있는 인자 외에는 아무도 하늘에 올라간 자가 없느니라.

And no man hath ascended up to heaven, but he that came down from heaven, *even* the Son of man which is in heaven.

〈개역성경 · 개역개정판 / NIV〉

하늘에서 내려온 자 곧 인자 외에는 하늘에 올라간 자가 없느니라

I tell you the truth, we speak of what we know, and we testify to what we have seen, but still you people do not accept our testimony.

※ 새번역, 쉬운성경 – 삭제

※ NLT – 삭제

하늘에서 "내려온"(과거시제) 이는 주 예수 그리스도이신데, 그분이 "하늘에 있는"(현재시제) 인자이시며, 인자이신 주 예수 그리스도 외에는 아무도 하늘에 올라간(현재완료) 자가 없다는 말씀은 시공간의 제약 없이 역사하시는 하나님이신 예수 그리스도를 나타내는 것으로, 이 구절은 예수 그리스도의 신성을 증거한다. 그런데 〈개역성경〉과 〈개역개정판〉, 〈새번역〉, 〈쉬운성경〉, NIV, NLT 등은 "하늘에 있는"을 삭제하여 이 진리를 제거하였다.

2

예수 그리스도의 신성을 증거하는 구절들

"동정녀 탄생"과 "경배"

1. 이사야 7:14, 처녀 vs. 젊은 여자

<한글킹제임스성경 / KJV>

그러므로 주께서 친히 한 표적을 너희에게 주시리라. 보라, 한 처녀가 임신하여 아들을 낳으리니 그의 이름을 임마누엘이라 하리라.

Therefore the Lord himself shall give you a sign; Behold, a virgin shall conceive, and bear a son, and shall call his name Immanuel.

〈개역성경 · 개역개정판 / NIV〉

그러므로 주께서 친히 징조로 너희에게 주실 것이라 보라 [1)]처녀가 잉태하여 아들을 낳을 것이요 그 이름을 임마누엘이라 하리라

Therefore the Lord himself will give you a sign: The virgin will be with child and will give birth to a son, and will call him Immanuel.

※ 개역성경 난외주 - [1)]젊은 여자가 잉태하였으니

※ 새번역 난외주 - '젊은 여인'이

※ NLT의 난외주 - young woman

동정녀 탄생은 예수 그리스도의 신성을 증거하는 핵심이다. 성경은 분명하게 처녀라고 말씀하는데(마 1:23 참고), 〈개역성경〉과 〈개역개정판〉과 〈새번역〉은 이것을 난외주에서 히브리어는 "젊은 여자(인)"라고 주장함으로써 자유주의 사상을 반영하고 있다.

〈개역성경〉과 〈개역개정판〉의 본문에 숫자로 표기된 난외주 1)의 내용은 어떤 의미가 있는가? 그 뜻은 다음과 같다. "원문에 첨부한 숫자는 난외의 주와 같이 번역할 수도 있다 함임." 이 구절에서처럼 동정녀 탄생이 부정되면 예수 그리스도의 피의 속죄, 부활, 승천 등 믿음의 근간이 부정된다. 〈개역성경〉과 〈개역개정판〉을 비롯한 한글 성경들은 이러한 말씀들에 대해서 변개하고 있다.

2. 마태복음 1:25, "첫"아들 vs. 아들

〈한글킹제임스성경 / KJV〉

그녀가 첫아들을 낳기까지 그녀를 알지 아니하였다가 낳으니 그의 이름을 **예수**라 하더라.

And knew her not till she had brought forth her firstborn son: and he called his name JESUS.

〈개역성경 · 개역개정판 / NIV〉

아들을 낳기까지 동침치 아니하더니 낳으매 이름을 예수라 하니라

But he had no union with her until she gave birth to a son. And he gave him the name Jesus.

※ 새번역, 쉬운성경 - 아들

※ NLT - son

첫아들을 낳았다는 것은 다른 자녀들이 있다는 뜻이다. 예수님의 탄생은 동정녀 마리아를 통해 성령으로 나신 것이지만, 예수님을 낳은 이후에 마리아는 다른 형제들을 낳게 된다. 그리고 마리아가 낳은 자녀들, 곧 예수님의 육신의 형제들에 대한 말씀은 성경 여러 곳에서 발견된다(막 3:31, 요 7:3,5, 행 1:14, 고전 9:5). 그런데도 로마카톨릭은 마리아 숭배를 위해 마리아의 영원한 처녀성을 주장하려고 첫아들의 "첫"(firstborn)을 삭제한 것이다. 〈개역성경〉과 〈개역개정판〉을 비롯한 한글 번역본들은 로마카톨릭의 비성경적인 교리를 그대로 반영하고 있다.

3. 누가복음 2:33,43, 요셉과 주의 모친 vs. 부모

〈한글킹제임스성경 / KJV〉

33 요셉과 주의 모친이 그 아기에 관한 것을 듣고 이상히 여기더라.
43 그 절기가 끝나서 돌아올 때, 아이 예수께서는 예루살렘에 머물렀으
나, 요셉과 주의 모친은 그것을 모르더라.
33 And Joseph and his mother marvelled at those things which
were spoken of him. **43** And when they had fulfilled the days,
as they returned, the child Jesus tarried behind in Jerusalem; and
Joseph and his mother knew not *of it*.

〈개역성경 · 개역개정판 / NIV〉

33 그 부모가 그 아기에 대한 말들을 기이히 여기더라
43 그 날들을 마치고 돌아갈 때에 아이 예수는 예루살렘에 머무셨더라
그 부모는 이를 알지 못하고
33 The child's father and mother marveled at what was said
about him. **43** After the Feast was over, while his parents were
returning home, the boy Jesus stayed behind in Jerusalem, but
they were unaware of it.

※ 새번역 - 아기의 아버지와 어머니

※ 쉬운성경 - 예수님의 아버지와 어머니

※ NLT - His parents

"요셉과 주의 모친"이라는 표현은 요셉이 실제로는 육신의 아버지가 아님을 밝혀 주는 것이다. 그런데 〈개역성경〉과 〈개역개정판〉을 비롯한 변개된 성경들에서는 이러한 성경의 구분을 제거하여 단지 "부모"라고만 기록함으로써 예수 그리스도의 육신의 출생에 대한 동정녀 탄생을 부인하는 입장을 표방하고 있다. 물론 누가복음 2:27,41에서 부모라는 표현이 두 번 나온다. 그러나 이 경우는 사람들의 입장에서 사용된 통상적인 지칭일 뿐이며, 33,43절에서 각각 "요셉과 주의 모친"이라는 말씀으로 정확하게 구분하고 있다. 특히 48절에서 마리아가 "네 아버지와 내가 걱정하며 너를 찾았다."고 말했을 때, 49절에서 예수님께서는 『어찌하여 나를 찾으셨나이까? 내가 나의 아버지의 일을 해야 될 줄을 알지 못하셨나이까?"』라고 말씀하심으로써 아버지가 누구인가를 밝히고 있다. 그러므로 〈개역성경〉과 〈개역개정판〉을 비롯한 현대 번역본들의 "그 부모"라는 번역은 예수 그리스도의 신성에 대한 심각한 변개이다.

4. 마태복음 8:2, 경배 vs. 절

〈한글킹제임스성경 / KJV〉

그런데, 보라, 한 문둥병자가 나아와서 주께 경배드리며 말씀드리기를 "주여, 주께서 원하시면 저를 깨끗게 하실 수 있나이다."라고 하니,

And, behold, there came a leper and worshipped him, saying, Lord, if thou wilt, thou canst make me clean.

〈개역성경 · 개역개정판 / NIV〉

한 문둥병자가 나아와 절하고 가로되 주여 원하시면 저를 깨끗케 하실 수 있나이다 하거늘

A man with leprosy came and knelt before him and said, "Lord, if you are willing, you can make me clean."

※ 새번역 - 절하면서, 쉬운성경 - 절을 하고

※ NLT - knelt

사람이 경배한다는 것은 그 대상을 하나님으로 믿고 섬긴다는 의미이다. 그래서 하나님께서는 자신 이외에 다른 신에게 경배하지 말라고 명령하셨다(출 34:14). 베드로는 사람들이 자신에게 경배하는 것에 대해 "일어서라, 나도 사람이라."고 말함으로써 경배를 거절했으며(행 10:25,26), 천사도 경배를 거부하고 오직 "하나님께 경배하라"(계 22:8,9)고 말한다. 반면 주 예수 그리스도께 경배한다는 것은 그분을 하나님으로 믿음을 나타내는 것인데, "너는 주 너의 하나님께 경배하고 오직 그분만을 섬기라."(마 4:10)고 말씀하신 예수님께서 경배를 받으신 것은 자신이 하나님이심을 나타내 보이신 것이다. 그런데 〈개역성경〉과 〈개역개정판〉을 비롯한 변개된 성경들은 성경 곳곳에서 예수 그리스도께 경배드리는 것을 단순히 "절하다"나 "무릎꿇다"로 바꾸어 신성을 증거하는 말씀을 제거하고 있다. 다음 구절들을 비교해 보시오.

1) 마태복음 9:18

〈한글킹제임스성경 / KJV〉

주께서 이러한 것들을 그들에게 말씀하고 계시는데, 보라, 어떤 관원이 그에게 와서 경배하며 말하기를 "제 딸이 방금 죽었나이다. 그러나 오셔서 그 아이에게 안수하여 주소서. 그러면 그 아이가 살아나겠나이다."라고 하더라.

While he spake these things unto them, behold, there came a certain ruler, and worshipped him, saying, My daughter is even now dead: but come and lay thy hand upon her, and she shall live.

〈개역성경 · 개역개정판 / NIV〉

예수께서 이 말씀을 하실 때에 한 직원이 와서 절하고 가로되 내 딸이 방장 죽었사오니 오셔서 그 몸에 손을 얹으소서 그러면 살겠나이다 하니

While he was saying this, a ruler came and knelt before him and said, "My daughter has just died. But come and put your hand on her, and she will live."

※ 새번역 - 절하며, 쉬운성경 - 절하고

※ NLT - knelt down

2) 마태복음 20:20

〈한글킹제임스성경 / KJV〉

그때에 세베대의 자녀들의 어머니가 자기 아들들과 함께 주께 와서 경배하며 무엇인가를 그에게 구하더라.

Then came to him the mother of Zebedee? children with her sons, worshipping *him*, and desiring a certain thing of him.

〈개역성경 · 개역개정판 / NIV〉

그 때에 세베대의 아들의 어미가 그 아들들을 데리고 예수께 와서 절하며 무엇을 구하니

Then the mother of Zebedee's sons came to Jesus with her sons and, kneeling down, asked a favor of him.

※ 새번역 – 절하며, 쉬운성경 – 절하고 / ※ NLT – knelt

3) 마가복음 5:6

〈한글킹제임스성경 / KJV〉

그가 멀리서 예수를 보고 달려와 경배하고,

But when he saw Jesus afar off, he ran and worshipped him,

〈개역성경 · 개역개정판 / NIV〉

그가 멀리서 예수를 보고 달려와 절하며

When he saw Jesus from a distance, he ran and fell on his knees in front of him.

※ 새번역 - 엎드려서, 쉬운성경 - 엎드려 절을 하셨습니다.

※ NLT - fell down

4) 요한복음 9:38

〈한글킹제임스성경 / KJV〉

그때 그가 말씀드리기를 "주여, 내가 믿나이다." 하고 주께 경배하더라.

And he said, Lord, I believe. And he worshipped him.

〈개역성경 · 개역개정판 / NIV〉

가로되 주여 내가 믿나이다 하고 절하는지라

Then the man said, "Lord, I believe," and he worshiped him.

※ 새번역 - 엎드려 절하였다 / ※ 쉬운성경 - 무릎을 꿇었습니다.

요한복음 9:38에서 NIV는 〈킹제임스성경〉을 따랐다. 여기에 제시한 구절들을 포함하여 〈개역성경〉과 〈개역개정판〉은 37개 구절에서 "39"회 "경배하다"를 "절하다"로 변개했다.[11)]

---

11) 37개 구절 39회의 변개의 사례는 다음과 같다. 창 24:52, 출 34:14, 신 8:19; 11:16; 17:3; 29:26; 30:17, 수 5:14, 대상 29:20, 시 81:9, 렘 1:16; 13:10; 16:11; 22:9, 단 2:46; 3:5,6,10,11,12,14,15(2회),18,28, 마 8:2; 9:18; 14:33; 15:25; 18:26; 20:20, 막 5:6; 15:19, 눅 4:7, 요 9:38, 행 7:43; 10:25, 계 3:9; 9:20.

3

예수 그리스도의 구속 사역

구 원

1. 마태복음 9:13, 죄인들을 회개에 이르게 하려고

〈한글킹제임스성경 / KJV〉

너희는 가서 '나는 자비를 원하고 제사를 원치 아니하느니라.'는 말씀의 의미를 배우라. 나는 의인들을 부르러 온 것이 아니요, 죄인들을 회개에 이르게 하려고 왔노라."고 하시니라.

But go ye and learn what *that* meaneth, I will have mercy, and not sacrifice: for I am not come to call the righteous, but sinners to repentance.

〈개역성경 · 개역개정판 / NIV〉

너희는 가서 내가 긍휼을 원하고 제사를 원치 아니하노라 하신 뜻이 무엇인지 배우라 내가 의인을 부르러 온 것이 아니요 죄인을 부르러 왔노라 하시니라

But go and learn what this means: 'I desire mercy, not sacrifice.' For I have not come to call the righteous, but sinners."

※ 새번역, 쉬운성경 - 삭제

※ NLT- 삭제

2. 마태복음 18:11, 인자가 온 이유

〈한글킹제임스성경 / KJV〉

인자가 온 것은 잃어버린 자를 구원하려는 것이라.

For the Son of man is come to save that which was lost.

〈개역성경 · 개역개정판 / NIV〉

없음

없음

※ 새번역, 쉬운성경 - 없음

※ NLT - 없음

1, 2의 사례는 예수 그리스도께서 이 땅에 오신 목적을 『죄인들을 회개

에 이르게 하려고』, 또 『잃어버린 자를 구원하려는 것』이라고 분명히 말씀하고 있다. 이 중대한 구속 사역에 대해 〈개역성경〉과 〈개역개정판〉을 비롯한 변개된 성경들은 마태복음 18:11 전체를 삭제했다. 또한 마태복음 9:13에서 죄인들을 "회개에 이르게 하려고" 오셨다는 말씀을 삭제했다. 이것은 주 예수 그리스도를 구세주로 받아들이기를 거부하고 다른 방법으로 죄의 문제를 해결할 수 있음을 주장하는 것과 같다. 예수 그리스도의 신성을 부인하면 당연히 예수 그리스도를 통해서만 구원받을 수 있다는 진리도 거부되는 것이다. 성경은 논쟁의 여지없이 분명하게 기록되었지만 변개된 성경들은 거짓 교리를 가르칠 수 있는 틈을 만들어 놓고 있다.

3. 요한복음 1:29, 제거하는 vs. 지고 가는

〈한글킹제임스성경 / KJV〉

그 다음 날 요한이 예수께서 자기에게 오시는 것을 보고 말하기를 "보라, 세상 죄를 제거하는 하나님의 어린양이라.

The next day John seeth Jesus coming unto him, and saith, Behold the Lamb of God, which taketh away the sin of the world.

〈개역성경 · 개역개정판 / NIV〉

이튿날 요한이 예수께서 자기에게 나아오심을 보고 가로되 보라 세상 죄를 지고 가는 하나님의 어린 양이로다

The next day John saw Jesus coming toward him and said,

"Look, the Lamb of God, who takes away the sin of the world!
※ 새번역, 쉬운성경 - 지고가(시)는

율법에 따른 동물의 희생제사는 죄인들을 "온전케" 하거나 죄들을 "제거하는" 것이 불가능하다(히 10:1,4,11). 즉 죄악과 허물과 죄가 "용서되지만" 범법자가 "결코 깨끗게 되지는 않는" 것이다(출 34:7). 따라서 예수 그리스도께서 하나님의 어린양으로서 한 번 속죄제를 영원히 드리심으로써 거룩하게 된 자들을 "영원히 온전케" 하셨다(히 10:10,12,14).

예수님의 구속 사역은 죄들을 덮어 주는 의미의 용서가 아니라 "영원히 제거하는" 의미의 용서이다. 그 이유는 하나님의 어린양이신 예수 그리스도께서는 하나님으로서 죄인들을 대신하신 것이기 때문이다. 즉 하나님의 피가 흘려진 것이기 때문에(행 20:28) 구약의 속죄제물과 피와는 근본적으로 다른 것이다. 바로 이것이 구약과 신약을 나누는 구분점이며, 예수 그리스도께서 세상 죄들을 "제거하는" 하나님의 어린양이신 이유이다. 따라서 〈개역성경〉과 〈개역개정판〉처럼 난시 "시고 간나"는 번역은 하나님께서 말씀하시는 것을 전혀 전달하지 못하며, 심각한 오역이자 변개이다. NIV, NLT는 이 구절에서 KJV를 따랐다.

4. 요한복음 6:47, "나를" 믿는 사람 vs. 믿는 자

〈한글킹제임스성경 / KJV〉

진실로 진실로 내가 너희에게 말하노니, 나를 믿는 사람은 영생을 가졌나니

Verily, verily, I say unto you, He that believeth on me hath everlasting life.

〈개역성경 · 개역개정판 / NIV〉

진실로 진실로 너희에게 이르노니 믿는 자는 영생을 가졌나니

I tell you the truth, he who believes has everlasting life.

※ 새번역, 쉬운성경 - 믿는 사람

※ NLT - anyone who believes in me

구원을 받기 위해서는 "믿는" 대상이 분명해야 한다. "주 예수 그리스도를 믿어야"(Believe on the Lord Jesus Christ) 구원받는 것이다(행 16:31). 즉 "주 예수 그리스도께서" 피흘려 죽으시고 장사되었다가 부활하셔서 자신의 모든 죄를 제거하사 깨끗게 하심으로써 영원한 용서를 이루셨다는 사실을 마음으로 믿으면 구원받는다. 단지 예수 그리스도의 역사적 존재를 믿어서(NLT - believes in me) 구원받는 것이 아니다. 더군다나 무엇을 믿어야 할지 정확히 모르는 상태에서 단순히 교회에 다니거나 믿는다고 말하는 것으로 구원받는 것은 아니다. 마귀들도 하나님과 예수 그리스도의 존재를 믿고 떨지만 구원받지 못한다(약 2:19).

구원은 예수 그리스도께서 자신과의 관계에서 어떤 분이시며, 무슨 일을 완성해 놓으셨는가를 정확히 알고 그분을 마음으로 믿을 때 받는 것이다. 따라서 〈개역성경〉과 〈개역개정판〉처럼 단순히 "믿는 자"라

는 것은 요한복음 6:47에서 말씀하는 영생을 얻는 요건에 부합할 수 없다.

5. 골로새서 1:14, 그의 보혈을 통하여

〈한글킹제임스성경 / KJV〉

그 안에서 우리가 그의 보혈을 통하여 구속, 곧 죄들의 용서함을 받았느니라.

In whom we have redemption through his blood, *even* the forgiveness of sins:

〈개역성경 · 개역개정판 / NIV〉

그 아들 안에서 우리가 구속 곧 죄 사함을 얻었도다

in whom we have redemption, the forgiveness of sins.

※ 새번역 - 삭제

※ NLT - with his blood 난외 주에 어떤 사본에는 없다고 함

"죄의 용서"의 핵심은 예수 그리스도의 "피"의 속죄이다. 성경은 예수 그리스도의 보혈이 사람의 피가 아니라 하나님의 피라고 말씀한다(행 20:28). 또한 율법에서도 피흘림이 없이는 죄사함이 없다고 말씀한다(히 9:22). 에베소서 1:7에서도 이렇게 말씀한다. 『그 사랑하시는 이

안에서 우리가 그의 은혜의 풍성함을 따라 그의 보혈을 통하여 구속, 곧 죄들의 용서함을 받았느니라.』

예수 그리스도의 신성을 부인한 사람들은 그분의 보혈의 능력을 격하하고, 그분의 보혈이 죄를 용서하는 "유일한" 방법임을 거부한다. 따라서 "그의 보혈을 통하여"가 삭제되면 "다양한 종교적 행위들에 의한" 죄의 용서와 대안들을 제시할 수 있게 되는 것이다. 따라서 변개된 성경들은 오직 주 예수 그리스도의 보혈을 믿는 믿음 이외에 다른 구원의 길이 있다고 제시할 수 있다. 이와 같은 사상이 반영되어 이 구절이 변개된 것이다.

6. 믿음인가, 순종인가?

1) 요한복음 3:36, 믿지 않는 vs. 순종치 아니하는

〈한글킹제임스성경 / KJV〉

아들을 믿는 자는 영생을 가졌고 그 아들을 믿지 않는 자는 생명을 보지 못하고 오히려 하나님의 진노가 그 사람 위에 머물러 있느니라."고 하더라.

He that believeth on the Son hath everlasting life: and he that believeth not the Son shall not see life; but the wrath of God abideth on him.

〈개역성경 · 개역개정판 / NIV〉

아들을 믿는 자는 영생이 있고 아들을 순종치 아니하는 자는 영생을 보지 못하고 도리어 하나님의 진노가 그 위에 머물러 있느니라

Whoever believes in the Son has eternal life, but whoever rejects the Son will not see life, for God's wrath remains on him."

※ 새번역 - 순종하지 않는, 쉬운성경 - 거역하는

※ NLT- don't obey

2) 히브리서 4:6, "믿음 없음"으로 인하여 vs. "순종치 아니함"을 인하여

〈한글킹제임스성경 / KJV〉

그러므로 누군가 거기에 들어가야만 하는 일이 남아 있으나 먼저 복음을 들은 자들은 믿음 없음으로 인하여 들어가지 못한 것이라.

Seeing therefore it remaineth that some must enter therein, and they to whom it was first preached entered not in because of unbelief:

〈개역성경 · 개역개정판 / NIV〉

그러면 거기 들어갈 자들이 남아 있거니와 복음 전함을 먼저 받은 자들은 순종치 아니함을 인하여 들어가지 못하였으므로

It still remains that some will enter that rest, and those who formerly had the gospel preached to them did not go in, because of their disobedience.

※ 새번역 - 순종하지 않았으므로, 쉬운성경 - 불순종했기 때문에

1), 2) 사례의 구절들은 구원받는 것이 믿음으로 되는 것이며, 구원받지 못하는 이유가 "믿지 않는 것"이라고 말씀한다. 그러나 NIV 편집위원장 에드윈 팔머는 성경과 달리 이렇게 말한다. 「이것(NIV)은 오늘날 정통 개신교계에 팽배해 있는 크나큰 오류, 즉 중생이 믿음에 의한 것이고... 거듭나기 위해서는 예수를 구세주로 영접해야 한다는 오류를 지적해 주고 있다.」(Edwin Palmer, The Holy Sprit, p.83.) 이와 같은 사상이 NIV를 비롯한 변개된 성경들에 반영되어 있다.

구원은 오직 믿음으로 말미암아 은혜로 받는 것이지(엡 2:8,9) 순종과 같은 행위로 받는 것이 아니다(롬 4:5).

7. 베드로전서 2:2, "구원받은 자의" 성장 vs. "구원받기 위한" 행위

〈한글킹제임스성경 / KJV〉

갓난 아기들로서 순수한 말씀의 젖을 사모하라. 이는 너희가 그것으로 인하여 자라게 하려 함이니라.

As newborn babes, desire the sincere milk of the word, that ye may grow thereby:

〈개역성경 · 개역개정판 / NIV〉

갓난 아이들 같이 순전하고 신령한 젖을 사모하라 이는 이로 말미암아 너희로 구원에 이르도록 자라게 하려 함이라.

Like newborn babies, crave pure spiritual milk, so that by it you may grow up in your salvation

※ 새번역 - 구원에 이르게 하려는, 쉬운성경 - 구원을 받게 될

※ 여호와의 증인의 〈신세계역〉 - 그것에 의해 자라서 구원에 이를 것입니다(through it YOU may grow to salvation).

※ NLT - the fullness of your salvation

구원은 마음으로 믿고 입으로 고백하면(롬 10:9,10) 즉시 받는 것인데, 변개된 성경들은 구원을 종교적 노력의 결과로 얻어지는 산물이라고 가르친다. 따라서 "구원에 이르도록 자라게"라고 번역하고 있는 〈개역성경〉과 〈개역개정판〉은 "행위에 의한 구원"을 가르치는 것이다. 여호와의 증인들의 성경인 신세계역(NWT, 1961)도 똑같이 번역하고 있다. 이런 성경 변개로 인해 한국 교계에서는 "칭의 구원"을 받고 신앙생활을 통해 "성화 구원"을 따로 받아야 하는 것처럼 알고 가르치고 있으며, 또 구원을 위해 노력하고 있다는 교인들이 많이 있는 것이다.

8. 요한계시록 21:24, 구원받은 자들의 민족들 vs. 만국

〈한글킹제임스성경 / KJV〉

그리하여 구원받은 자들의 민족들이 그 도성의 빛 가운데서 걷겠으며 땅의 왕들이 그들의 영광과 존귀를 그곳으로 가져오리라.

And the nations of them which are saved shall walk in the light of it: and the kings of the earth do bring their glory and honour into it.

〈개역성경 · 개역개정판 / NIV〉

만국이 그 빛 가운데로 다니고 땅의 왕들이 자기 영광을 가지고 그리로 들어오리라

The nations will walk by its light, and the kings of the earth will bring their splendor into it.

※ 새번역 - 민족들이, 쉬운성경 - 세상 모든 민족이

※ NLT - the nations of the earth

요한계시록 21:24은 천년왕국 이후 영원에서 있는 거룩한 도성 새 예루살렘에 대한 말씀이다. 여기는 오직 구원받은 자들만이 참예하게 된다. 요한계시록 21:27에서도 이렇게 말씀한다. "무엇이든지 더럽게 하는 것이나 가증한 일을 행하는 자나 거짓말하는 자는 결코 그곳에 들어오지 못할 것이며, 다만 어린양의 생명의 책에 기록된 자들만이

라." 그런데 〈개역성경〉과 〈개역개정판〉을 비롯한 변개된 성경들은 단지 "만국," 혹은 "민족들," "세상의 모든 민족"이라고 번역함으로써 "만인구원론"과 같은 이단 사상의 근거를 제공하고 있다. 또한 이러한 변개는 성경 자체를 모순된 책으로 만드는 것이다.

4

예수 그리스도의 부활, 승천

1. 욥기 19:26, 내 몸을 입고 vs. 내가 육체 밖에서

〈한글킹제임스성경 / KJV〉

내 피부에 벌레들이 이 몸을 멸하여도 내가 내 몸을 입고 하나님을 보리라.
And *though* after my skin *worms* destroy this *body*, yet in my flesh shall I see God:

〈개역성경 · 개역개정판 / NIV〉

나의 이 가죽, 이것이 썩은 후에 내가 육체 밖에서 하나님을 보리라
And after my skin has been destroyed, yet in my flesh I will see God;

※ 새번역, 쉬운성경 - 삭제

※ NIV 난외주 - apart from my flesh

※ NLT의 난외주 - without my body

욥기 19:26에서 욥은 자신의 몸이 부패한다 해도 자신의 몸을 입고 하나님을 볼 것이라고 말한다. 이것은 몸의 부활을 언급하는 것이다. 전후 문맥을 보면 단순하게 죽은 후에 하나님 앞에 간다는 것이 아님을 알 수 있다(25-27절). 이렇게 몸의 실제적인 부활을 증거하는 말씀을 〈개역성경〉과 〈개역개정판〉은 욥이 "육체 밖에서" 하나님을 본다는 것으로 바꿈으로써 몸의 부활을 제거했다.

2. 사도행전 1:3, 무오한 증거 vs. 확실한 증거

〈한글킹제임스성경 / KJV〉

예수께서 고난을 당하신 후 자신이 살아 계심을 그들에게 많은 무오한 증거들로 보여 주시고 사십 일 동안 그들에게 보이시며 하나님의 나라에 관한 일들을 말씀하셨노라.

To whom also he shewed himself alive after his passion by many infallible proofs, being seen of them forty days, and speaking of the things pertaining to the kingdom of God:

〈개역성경 · 개역개정판 / NIV〉

해 받으신 후에 또한 저희에게 확실한 많은 증거로 친히 사심을 나타내사 사십 일 동안 저희에게 보이시며 하나님 나라의 일을 말씀하시니라

After his suffering, he showed himself to these men and gave many convincing proofs that he was alive. He appeared to them over a period of forty days and spoke about the kingdom of God.
※ 새번역 - 여러 가지 증거, 쉬운성경 - 여러 가지 방법
※ NLT - in many ways

어떤 것이 거짓말이나 망상이라 할지라도 누군가는 그것을 "확신"할 수 있다(convicted). 또 "많은 증거들"이 있어도 여전히 거짓일 수 있다. 예를 들면 진화론 같은 경우이다. 또한 많은 변호사들이 해왔던 것처럼, "의심할 여지없이" 증명되고서도 여전히 실수할 수 있다. 어떤 것이 "제시되어"(demonstrated) 그것을 "확신"(sure)할 수 있다 해도 여전히 그것은 틀릴 수가 있다. 그러나 성경이 우리 주 예수 그리스도의 부활을 말씀하실 때, 500명에게 부활하신 몸을 보여 주시고, 40일 동안 이 땅에 계시면서 제자들과 함께 지내며 식사를 같이하시고, 성경 말씀을 강론해 주신 예수 그리스도의 부활을 말씀할 때 "무오한"(infallible - 테크메리온 tekmerion)이라는 단어를 써서 "무오한 증거"라고 기록하고 있다. "무오한 성경"이 제시하는 부활의 증거는 확실한 증거가 아니라 "무오한 증거"이다.

3. 베드로전서 3:18, 성령에 의한 몸의 부활 vs. 영적인 부활

〈한글킹제임스성경 / KJV〉

그리스도께서도 죄들로 인하여 한 번 고난을 받으사 의인으로서 불의한

자를 대신하셨으니, 이는 육신으로는 죽임을 당하셨으나 성령에 의하여 살림을 받으심으로 우리를 하나님께로 인도하려 하심이라.

For Christ also hath once suffered for sins, the just for the unjust, that he might bring us to God, being put to death in the flesh, but quickened by the Spirit:

〈개역성경 · 개역개정판 / NIV〉

그리스도께서도 한번 죄를 위하여 죽으사 의인으로서 불의한 자를 대신하셨으니 이는 우리를 하나님 앞으로 인도하려 하심이라 육체로는 죽임을 당하시고 영으로는 살리심을 받으셨으니

For Christ died for sins once for all, the righteous for the unrighteous, to bring you to God. He was put to death in the body but made alive by the Spirit,

※ 새번역 - 영으로는 살리심을 받으셔서

※ 쉬운성경 - 성령 안에서 나시 살아 나셔서

※ NIV 난외 주 - alive in the Spirit

※ NLT - in the Spirit

예수 그리스도께서는 육신으로 죽임을 당하셨지만, "성령에 의하여" 살아나셨다. 부활은 생명의 "성령에 의하여" 이루어진 것이다. 그런데 〈개역성경〉과 〈개역개정판〉처럼 영으로 살림을 받았다고 하는 것은 몸의 실제적인 부활이 아니라 영적으로만 살아났다는 뜻이다. 따라서 〈쉬운성경〉과 NIV와 NLT 등에서 "성령 안에서" 살아

났다는 표현은 영적인 것이지 실제적인 몸의 부활을 말하지 않는다. 그러므로 〈개역성경〉과 〈개역개정판〉을 비롯한 번역본들은 변개된 것이다.

4. 마가복음 16:9-20, 부활 후의 사역

〈한글킹제임스성경 / KJV〉은 마가복음의 마지막 12구절을 하나님의 말씀으로 기록하고 있다.

반면 〈개역성경〉은 이 12구절을 [ ]로 묶고 〈새번역〉은 [[ ]]로 묶어 "권위를 인정받는 대다수의 고대 사본들은, 8절에서 마가복음서가 끝남..."이라고 하여 원본에는 없는 말씀이라고 주장한다. 〈쉬운성경〉 역시 "어떤 사본에는 이 부분에 해당되는 구절이 기록되어 있지 않다."라고 주장한다. NIV, NLT의 난외주 및 본문의 설명에서 "대부분의 신뢰할 수 있는 초기 필사본들과 다른 고대 증거들은 마가복음 16:9-20을 기록하고 있지 않다."고 한다. 이와 같이 변개된 성경들은 부활의 증거를 부인하고 있다.

5. 누가복음 24:51, 하늘로 올라가신 주님 vs. 사라지신 주님

〈한글킹제임스성경 / KJV〉

주께서 그들에게 축복하실 때 그들에게서 떠나 하늘로 올라가시니라.

And it came to pass, while he blessed them, he was parted from them, and carried up into heaven.

〈개역성경 · 개역개정판 / NIV〉

축복하실 때에 저희를 떠나 (하늘로 올리우)시니

While he was blessing them, he left them and was taken up into heaven.

※ 새번역 - [하늘로 올라가셨다] ; 난외 주 - 다른 고대 사본들에는 괄호 안의 본문이 없음

※ NLT의 난외 주 - 어떤 사본은 이 본문이 없다.

부활하신 예수 그리스도께서는 제자들이 보는 가운데 하늘 "위로 올라가셨다"(up). 사도행전 1:9-11은 제자들이 보는 데서 "위로 들려 올라"가셨다고 말씀하며, 하늘로 들려 올라가신 이 예수님께서 하늘로 가심을 본 그대로 오시는데, 재림하실 때는 "위에서부터 아래로" 오신다. 이와 같은 "위"와 "아래"의 구분이 있는 것은 하나님의 보좌를 기준으로 그곳이 실제로 높은 곳이기 때문이다. 따라서 과학을 신뢰하는 사람들은 예수 그리스도의 신성을 부정한 상태에서 누가복음 24:51의 하늘로 "올라"가신다는 말씀을 수용할 수 없기 때문에 성경을 수정하여 변개시킨 것이다.

5

예수 그리스도의 재림

1. 요한복음 18:36, 지금은[전천년주의] vs. 이제는[무천년주의]

〈한글킹제임스성경 / KJV〉

예수께서 대답하시기를 "나의 왕국은 이 세상에 속한 것이 아니니라. 만일 나의 왕국이 이 세상에 속한 것이라면 내 부하들이 싸워서 나를 유대인들에게 넘어가지 않게 하였을 것이라. 그러나 지금은 나의 왕국이 여기에 속한 것이 아니니라."고 하시더라.

Jesus answered, My kingdom is not of this world: if my kingdom were of this world, then would my servants fight, that I should not be delivered to the Jews: but now is my kingdom not from hence.

〈개역성경 · 개역개정판 / NIV〉

예수께서 대답하시되 내 나라는 이 세상에 속한 것이 아니라 만일 내 나라가 이 세상에 속한 것이었더면 내 종들이 싸워 나로 유대인들에게 넘기우지 않게 하였으리라 이제 내 나라는 여기에 속한 것이 아니니라 Jesus said, "My kingdom is not of this world. If it were, my servants would fight to prevent my arrest by the Jews. But now my kingdom is from another place."

※ 새번역 - 삭제, 쉬운성경 - 이제

※ NLT - 삭제

예수님께서 재판받으실 때, 나의 왕국은 이 세상에 속한 것이 아니라고 말씀하셨는데, 바로 이어서 다음과 같은 말씀을 하셨다. "그러나 지금은 나의 왕국이 여기에 속한 것이 아니니라." 이 말씀은 "앞으로" 주님의 왕국이 여기 이 세상에 임하게 된다는 말씀이다. 그런데 "지금"이 "이제"로 바뀌면 앞으로 계속해서 여기에 속하지 않는다는 뜻이 된다. 이것이 무천년주의라는 거짓 교리를 뒷받침하는 변개이다.

2. 요한계시록 11:17, "앞으로 오실" 주 예수 그리스도

〈한글킹제임스성경 / KJV〉

말씀드리기를 "지금도 계시고, 전에도 계셨고, 앞으로 오실, 오 전능하신 주 하나님, 우리가 주께 감사드리는 것은 주께서 주의 크신 권세를 가지고 통치하셨기 때문이니이다.
Saying, We give thee thanks, O Lord God Almighty, which art, and wast, and art to come; because thou hast taken to thee thy great power, and hast reigned.

〈개역성경 · 개역개정판 / NIV〉
가로되 감사하옵나니 옛적에도 계셨고 시방도 계신 주 하나님 곧 전능하신이여 친히 큰 권능을 잡으시고 왕노릇 하시도다
saying: "We give thanks to you, Lord God Almighty, the One who is and who was, because you have taken your great power and have begun to reign.

※ 새번역, 쉬운성경 - 삭제
※ NLT - 삭제

우리 주 예수 그리스도에 대한 설명 중에서 지금도 계시고, 전에도 계셨고, "앞으로 오실"이라는 말씀에서 "앞으로 오실"이라는 표현은 주님께서 미래에 실제적으로 재림하실 것을 의미한다. 그런데 〈개역성경〉과 〈개역개정판〉을 비롯한 변개된 성경들은 "앞으로 오실"이라는 말씀을 삭제함으로써 재림을 제거해 버렸다. 그리스도인의 복된 소망을 제거하는 것은 하나님의 바른 성경일 수 없다.

3. 디도서 2:13, 영광스러운 나타나심 vs. 영광

〈한글킹제임스성경 / KJV〉

그 복된 소망, 곧 위대한 하나님이신 우리 구주 예수 그리스도의 영광스러운 나타나심을 기다리게 하셨으니,

Looking for that blessed hope, and the glorious appearing of the great God and our Saviour Jesus Christ;

〈개역성경 · 개역개정판 / NIV〉

복스러운 소망과 우리의 크신 하나님 구주 예수 그리스도의 영광이 나타나심을 기다리게 하셨으니

while we wait for the blessed hope – the glorious appearing of our great God and Savior, Jesus Christ,

※ 새번역 – 영광이 나타나기를

※ 쉬운성경 – 영광 가운데 나타나실 것입니다

※ NLT – the glory ... will be revealed

디도서 2:13은 우리의 복된 소망이 위대하신 하나님이신 우리 구주 예수 그리스도의 "영광스러운 나타나심," 즉 주님의 "재림"을 기다리는 것이라고 말씀한다. 그런데 〈개역성경〉과 〈개역개정판〉을 비롯한 변개된 번역본들은 예수 그리스도의 다시 오심을 기다리는 것이 아니라 그분의 "영광"을 기다리는 것으로 바꿈으로써 실제적인 재림을 제

거하고 영적인 것을 기다리는 것으로 대체해 버렸다. 따라서 무천년주의, 후천년주의라는 거짓 교리를 따르게 하고 있다.

4. 누가복음 17:36, 재림 때에 일어날 일

〈한글킹제임스성경 / KJV〉

또 두 사람이 들에 있는데, 한 사람은 데려가게 되고 한 사람은 남게 되리라."고 하시니라.

Two *men* shall be in the field; the one shall be taken, and the other left.

〈개역성경 · 개역개정판 / NIV〉

없음

없음

※ 새번역, 쉬운성경 – 없음

※ NLT – 없음

이 말씀은 우리 주 예수 그리스도의 재림 때에 일어날 일에 대한 설명이다. 즉 두 사람이 들에 있다가 한 사람은 들려 올라가게 되고, 한 사람은 남게 된다는 사실을 말씀한다. 그 날을 소망하는 것은 물론, 주변에 있는 사람들을 주님께 인도해야 한다는 강력한 메시지를 전달하고 있는 말씀이다. 그런데 〈개역성경〉과 〈개역개정판〉을 비롯한 변개된 번역본들은 이 구절 전체를 삭제하고 있다. 어떤 성경이 바른 성경이겠는가?

6

지옥을 증거하는 구절들 [12)]

1. 지옥을 부정하는 비성경적인 주장들

다음에 제시하는 자료는 말씀보존학회에서 출간된 게일 립링거 박사의 〈뉴에이지 성경 역본들, New Age Bible Versions, pp.265-270〉에서 발췌한 것이다.

• 여호와의 증인 – "죽음 이후에... 불타는 지옥이 있다는 교리는 진실일 수가 없다. 죽은 사람은 의식이 없으며 아무런 활동도 하지 않기 때문이다. 그 혼은 죽어 있는 상태다."

• 여호와의 증인들의 〈신세계역〉 부록 – "[지옥은] 온 인류가 공통적으로 묻히는 장소인 무덤을 뜻한다... 단어는 고통이라는 개념을 전

12) 지옥과 관련된 구체적인 설명들은 〈부록 1〉을 참고하시오(pp.279-293).

혀 포함하고 있지 않다."

• 성경 변개자 오리겐 – 지옥은 '비유적'인 곳이다. 마귀와 타락한 천사들은 지옥에서 빠져나가 하늘로 돌아갈 것이다.

• ASV, NASB, Living Bible의 편집자 필립 샤프 – 그는 "지옥이 물리적 장소라는 이론"에 반대했으며 독자들에게 "오리겐이 얼마나 위대한 인물"인지를 역설했다.

• 변개된 헬라어 신약 원문(1881년)의 편집자 웨스트코트 – 지옥은 "죄에 대한 형벌의 장소가 아니며," 하데스는 "이생을 떠난 영들의 공통 거처"이다. "장소가 아니라 상태를 의미한다."

• 변개된 헬라어 신약 원문(1881년)의 편집자 홀트 – 지옥은 "비유적"인 곳이다.

• 필립스 번역본의 번역자 J.B. 필립 – 지옥은 존재하는가? 필립은 말한다. "나는 그것을 심각하게 의심한다."

• NIV 편집자 래어드 해리스 – "이에 대한 수많은 신학적 이견들로 인해서, 많은 현대 번역본들은 그 단어를 번역하지 않았다... [지옥은] 당연히 영원한 죽음을 의미하는 것이다." "이 같은 견해[지옥이 존재한다는]에는 몇 가지 문제가 따른다. 그것은... 죽음을 의미할 뿐이며... 형벌을 뜻하는 것이 결코 아니다." "NIV 번역진들은... 단어[지옥]의 의미를 결정짓는 과정에서... '무덤'의 의미가 맞다고 결론지었다... 무덤으로 번역한 것이 가장 적합한 번역이다. 이 두 단어[지옥과 무덤]는 동의어다... 무덤 속에 존재하는 것은 어두움과 육체의 분해, 흙 속에 누워 있는 것, 부패, 소멸 등일 뿐이다." "...그들은 그 의미를 독자들 스스로의 결정에 맡기고 있다..."

2. 지옥에 대한 성경 말씀들

• 지옥은 죄인이 죽은 후에 가는 곳으로(시 9:17, 마 23:15,33, 잠 9:18, 계 20:13, 눅 12:5), 불타는 가운데 고통받는 형벌의 장소이다.

• 성경은 지옥에 대해, "지옥의 고통"(시 116:3), "지옥에서 고통받는 중에"(눅 16:23), "불꽃 가운데서 고통을 받고"(눅 16:24), "꺼지지 않는 불 속인 지옥"(막 9:43-49), "지옥의 불에서 태우느니라."(약 3:6)고 그 참혹함을 경고한다.

• 지옥에 가는 인간의 혼은 영원히 죽지 않으면서 불에 타며 고통을 받는다(욘 2:2, 눅 16:23,24,27-30).

• 우리 주 예수 그리스도께서 죄인들을 대신하여 지옥에서 삼 일 낮과 삼 일 밤을 고통받으시고 우리를 의롭다고 확증하시기 위해 부활하셨다(시 16:10, 행 2:27,31).

• 지옥은 위치적으로 "가장 낮은" 곳으로(신 32:22) 땅 속, 즉 땅의 심장에 있다(마 12:40). 성경은 지옥을 설명할 때, "가장 낮은 지옥"(시 86:13), "아래 있는"(잠 15:24, 사 14:9), "땅의 아랫부분"(겔 31:16-18; 32:18-30 참고), "지옥의 깊은 곳들"(잠 9:18), "지옥으로 내려간다"(시 55:15, 겔 31:17; 32:21), "지옥으로 끌어내려진다"(사 14:15; 57:9, 눅 10:15), "지옥으로 파고 들어간다"(암 9:2), "지옥까지 낮아진다"(마 11:23)는 등의 표현을 사용한다.

• 에베소서 4:8-10 역시 『그러므로 말씀하시기를 "그가 위로 올라가실 때에 사로잡힌 자를 사로잡아갔고 사람들에게는 은사들을 주셨다."고 하셨느니라. (따라서 그가 올라가셨다는 것은 그가 땅의 더 낮

은 부분들로 먼저 내려가셨다는 것이 아니고 무엇이냐? 내려가셨던 그가 모든 하늘들 위로 올라가신 바로 그분이니 그가 모든 것을 충만케 하시려 함이니라.)』고 말씀하심으로써 지옥이 땅 속에 실제로 있는 장소임을 말씀하고 있다.

3. <개역성경>, <개역개정판>과 NIV의 삭제와 대체

• 성경은 총 54회 지옥이라는 단어를 기록하고 있는데, 〈개역성경〉과 〈개역개정판〉은 이 가운데 41회 지옥이라는 단어를 삭제했고, 대신에 음부나 스올이라고 변개시켰다. 다음의 41구절을 확인해 보기 바란다(신 32:22, 욥 26:6, 잠 15:11; 23:14; 27:20, 시 139:8, 마 11:23, 눅 10:15, 마 16:18, 계 1:18; 6:8; 20:13; 20:14, 삼하 22:6, 욥 11:8, 시 9:17; 16:10; 18:5; 55:15; 86:13; 116:3, 잠 5:5; 7:27; 9:18; 15:24, 사 5:14; 14:9,15; 28:15,18; 57:9, 겔 31:16,17; 32:21,27, 암 9:2, 욘 2:2, 합 2:5, 행 2:27,31, 눅 16:23)

• NIV는 40회 지옥(hell)이라는 단어 삭제

– 5회는 '죽음'(death)으로 변개했다(신 32:22, 욥 26:6, 잠 15:11; 23:14; 27:20).

– 3회는 '깊음'(depths)으로 변개했다(시 139:8, 마 11:23, 눅 10:15).

– 5회는 번역을 거부하고 음역했다(마 16:18, 계 1:18; 6:8; 20:13;

20:14). 여호와의 증인 성서인 〈신세계역〉이 히브리어 "스올"을 번역하지 않고 그대로 둔 것처럼, NASB와 함께 "하데스"를 번역하지 않고 그대로 두었는데, 이와 같이 "하데스"를 번역하지 않고 독자들이 직접 단어의 의미를 선택하도록 한 것은 독자들이 지옥을 부정하도록 의도한 것이며, 뉴에이지 사상에 동조한 것이다.

– 27회는 '무덤'(grave)으로 변개했다(삼하 22:6, 욥 11:8, 시 9:17; 16:10; 18:5; 55:15; 86:13; 116:3, 잠 5:5; 7:27; 9:18; 15:24, 사 5:14; 14:9,15; 28:15,18; 57:9, 겔 31:16,17; 32:21,27, 암 9:2, 욘 2:2, 합 2:5, 행 2:27,31).

1) 마태복음 16:18, 지옥 vs. 음부

〈한글킹제임스성경 / KJV〉

나도 너에게 말하노니, 너는 베드로라. 그리고 이 반석 위에 내가 나의 교회를 세우리니, 지옥의 문들이 그것을 이기지 못하리라.

And I say also unto thee, That thou art Peter, and upon this rock I will build my church; and the gates of hell shall not prevail against it.

〈개역성경 · 개역개정판 / NIV〉

또 내가 네게 이르노니 너는 베드로라 내가 이 반석 위에 내 교회를 세우리니 음부의 권세가 이기지 못하리라

And I tell you that you are Peter, and on this rock I will build my church, and the gates of Hades will not overcome it.

※새번역 - 죽음

※ NLT의 난외주 - Greek and the gates of hades

2) 요나 2:2, 지옥 vs. 스올

〈한글킹제임스성경 / KJV〉

말하기를 "내가 나의 고통으로 인하여 주께 부르짖었더니 주께서 나를 들으셨나이다. 내가 지옥의 뱃속으로부터 부르짖었더니 주께서 내 음성을 들으셨나이다.

And said, I cried by reason of mine affliction unto the LORD, and he heard me; out of the belly of hell cried I, *and* thou heardest my voice.

〈개역성경 · 개역개정판 / NIV〉

가로되 내가 받는 고난을 인하여 여호와께 불러 아뢰었삽더니 주께서 내게 대답하셨고 내가 스올의 뱃속에서 부르짖었삽더니 주께서 나의 음성을 들으셨나이다.

He said: "In my distress I called to the Lord, and he answered me. From the depths of the grave I called for help, *and* you listened to my cry.

※ 새번역 - 스올, 쉬운성경 - 내가 죽게 되었을 때에

※ NLT - from world of the dead*, 난외주 - Hebrew from Sheol

3) 마가복음 9:44,46, 불이 꺼지지 않는 지옥

〈한글킹제임스성경 / KJV〉

44 그곳에는 그들의 벌레도 죽지 않고, 불도 꺼지지 아니하느니라.

46 그곳에는 그들의 벌레도 죽지 않고, 불도 꺼지지 아니하느니라.

44 Where their worm dieth not, and the fire is not quenched.

46 Where their worm dieth not, and the fire is not quenched.

〈개역성경 · 개역개정판 / NIV〉

없음

없음

※ 새번역, 쉬운성경 - 없음

※ NLT - 없음

예수님께서 친히 지옥을 반복적으로 말씀하셔서 경고하신 구절인데, 〈개역성경〉과 〈개역개정판〉을 비롯한 번역본들이 지옥의 실재성과 심판을 부정하고 제거했다.

7

사탄의 정체를 밝히는 구절들

1. 이사야 14:12, 루시퍼 vs. 계명성(새벽별)

〈한글킹제임스성경 / KJV〉

오 아침의 아들 루시퍼야, 네가 어찌 하늘에서 떨어졌느냐! 민족들을 연약하게 하였던 네가 어찌 땅으로 끊어져 내렸느냐!

How art thou fallen from heaven, O Lucifer, son of the morning! *how* art thou cut down to the ground, which didst weaken the nations!

〈개역성경 · 개역개정판 / NIV〉

너 아침의 아들 계명성이여 어찌 그리 하늘에서 떨어졌으며 너 열국을 엎은 자여 어찌 그리 땅에 찍혔는고

How you have fallen from heaven, O morning star, son of the dawn! You have been cast down to the earth, you who once laid low the nations!

※ 새번역, 쉬운성경 - 새벽별

※ NLT - shinning star

성경은 그리스도인들에게 정신을 차리고 깨어 있어 마귀를 대적하라고 말씀한다. 『정신을 차리고 깨어 있으라. 이는 너희의 대적 마귀가 울부짖는 사자처럼 삼킬 자를 찾아 두루 다니기 때문이니라. 믿음 안에 굳게 서서 그를 대적하라. 이는 세상에 있는 너희 형제들도 동일한 고난을 당하는 줄을 앎이니라』(벧전 5:8,9). 『그러므로 하나님께 복종하라. 마귀를 대적하라. 그리하면 그가 너희로부터 도망하리라』(약 4:7). 그러나 변개된 성경들은 이런 마귀 사탄의 정체를 교묘하게 가려버리고 있으며, 사람들로 하여금 그에 대해 무지하게 만들고 있다.

이사야 14:12-15은 사탄의 타락과 그의 종말을 말씀하고 있는 구절들이며, 12절의 "루시퍼"는 사탄의 이름이다. 특히 13,14절은 사탄이 하나님께 반역하여 대적한 일에 대해 정확히 기록해 주고 있다(겔 28:11-19 참조). 성경은 사탄을 일컬어 루시퍼라고 부르는데, 루시퍼는 히브리어로 "헬렐"(הֵילֵל)이며, "빛을 비추는 자," 혹은 "빛을 전달하는 자"라는 뜻이다. (루시퍼는 헬렐의 라틴어 표현이다). 그 이름의 뜻에서 보듯이 12절의 루시퍼라는 말은 "빛의 천사로 가장하는" 사탄(고후 11:14)의 정체를 정확하게 밝혀 주고 있다. 주의할 점은 사탄은 "빛"을 가지고 있지 않고 또 "천사"도 아니기 때문에 자신을 빛의 천사로 "가장"한다는 것이다.

히브리어 헬렐에는 계명성(啓明星), 즉 새벽별(morning star)이라는 뜻이 전혀 없다. 구약에서 별이라는 단어는 "코캅"(kokab)으로 36회 기록되는데, 이사야 14:12에서는 쓰이지 않는다. 그 어떤 히브리어 필사본도 "코캅"이라고 기록하고 있지 않다. 따라서 〈개역성경〉과 〈개역개정판〉, NIV 등 변개된 성경들의 번역은 원문의 근거가 전혀 없다. 그러면서도 사탄의 정체를 밝히는 중대한 성경 말씀을 제거한 것이다.

또한 새벽별은 우리 주 예수 그리스도를 지칭하는 한 이름이다(계 22:16 - 『나 예수는 교회들에 관한 이런 일을 너희에게 증거하기 위하여 나의 천사를 보내었노라. 나는 다윗의 뿌리요 자손이며, 또 빛나는 새벽별이라." 하시니라.』) 그런데 〈개역성경〉과 〈개역개정판〉처럼 변개된 성경들은 이사야 14:12에서 사탄의 정체를 밝히는 그의 이름을 제거하고 예수 그리스도의 이름으로 대체함으로써 주 예수 그리스도께서 아버지 하나님께 대적하고, 그 대가로 지옥에 떨어진다고 기록하는 심각한 오류를 범하고 있는데, 이것은 성경 전체를 왜곡한 것과 같다.

이사야 14:13-15과 관련해서 반드시 함께 알아야 할 성경 구절은 에스겔 28:11-19이다. 이 구절의 "투로 왕"은 "사탄"을 지칭한다. 투로 왕은 역사적으로 존재했던 투로 왕을 뛰어넘어 투로 왕에게와 같이 모든 허세와 교만을 불어넣으며 다스리는 배후에 있는 보이지 않는 사탄을 가리키고 있다. 이렇게 사탄을 간접적으로 가리킨 예는 창세기 3:14, 마태복음 16:23 등도 마찬가지다. 자신을 하나님보다 높이고 있는 세상의 한 왕 속에서 자신의 목적을 성취하고 있는 사탄을

나타내 보이는 것이다. 이런 점에서 투로 왕은 짐승을 예시하기도 한다(단 7:8,23, 계 19:20)

에스겔 28장의 이 구절들은 사탄의 타락 이전의 모습을 설명하고 있으며, 이사야 14:12-14은 사탄의 타락 이후를 설명하는 것이다. 특히 에스겔 28:13에서 투로 왕에게 『네가 하나님의 동산 에덴에 있어 모든 귀한 돌인 홍보석과 황옥과 금강석과 녹보석과 얼룩마노와 벽옥과 사파이어와 에메랄드와 홍옥과 금으로 덮여 있었고 네 북들과 관악기들이 만들어짐이 네가 창조되던 날에 네 안에 예비되었도다.』라고 말씀하는데, 이것은 결코 역사상의 투로 왕에게 해당되지 않고 타락 이전의 사탄에 대한 말씀이다. 그런데도 변개된 성경을 고수하는 학자들은 에스겔 28:11-19의 투로 왕을 단지 역사상의 투로 왕으로 왜곡하여 성경이 알려 주는 사탄의 실체를 가리고 있다.

2. 욥기 41:1, 리비야단(뱀 - 용 - 마귀 - 사탄)

- "리비야단"은 반역한 사탄을 일컫는 이름이며, 사탄은 "용"이요, "옛 뱀"이라고도 불린다.

〈한글킹제임스성경 / KJV〉

네가 갈고리로 리비야단을 끌어낼 수 있겠느냐? 또한 끈으로 그의 혀를 맬 수 있겠느냐?

Canst thou draw out leviathan with an hook? or his tongue with a cord which thou lettest down?

〈개역성경 · 개역개정판 / NIV〉

네가 능히 낚시로 악어를 낚을 수 있겠느냐 노끈으로 그 혀를 맬 수 있겠느냐

"Can you catch a crocodile with a hook on put a noose around its jaw?

※ 새번역의 난외주 – "악어"

※ 쉬운성경 – 악어

욥기 41장 전체는 사탄의 정체를 밝혀 주고 있다(19,20,26-29,31,32,33,34절 참조). 리비야단(לִוְיָתָן)은 사탄을 지칭하는 이름이며, "물(바다)에 사는 커다란 짐승"이라는 뜻이다. 그의 거처는 이 땅의 바다가 아니라 둘째 하늘과 셋째 하늘 사이의 "깊음"이다(욥 41:31,32, 시 104:26 – 『거기에 배들이 다니며 리비야단이 있으니 주께서 거기서 노니게 하신 것이니이다』). 또 그는 한 개 이상의 머리들이 있는데(시 74:14) – 『주께서는 리비야단의 머리들을 산산조각내셔서 광야에 거하는 백성들에게 식물로 주셨나이다』, 요한계시록 12:3에서도 사탄인 용이 일곱 머리가 있다고 말씀한다.

성경은 이사야 27:1에서 리비야단을 용이며, 뱀으로 불리는 사탄이라고 말씀한다. 『그 날에 주께서 그의 격심하고 크고 강한 칼로 날쌘 뱀 리비야단을 벌하시리니, 즉 꼬부라진 뱀 리비야단이라. 또 주께서는 바다에 있는 그 용을 살해하시리라.』 이 사실은 요한계시록 12:9,10에서도 분명히 말씀하는 것이다. 『그리하여 그 큰 용이 쫓겨나니 그는 마귀라고

도 하고 사탄이라고도 하는 옛 뱀, 곧 온 세상을 미혹하던 자라. 그가 땅으로 쫓겨나고 그의 천사들도 그와 함께 쫓겨나더라. 또 내가 들으니, 한 큰 음성이 하늘에서 말하기를 "이제 구원과 능력과 우리 하나님의 나라와 그의 그리스도의 권세가 임하는도다. 이는 우리 형제들을 우리 하나님 앞에서 밤낮 고소하던 그 고소자가 쫓겨났기 때문이니라』(계 12:9,10).

용은 마귀요 사탄이다. 사탄인 마귀(devil)가 있고 마귀들(devils)이 있는 것처럼, 사탄인 용(dragon)이 있고 용들(dragons)도 있다. 욥기 30:29 등 여러 곳에서도 용들이 나오는데, 〈개역성경〉과 〈개역개정판〉을 비롯한 변개된 성경들은 용들을 이리, 시랑, 자칼(jackal) 등으로 변개했다.

이와 같이 〈개역성경〉과 〈개역개정판〉을 비롯한 변개된 성경들은 "루시퍼"와 "리비야단"이라는 사탄의 이름들을 변개함으로써 사탄의 정체를 가리고 있다. 이 세상의 신인 사탄이 믿지 않는 자들의 마음을 어둡게 하여 하나님의 형상이신 그리스도의 영광스러운 복음의 광채가 그들에게 비치지 못하게 한다(고후 4:4). 이렇게 사탄은 불순종하는 사람들에게 역사하는 매우 실제적인 존재이다(엡 2:2). 따라서 사탄은 인본주의적이고, 자유주의적인 사상에 세뇌된 비성경적인 신학자들과 성경 번역자들을 통해 성경에 제시된 자신의 정체를 가리기 위해 성경 구절들을 변개하는 것이다. 성경은 이렇게 왜곡된 성경에 근거한 교리를 『미혹하는 영들과 마귀들의 교리들』(딤전 4:1)이라고 말씀한다. 성경대로 믿는 그리스도인들은 변개되지 않은 바른 성경을 통해 사탄의 정체를 분명히 깨달음으로써 미혹되지 말아야 하며, 또 마귀 사탄을 대적하여 승리하는 영적인 그리스도인이 되어야 할 것이다.

3. 스카랴 11:17, "우상 목자" 적그리스도[13)]

〈한글킹제임스성경 / KJV〉

양떼를 버려 둔 우상 목자에게 화 있으리라! 칼이 그의 팔과 그의 오른 눈에 임하리니, 그의 팔은 바싹 마르고 그의 오른눈은 완전히 어둡게 되리라.

Woe to the idol shepherd that leaveth the flock! the sword *shall be* upon his arm, and upon his right eye: his arm shall be clean dried up, and his right eye shall be utterly darkened.

〈개역성경 · 개역개정판 / NIV〉

화 있을찐저 양떼를 버린 못된 목자여 칼이 그 팔에, 우편 눈에 임하리니 그 팔이 아주 마르고 그 우편 눈이 아주 어두우리라

"Woe to the worthless shepherd, who deserts the flock! May the sword strike his arm and his right eye! May his arm be completely withered, his right eye totally blinded!"

※ 새번역 – 쓸모없는 목자 / 쉬운성경 – 못된 목자

※ NLT – worthless shepherd

스카랴 11:17의 의미는 요한계시록 12:11-15 말씀이 설명해 주고

---

13) 이 구절에 대한 자세한 설명은 〈부록 2〉를 참고하시오(pp.297-301).

있다. 적그리스도는 형상을 사용하는 우상 숭배자이다. 그래서 예수 그리스도를 흉내낼 때(가짜 구세주나 선지자로) 그는 스카랴 11:17에서 말씀하는 "우상(idol) 목자"로 불리는 것이다. 대환란 때에 짐승의 형상을 만들고 그 짐승에게 경배하게 하며, 경배하지 않는 자는 다 죽이도록 한다. 적그리스도는 사탄의 화신으로 사탄의 능력을 받아 미혹의 역사를 이루는 것이다. 그런데 사탄의 역사를 밝히는 주요한 구절에서 〈개역성경〉과 〈개역개정판〉을 비롯한 변개된 성경들은 우상 목자를 단순히 "못된 목자" 또는 "쓸모없는 목자"라고 변개시킴으로써 사탄의 정체를 가리고 있는 것이다.

4. "귀신"은 없고 "마귀"는 있다[14)]

- 귀신은 마귀의 정체를 감추는 실존하지 않는 허상이다.

구약에는 "마귀들"(devils)이라는 복수 표현이 총4회 나오는데(레 17:7, 신 32:17, 대하 11:15, 시 106:37),[15)] 신명기 32:17에서 〈개역성경〉은 복수 표현인 "마귀들"을 단수인 "마귀"로 오역했고, 〈개역개정판〉은 "귀신들"이라고 변개했다. 나머지 세 곳에서 〈개역성경〉과 〈개역개정판〉은 "마귀들"이라는 단어를 삭제하고 대신에 "수염소/숫염

14) 귀신과 마귀에 대한 자세한 설명은 〈부록 2〉를 참고하시오(pp.302-306).

15) 구약성경에는 사탄을 지칭하는 단수 표현인 "마귀"(the devil)는 한 번도 나오지 않고 "사탄"(Satan)이라는 표현으로 총 18회 기록되어 있다. [대상 21:1, 욥 1:6,7(2회),8,9,12(2회); 2:1,2(2회),3,4,6,7, 시 109:6, 슥 3:1,2(2회)]

소"(레 17:7), "수염소 우상/숫염소 우상"(대하 11:15), "사신(邪神)/악귀들"(시 106:7)이라고 변개함으로써 구약성경에서 마귀들의 실체를 분별하지 못하게 만들었다.

여기서 "마귀들"이라는 복수 표현을 "마귀"라는 단수로 변개함으로써, 마귀는 오직 하나만 있는 존재이고 여러 "마귀들"이 있다는 사실을 부정하는 거짓 교리를 만들어내게 되었다. 특히 성락교회의 김기동 목사가 변개된 〈개역성경〉에 근거하여 이와 같은 이단 교리를 주장하는 대표적인 사례이다.

신구약 성경 전체에 "마귀"(devil)라는 단어가 총 118회 기록되어 있는데, 사탄을 지칭하는 단수 표현인 "마귀"가 35회 나오고, 나머지 83회는 마귀의 일을 수행하는 "마귀들"(더러운 영, 악한 영)이다. 그러나 변개된 〈개역성경〉과 〈개역개정판〉을 비롯한 한글 번역본들은 "마귀"라는 핵심 단어를 삭제하고 세상에 전혀 존재하지 않는 "귀신"이라는 단어로 대체함으로써 심각한 성경 변개를 자행했다. "귀신"의 사전적 정의는 "사람이 죽은 뒤에 남는다는 넋"이다.[16] 귀신은 샤머니즘에 따른 허구적인 개념일 뿐이며 결코 실존하지 않는다. 성경적으로, 사람이 죽은 뒤에는 하늘 나라 아니면 지옥에 가는 것 외에 세상을 떠돌거나, 다른 사람에게 들어가거나 괴롭히거나 도움을 주는 사후의 존재가 되는 것이 결코 아니다. 그럼에도 불구하고 <u>〈개역성경〉과 〈개역개정판〉은 물론 모든 한글 번역본들은 "마귀"를 "귀신"으로 왜곡함으로써 "마귀"의 실체와 그 마귀의 활동 세력들이 "마귀들"임을 알 수 없게 만들었다</u>.

---

16) 국립국어연구원, 표준국어대사전, (株)두산동아, 1999, p.763.

8

영, 혼, 몸의 진리를 밝히는 구절들

1. 창세기 2:7, 살아 있는 혼 vs. 생령

〈한글킹제임스성경 / KJV〉

주 하나님께서 땅의 흙으로 사람을 지으시고 그의 콧구멍에다 생명의 호흡을 불어넣으시니, 사람이 살아 있는 혼이 되었더라.

And the LORD God formed man of the dust *of* the ground, and breathed into his nostrils the breath of life; and man became a living soul.

〈개역성경 · 개역개정판 / NIV〉

여호와 하나님이 흙으로 사람을 지으시고 생기를 그 코에 불어넣으시니 사람이 생령이 된지라

the Lord God formed the man from the dust of the ground and breathed into his nostrils the breath of life, and the man became <u>a living being</u>.

※ 새번역, 쉬운성경 – 생명체

※ NLT – living person

인간의 창조를 말씀하는 창세기 2:7에서 하나님께서는 인간을 “살아 있는 혼”이라고 부르신다. 인간은 “영”과 “혼”과 “몸”의 세 부분으로 구성된 존재(Trichotomy)이다(살전 5:23, 히 4:12). “땅의 흙”은 인간의 “몸”이며(창 3:19, 전 3:20; 12:7), “생명의 호흡”은 인간의 “영”이고(겔 37:1-14, 요 3:6-8), “살아 있는 혼”은 말 그대로 인간의 “혼”이다(창 2:7). 성경은 인간의 영, 혼, 몸을 철저하게 구분하여 기록하고 있다.

한국어	영어	히브리어	헬라어
영(靈)	spirit	רוּחַ 루아흐(ruach)	πνεῦμα 프뉴마(pneuma)
혼(魂)	soul	נֶפֶשׁ 네페쉬(nephesh)	ψυχή 프쉬케(psuche)
몸(身)	body	בָּשָׂר 바사르(basar)	σῶμα 소마(soma)

모든 히브리어 원문의 창세기 2:7은 “영”(루아흐)이 아니라 “혼”(네페쉬)이다. 〈개역성경〉과 〈개역개정판〉은 전혀 원문의 근거가 없이 “생령”으로 변개했다. 사람이 “하나님의 형상대로 창조되었다는 것”(창 1:26,27)이 의미하는 바는 “하나님께 영, 혼, 몸의 구분이 있으신 것처럼 사람이 영, 혼, 몸의 세 부분으로 창조되었다는 것”이다.

2. 고린도전서 15:45, 살아 있는 혼과 살려 주는 영

〈한글킹제임스성경 / KJV〉

따라서 이와 같이 기록되었으니 "첫 사람 아담은 살아 있는 혼이 되었느니라." 함과 같이 마지막 아담은 살려 주는 영이 되었느니라.

And so it is written, The first man Adam was made a living soul; the last Adam *was* made a quickening spirit.

〈개역성경 · 개역개정판 / NIV〉

기록된 바 첫 사람 아담은 산 영이 되었다 함과 같이 마지막 아담은 살려 주는 영이 되었나니

So it is written: "The first man Adam became a living being"; the last Adam, a life-giving spirit.

※ 새번역- 산 영, 쉬운성경 - 살아 있는 존재

※ NLT - living person

인간의 영이 죽지 않고는 다시 살아날 수 없다. 마지막 아담이신 주 예수 그리스도께서 대속적 죽음을 당하시고 부활하셔서 성령을 통해 영원한 생명을 주시는 살려 주는 영이 되신 이유는 사람이(사람의 영이) 허물과 죄들로 죽어 있기 때문이다(엡 2:1-3). 〈개역성경〉과 〈개역개정판〉의 변개된 번역처럼 첫 사람 아담이 산 영이 되었다면 마지막 아담이 살려 주는 영이 되어야 할 이유가 없는 것이다. 이 구절의

헬라어 성경은 "혼"(프쉬케)이라고 되어 있지만 어떤 원문이나 성경적 근거 없이 〈개역성경〉과 〈개역개정판〉은 인간의 편견에 따라 "혼"을 "영"으로 왜곡했다.

3. 전도서 3:21, 짐승의 영 vs. 짐승의 혼

〈한글킹제임스성경 / KJV〉

사람의 영은 위로 올라가고 짐승의 영은 땅 아래로 내려가는 것을 누가 알리요?

Who knoweth the spirit of man that goeth upward, and the spirit of the beast that goeth downward to the earth?

〈개역성경 · 개역개정판 / NIV〉

인생의 [1]혼은 위로 올라가고 짐승의 [1]혼은 아래 곧 땅으로 내려가는 줄을 누가 알랴

Who knows if the spirit of man rises upward and if the spirit of the animal goes down into the earth?"

※ 개역성경, 개역개정판 난외주 [1]히, 영

영은 인간에게만 있는 것이 아니다. 성경은 짐승에게도 영이 있음을 말씀한다. 그러나 짐승의 영은 인간의 영과 다르다. 사람의 영은(고전

2:11) 그 사람이 죽으면 소유주이신 하나님께서 거두어 가신다(전 12:7). 반면 짐승의 영은 하나님께로 가는 것이 아니라 땅으로 내려간다(전 3:21).

타락 이후 인간의 영은 "죽은 영"이 되었다(창 2:17, 엡 2:1, 창 5:1-4). 그래서 사람의 영은 반드시 "다시 태어나야" 한다(요 3:3,5). 반면 성경은 짐승의 영이 다시 태어나야 함을 말씀하지 않는다. 이는 짐승의 영이 그 존재와 가치에 있어서 사람의 영과 다르기 때문이다. [영이 죽었다는 것은 "하나님에 대하여 죽은 것"이며, 악령이나 마귀에 대하여, 또는 죄에 대하여는 여전히 활동한다. 영이 죽었다는 것은 영의 소멸(annihilation)이 아니다.]

사람의 영은 하나님과의 영적 교제(communion), 직관(intuition), 양심(conscience) 등의 역할을 하지만, 짐승의 영은 이와 같은 역할을 하지 못한다. 반면 거듭나지 않은 사람은 살아 있는 육체 안에 "죽은 영"을 지닌 "죽은 자"로 여겨지는데(엡 2:1-3, 마 8:22, 눅 9:60), 이 경우 거듭나지 않은 사람은 짐승과 같은 수준으로 비교된다(전 3:18-22).

그런데 〈개역성경〉을 비롯한 변개된 성경들은 히브리어 원문의 "영"이라는 말씀을 어떤 원문이나 성경적 근거 없이 "혼"이라고 변개시켰다.

4. 창세기 1:2, 하나님의 영 vs. 하나님의 신

〈한글킹제임스성경 / KJV〉

땅은 형체가 없고 공허하며 어두움이 깊음의 표면에 있으며 <u>하나님의</u>

영은 물들의 표면에서 거니시더라.

And the earth was without form, and void; and darkness was upon the face of the deep. And the Spirit of God moved upon the face of the waters.

〈개역성경 / NIV〉

땅이 혼돈하고 공허하며 흑암이 깊음 위에 있고 하나님의 신은 수면에 운행하시니라

Now the earth was formless and empty, darkness was over the surface of the deep, and the Spirit of God was hovering over the waters.

※ 개역개정판, 새번역의 난외주 – '하나님의 바람'

하나님의 영은 성령님이시다. 이 구절은 성령 하나님께서 세상의 창조를 아버지 하나님과 아들 하나님과 함께 이루셨음을 알려 주는 말씀이다. 또한 성령님께서는 우리 주 예수 그리스도의 승천 이후에 위로자로서 믿는 자들 안에 내주하시는데, 진리의 영이신 성령님께서는 그리스도의 영으로 불리기도 하신다(롬 8:9).

그런데 〈개역성경〉은 창세기 1:2에서 하나님의 영(the Spirit of God)을 하나님의 신(神)이라고 오역했다. 만일 〈개역성경〉이 옳다면 성령님께서는 진리의 신이나 그리스도의 신으로 불려져야 하는가? 영, 혼, 몸을 바르게 구분하지 못하면 바른 신학과 교리를 정립할 수

없다. 〈새번역〉은 〈한글킹제임스성경〉을 따라 하나님의 영으로 수정되었으나, 난외주에 '하나님의 바람'이라는 또 다른 변개를 제시하고 있다.

5. 베드로전서 1:9, 혼의 구원

〈한글킹제임스성경 / KJV〉

이는 너희 믿음의 결과, 곧 너희 혼들의 구원을 받음이니라.

Receiving the end of your faith, *even* the salvation of *your* souls.

〈개역성경 · 개역개정판 / NIV〉

믿음의 결국 곧 영혼의 구원을 받음이라

for you are receiving the goal of your faith, the salvation of your souls.

※ 새번역, 쉬운성경 – 영혼

예수 그리스도를 구주로 믿고 영접함으로써 생명의 성령께서 믿는 자 안에 들어오시면 죽은 영을 살려서 그의 "영"이 거듭나게 되고, 그의 "혼"은 구원받게 된다. 영혼이 거듭난다거나 구원받는다는 것은 성경적으로 틀린 말이다. 이와 같이 〈개역성경〉과 〈개역개정판〉은 혼의 구원과 영의 거듭남도 구분할 수 없게 변개되어 있다.

6. 요한삼서 2, 혼의 잘됨

〈한글킹제임스성경 / KJV〉

사랑하는 자여, 무엇보다도 네 혼이 잘됨같이 네가 번성하고 강건하기를 바라노라.

Beloved, I wish above all things that thou mayest prosper and be in health, even as thy soul prospereth.

〈개역성경 · 개역개정판 / NIV〉

사랑하는 자여 네 영혼이 잘 됨같이 네가 범사에 잘 되고 강건하기를 내가 간구하노라

Dear friend, I pray that you may enjoy good health and that all may go well with you, even as your soul is getting along well.

※ 새번역, 쉬운성경 영혼

인간의 지(知) · 정(情) · 의(意)를 관장하는 '혼'이 하나님께 경청하고 순종해야 모든 일에 번성과 강건함이 보장되는 것인데, 인간의 혼이 주요한 역할을 하는 것이다. 영, 혼, 몸의 구분 없이 영적 생활의 바른 적용은 불가능하다.

9

다양한 증거 구절들

1. 창세기 10:21, 야펫은 형이고 셈은 동생

〈한글킹제임스성경 / KJV〉

셈은 모든 에벨 자손의 조상이요, 형 야펫의 동생이라. 그에게서도 자녀가 출생하였으니

Unto Shem also, the father of all the children of Eber, the brother of Japheth the elder, even to him were *children* born.

〈개역성경 · 개역개정판 / NIV〉

셈은 에벨 온 자손의 조상이요 야벳의 형이라 그에게도 자녀가 출생하였으니

Sons were also born to Shem, whose older brother was Japheth; Shem was the ancestor of all the sons of Eber.

※ 새번역, 쉬운성경 – 야벳의 형

※ NLT – the older brother of Japhet

창세기 10:21은 셈, 함, 야펫의 형제 순서를 확인할 수 있는 중요한 말씀이다. 그러나 〈개역성경〉과 〈개역개정판〉은 "셈은 에벨 온 자손의 조상이요 야벳의 형이라"고 변개시킴으로써 셈, 함, 야펫이 형과 아우와의 관계를 그대로 반영한 순서라고 단정짓는 오류를 범했다.

이들 세 사람이 함께 등장할 때는 늘 "셈과 함과 야펫"의 순서대로 등장한다(창 5:32; 6:10; 10:1). 그래서 보통 이것을 그들의 나이에 따른 순서라고 생각한다. 그러나 성경에서는 인간의 육신을 따른 기준이 아니라 하나님께서 사용하시는 기준이나 순서가 적용되는 것을 볼 수 있다. 셈은 제일 맏형이 아님에도 불구하고 처음에 언급되었다. 여기에는 이유가 있다. 셈의 후대는 아브라함으로 이어지며(창 11:10–32), 이 계보는 다윗왕과 예수 그리스도에게까지 계속된다(마 1:1–17). 그러므로 셈은 육신의 출생 순서와는 관계없이 그 중요성 때문에 제일 먼저 언급되는 것이다.

(또한 아브라함, 나홀, 하란이 테라의 아들들이지만, 아브라함이 첫째이기 때문에 제일 먼저 언급되는 것이 아니다. 나홀과 하란이 형이고 아브라함은 동생이다. 그러나 대부분의 경우에 사람들은 셈과 같이 아브라함이 첫째라고 오해한다.)

야펫은 창세기 10:21에서 "형"(elder)으로 나와 있는데, 이 사실은 히브리어 성경에서 분명히 기록하고 있다. 히브리어에서 형(the elder)은 "가돌"(gadol)인데, 이 구절에서 바로 이 단어가 쓰였다. 변개된 영어 성경들 가운데도 여러 성경들이 〈킹제임스성경〉을 따르고 있다. 함은 창세기 9:24에서 "작은 아들"(younger son)로, 즉 "동생"(younger)으로 말씀하고 있는데, 막내 동생(youngest)이란 단어가 쓰이지 않고 있다. 또 어디에도 셈을 첫째라고 명시한 구절은 없다. 따라서 바른 순서는 야펫, 함, 셈이다(창 10:2,6,21).

성경은 인간의 기준이 아니라 하나님의 기준으로 기록된 것이다. 그런데 〈개역성경〉을 비롯한 변개된 성경들은 인간의 편견으로 성경 말씀을 왜곡하여 큰 오류를 범하고 있다.

2. 마태복음 1:6, 우리아의 아내"였던" 여인

〈한글킹제임스성경 / KJV〉

이새는 다윗왕을 낳으니라. 다윗왕은 우리아의 아내였던 여인에게서 솔로몬을 낳고,

And Jesse begat David the king; and David the king begat Solomon of her *that had been the wife* of Urias;

〈개역성경 · 개역개정판 / NIV〉

이새는 다윗왕을 낳으니라 다윗은 우리야의 아내에게서 솔로몬을 낳고

and Jesse the father of King David. David was the father of Solomon, whose mother had been Uriah's wife,

※ 쉬운성경 – 우리야의 아내

마태복음 1:6의 "우리아의 아내였던 여인에게서"라는 표현은 솔로몬을 낳을 당시에는 밧세바가 이미 우리아의 아내가 아닌 다윗의 아내였다는 사실을 확증해 준다. 하나님께서는 밧세바가 우리아의 아내였을 때 다윗과 간음해서 낳은 아들은 죽게 하셨다. 그리고 밧세바는 다윗의 정식 아내였을 때 솔로몬을 낳았다(삼하 12:22–24).

하나님께서는 메시야의 혈통에 순수하지 못한 우리아의 씨가 섞이지 않았다는 것을 설명하시기 위해서 그 간음으로 낳은 아들이 죽었다는 기사를 역사서에서 상세하게 다루고 계시면서도, 마태복음에서 계보를 기록하심에 있어 다시 한 번 강조하심으로써 "여자의 씨"(창 3:15)에 대한 의문을 완전히 불식시키셨다. 단지 솔로몬이 간음으로 낳은 자식인지 아닌지가 중요한 것이 아니라, 그 씨의 순수성이 중요한 문제인 것이다.

그러니 〈개역성경〉과 〈개역개정판〉을 비롯한 변개된 성경들에 따르면 솔로몬이 간음에 의해 태어난 것이 되며, 그 씨의 순수성도 훼손된다. 이 구절은 시제의 중요성을 알려 주는 좋은 예이다.

3. 사도행전 17:22, "미신적"인가? vs. "종교적"인가?

〈한글킹제임스성경 / KJV〉

그러므로 바울이 마르스 언덕 한가운데 서서 말하기를 "아테네 사람들이여, 내가 보니 너희는 매사에 너무나 미신적이니라.

Then Paul stood in the midst of Mars′ hill, and said, *Ye* men of Athens, I perceive that in all things ye are too superstitious.

〈개역성경 · 개역개정판 / NIV〉

바울이 아레오바고 가운데 서서 말하되 아덴 사람들아 너희를 보니 범사에 종교성이 많도다

Paul then stood up in the meeting of the Areopagus and said: "Men of Athens! I see that in every way you are very religious.

※ 새번역, 쉬운성경 - 종교심

※ NLT - religious

하나님을 믿지 않는 모든 그리스 철학자들과 학자들은 실제로 "미신적"이다. 그들 중 소위 가장 위대한 이들(소크라테스, 아리스토텔레스, 플라톤 등)이 믿었던 것은 "미신적"인 이교도만이 믿을 수 있는 것들이었다. 사람이 동물에게서 나왔고 진화했다고 믿는 것이 바로 "미신적"인 것이다. 심지어 아테네 사람들은 "알지 못하는 신에게"(행 17:23)라고 새겨 놓은 제단에서 알지 못하는 신을 섬기기도 했다. 성경은 이것을 "미신적"이라고 쓰고 있지 결코 "종교적"이라고 말씀하지 않는다. 종교(Religion)는 사실상 창조주 하나님을 믿는 그리스도인의 신앙, 즉 기독교(Christianity)를 말한다.

4. 마태복음 5:22, 까닭없이

〈한글킹제임스성경 / KJV〉

내가 너희에게 말하노니, 까닭없이 자기 형제에게 노하는 자는 누구든지 심판의 위험에 처하게 될 것이며, 형제에게 라카라 하는 자는 누구나 공회의 위험에 처하게 될 것이요, 또 어리석은 자라 하는 자는 누구나 지옥불의 위험에 처하게 될 것이라.

But I say unto you, That whosoever is angry with his brother without a cause shall be in danger of the judgment: and whosoever shall say to his brother, Raca, shall be in danger of the council: but whosoever shall say, Thou fool, shall be in danger of hell fire.

〈개역성경 · 개역개정판 / NIV〉

나는 너희에게 이르노니 형제에게 노하는 자마다 심판을 받게 되고 형제를 대하여 라가라 하는 자는 공회에 잡히게 되고 미련한 놈이라 하는 자는 지옥 불에 들어가게 되리라

But I tell you that anyone who is angry with his brother will be subject to judgment. Again, anyone who says to his brother, 'Raca,' is answerable to the Sanhedrin. But anyone who says, 'You fool!' will be in danger of the fire of hell.

※ 새번역, 쉬운성경 - 삭제

※ NLT - 삭제

이 구절은 "교리적으로" 현재의 교회 시대에 적용되는 것이 아니다. 천년왕국(메시야 왕국)에 있는 사람들은 "까닭없이" 노하면 심판의 위험에 처하며, 어리석은 자라고 말하면 지옥불의 위험에 처하게 된다. 천년왕국에 있는 이들은 노하거나 욕하기만 해도 심판에 처해진다. 반면 고린도전서 15:36에서 "어리석은 자"라고 말한 바울은 천년왕국에 있지 않았고 교회 시대에 있기 때문에 지옥불에 떨어지지 않은 것이다. 그러므로 이 내용은 교리적으로 교회에 적용시킬 수 없다. 그러나 〈개역성경〉과 〈개역개정판〉을 비롯한 변개된 성경들처럼 "까닭없이"를 삭제하면 천년왕국에서조차 바른 적용을 할 수 없다.

5. 고린도전서 4:2, 청지기의 신실함

〈한글킹제임스성경 / KJV〉

청지기에게 요청되는 것은 무엇보다도 신실한 사람으로 발견되는 것이라.

Moreover it is required in stewards, that a man be found faithful.

〈개역성경 · 개역개정판 / NIV〉

그리고 맡은 자들에게 구할 것은 충성이니라

Now it is required that those who have been given a trust must prove faithful.

하나님께서 청지기에게 요구하시는 것은 그의 신실함을 보이라는 것이다. 그런데 〈개역성경〉과 〈개역개정판〉은 맡은 자가 누구에게 충성을 요구해야 하는지, 누가 맡은 자에게 충성을 요구하라는 것인지 뜻이 불분명하며, "맡은 자"나 "충성"이라는 표현도 적합치 못하다.

6. 디모데전서 6:20, 과학의 반론을 받아들여야 하는가?

〈한글킹제임스성경 / KJV〉

오 디모데야, 네게 맡겨진 것을 지키고, 비속하고 허황된 말장난과 거짓되이 일컬어지는 과학의 반론을 피하라.

O Timothy, keep that which is committed to thy trust, avoiding profane *and* vain babblings, and oppositions of science falsely so called:

〈개역성경 · 개역개정판 / NIV〉

디모데야 네게 부탁한 것을 지키고 거짓되이 일컫는 지식의 망령되고 허한 말과 변론을 피하라

Timothy, guard what has been entrusted to your care. Turn away from godless chatter and the opposing ideas of what is falsely called knowledge,

※ 새번역, 쉬운성경 - 지식

※ NLT - knowledge

하나님을 대적하고 진리를 거스르는 대표적인 것이 과학과 철학인데 (골 2:8), 성경은 이 과학에 대한 분명한 입장과 경고를 기록하고 있다. 그러나 〈개역성경〉과 〈개역개정판〉은 과학의 실상을 가리고 있으며, 많은 변개자들은 과학의 반론에 따라 성경을 고치고 있다.

7. 히브리서 3:16, 모든 사람이 아니었다 vs. 모든 사람이었다

〈한글킹제임스성경 / KJV〉

이는 어떤 자들이 말씀을 들을 때에 격노케 하였음이라. 그러나 모세에 의하여 이집트에서 나온 모든 사람이 그리한 것은 아니었느니라.

For some, when they had heard, did provoke: howbeit not all that came out of Egypt by Moses.

〈개역성경 · 개역개정판 / NIV〉

듣고 격노케 하던 자가 누구뇨 모세를 좇아 애굽에서 나온 모든 이가 아니냐

Who were they who heard and rebelled? Were they not all those Moses led out of Egypt?

※ 새번역 - 모두가 아니었습니까?

※ 쉬운성경 - 사람들이 아니었습니까?

※ NLT - the ones

모세에 의하여 이집트에서 나온 사람들 중에서 20세 미만의 사람들(민 14:29)과 여호수아와 갈렙은 하나님을 격노케 하지 않았다. 그러나 〈개역성경〉과 〈개역개정판〉, 〈새번역〉, 〈쉬운성경〉, NIV, NLT는 모든 사람들이 격노케 했다고 오역함으로써 성경을 모순되게 만들었다.

8. 로마서 8:1, 육신을 따르지 않고 성령을 따라 행하는 사람

〈한글킹제임스성경 / KJV〉

그러므로 이제 그리스도 예수 안에 있는 자들에게는 결코 정죄함이 없나니, 그들은 육신을 따라 행하지 아니하고 성령을 따라 행하느니라.

There is therefore now no condemnation to them which are in Christ Jesus, who walk not after the flesh, but after the Spirit.

〈개역성경 · 개역개정판 / NIV〉

그러므로 이제 그리스도 예수 안에 있는 자에게는 결코 정죄함이 없나니

Therefore, there is now no condemnation for those who are in Christ Jesus,

※ 새번역, 쉬운성경 - 삭제

※ NLT - 삭제

구원받은 그리스도인들도 육신을 따라 살면 일시적인 정죄를 받게 된다(롬 8:1,13). 성령을 따라 행하는 것이 육신을 이기는 길이며, 정죄 받지 않는 길이다. 여기서 정죄란 지옥에 간다는 의미가 아니라 구원받은 그리스도인이 육신을 따라 살 때에 받게 되는 징계인 것이다. 〈개역성경〉과 〈개역개정판〉을 비롯한 변개된 번역본들은 이러한 진리를 알려 주는 말씀을 삭제한 것이다.

9. 고린도전서 6:20, 하나님의 것 vs. 나의 것

〈한글킹제임스성경 / KJV〉

너희는 값을 치르고 산 것이니 그러므로 하나님의 것인 너희 몸과 너희 영으로 하나님께 영광을 돌리라.

For ye are bought with a price: therefore glorify God in your body, and in your spirit, which are God?.

〈개역성경 · 개역개정판 / NIV〉

값으로 산 것이 되었으니 그런즉 너희 몸으로 하나님께 영광을 돌리라

you were bought at a price. Therefore honor God with your body.

※ 새번역, 쉬운성경 - 삭제

※ NLT - 삭제

그리스도인의 모든 것은 하나님의 것이다. 그리스도의 몸과 영 역시 하나님께서 값을 치르고 사신 것이기에 이것을 고백하고 적용하는 것은 영적인 삶에서 매우 중요하다. 그러나 〈개역성경〉과 〈개역개정판〉은 '하나님의 것인'이라는 말씀을 삭제하여 그리스도인의 헌신을 방해하고 있다. 또한 『너희 몸과 너희 영으로』에서 『너희 영으로』를 삭제함으로써 헌신이 영적인 일임을 가리고 있다.

10. 시편 12:6,7, 성경 말씀의 보존 vs. 이스라엘의 보호

〈한글킹제임스성경 / KJV〉

6 주의 말씀들은 순수한 말씀들이라. 흙 도가니에서 단련되어 일곱 번
정화된 은 같도다. **7** 오 주여, 주께서 이 말씀들을 간수하시리니 주께
서 이 세대로부터 영원토록 그것들을 보존하시리이다.

6 The words of the LORD are pure words: as silver tried in a
furnace of earth, purified seven times. **7** Thou shalt keep them,
O LORD, thou shalt preserve them from this generation for ever.

〈개역성경 · 개역개정판 / NIV〉

6 여호와의 말씀은 순결함이여 흙 도가니에 일곱번 단련한 은 같도다
7 여호와여 저희를 지키사 이 세대로부터 영영토록 보존하시리이다

6 And the words of the Lord are flawless, like silver refined in a
furnace of clay, purified seven times. **7** O Lord, you will keep

us safe and protect us from such people forever.

※ 새번역 - 우리, 쉬운성경 - 저희

※ NLT - the oppressed(압제받는 사람들)

대명사 "them"(말씀들)을 "us"(저희)로 바꿈으로써 하나님의 말씀인 성경을 보존하신다는 약속을 없애 버렸다. 결국 원본만 권위있고 필사본이나 번역본의 권위는 부정하는 불신앙을 팽배하게 했다.

11. 사무엘하 15:7, 사십 년 후에 vs. 사 년

〈한글킹제임스성경 / KJV〉

사십 년 후에 일이라. 압살롬이 왕에게 고하기를 "내가 청하오니, 나로 가서 내가 헤브론에서 주께 서원한 내 서원을 갚게 하소서.

And it came to pass after forty years, that Absalom said unto the king, I pray thee, let me go and pay my vow, which I have vowed unto the LORD, in Hebron.

〈개역성경 · 개역개정판 / NIV〉

사년만에 압살롬이 왕께 고하되 내가 여호와께 서원한 것이 있사오니 청컨대 나로 헤브론에 가서 그 서원을 이루게 하소서

At the end of four years, Absalom said to the king, "Let me go to Hebron and fulfil a vow I made to the LORD.

※ 새번역 - 네 해가 지났을 때에, 쉬운성경 - 사 년이 지난 후에
※ NLT - after four years

〈개역성경〉을 비롯한 한글 성경들과 NIV를 비롯한 영어 성경들이 "4년"이라고 번역하고 있으나, 모든 히브리어 맛소라 원문과 필사본들은 〈한글킹제임스성경〉과 같이 "40년"이라고 기록하고 있다. 따라서 다른 번역본들은 히브리어 원문을 무시한 채 편견과 추측에 따라 번역하여 성경을 변개시킨 것이다.

다른 변개된 성경들의 번역자들은 사무엘하 15:7의 "40년"에 대해서, 다윗이 단지 40년 동안 다스렸으며(왕상 2:11 - 『다윗이 이스라엘을 치리한 날들이 사십 년이었으니 헤브론에서 칠 년을 치리하였으며 예루살렘에서 삼십삼 년을 치리하였더라.』) 압살롬은 40년이 끝나기 전에 반역했기 때문에 히브리어 성경의 "40년"을 필사상의 오류라고 성급하게 판단한 것이다. 따라서 "사십 년"을 "사 년"으로 바꾼 것이다. 그러나 우리가 성경을 읽을 때는 우리에게 주신 말씀 하나하나가 하나님께서 처음 기록하신 그 말씀을 그대로 보존하고 있으며 그 말씀과 동일한 권위를 지니고 있다는 믿음으로 받아야 하고, 그 말씀을 깨닫기 위한 지혜를 구하며, 또 훌륭한 믿음의 선배들이 제시해 주는 설명을 찾는 것이 바른 방법이다.

먼저 몇 가지 점에서 분명히 해야 할 사실들을 정리해 보면 문제의 해결점을 찾을 수 있다.

첫째, 다윗이 왕으로 통치한 기간은 40년이다(삼하 5:4). 『다윗이 치리를 시작할 때 삼십 세였으며, 그가 사십 년을 치리하니라.』

"헤브론에서 유다의 왕으로" 통치한 기간이 7년 6개월이며, "예루살렘에서 온 이스라엘과 유다의 왕으로" 통치한 기간이 33년이다(삼하 5:5). 『헤브론에서 다윗이 칠 년 육 개월간 유다를 치리하였고, 예루살렘에서 온 이스라엘과 유다를 삼십삼 년간 치리하니라.』

다윗이 헤브론에서 왕으로 통치한 것은 사울이 죽은 이후에 유다 사람들이 다윗을 기름부어 왕으로 삼았기 때문이다(삼하 2:4). 『그때 유다 사람들이 와서 거기서 다윗에게 기름을 부어 유다 집을 다스릴 왕으로 삼더라. 또 그들이 다윗에게 고하여 말하기를 "사울을 장사지낸 사람들은 야베스길르앗 사람들이라." 하더라.』

둘째, 압살롬은 다윗이 통치한 이후에 태어났고 통치가 끝나기 전에 죽었다.

다윗은 헤브론에서 여섯 명의 아들들을 낳았는데, 압살롬은 『그술 왕 탈매의 딸 마아카의 아들』로 헤브론에서 얻은 셋째 아들이었다(삼하 3:1-3). 『그때 사울의 집과 다윗의 집 사이에 긴 전쟁이 있었으니, 다윗은 점점 강성해지고 사울의 집은 점점 쇠약해지더라. 헤브론에서 다윗에게 아들들이 태어났으니, 그의 첫태생은 암논으로 이스르엘 여인 아히노암의 *소생이요*, 둘째는 킬르압으로 칼멜인 나발의 아내였던 아비가일의 *소생이요*, 셋째는 그술 왕 탈매의 딸 마아카의 아들 압살롬이요,』

헤브론에서 압살롬이 태어난 시점은 다윗이 30세에(삼하 5:4) 유다의 왕으로 헤브론에서 통치를 시작한 이후였으며, 다윗이 헤브론에서 통치하던 "7년 6개월"의 기간 동안이었다(삼하 5:5).

압살롬은 다윗의 통치가 끝나기 전에 반역했고 죽었기 때문에, 다시 말해서 압살롬은 다윗이 통치한 전체 기간인 40년 동안에 태어나고 죽었기 때문에 40세까지 살지 못하고 젊은 나이에 반역으로 인해 죽었던 것이다. 그에 대해 성경은 "청년" 압살롬이라고 부른다(삼하 18:12).

이와 같은 사실들을 근거로 사무엘하 15:7의 『사십 년 후에』가 어떤 기간을 말하는가를 판단할 때, 다윗의 통치 기간으로 생각하는 것은 성경 자체를 모순이라고 왜곡하는 잘못된 주장이며 성경에 대한 믿음이 없는 문제 제기일 뿐이다. 또한 『사십 년』이 압살롬의 나이라는 일부의 주장은 그가 40세가 되기 전에 죽었기 때문에 역시 잘못된 주장이다.

그러므로 『사십 년 후에』라는 기간의 출발점은 다윗이 왕이 되기 전부터 시작된 기간인 것이다. 다음의 두 가지로 이 기간의 출발점을 설명할 수 있다.

먼지 사무엘하 15:7의 전후 문맥에서 우리는 이 구설의 문제 제기에서 언급된 것처럼 압살롬이 반역하여 다윗의 보좌를 찬탈하려는 것이었다는 점을 주목해 보아야 한다. 사무엘하 15:6은 이렇게 기록하고 있다. 『왕에게 재판을 청하려고 오는 온 이스라엘에게 압살롬이 이같이 행하여, 압살롬이 이스라엘 사람들의 마음을 도둑질하니라.』 압살롬은 송사에 관여하여 백성들의 마음을 다윗에게서 멀어지게 하고 자신에게 향하도록 그들의 마음을 도둑질하는 방법을 먼저 사용했다(삼하 15:1-6). 그래서 압살롬과 함께하는 백성들의 수가 늘어나게 되었고 민심이 압살롬을 따르게 했던 것이다(삼하 15:12,13). 그런데 다윗도 백성들의 마음을 사울로부터 빼앗은 적이 있다(삼상 18:6-8). 물론 다윗이 골리앗을 죽이고 백성들의 마음을 얻은 것은 그가 의도적으로 보좌를 찬탈하기 위해 행한 것은 아니지만, 다윗이 왕이 되기 전에 백성들의 마음을 얻은 것과 맥을 같이하는 것이다. 따라서 사십 년 후라는 것은 골리앗을 죽인 후에 다윗이 백성들의 마음을 얻은 때로부터 시작된 기간을 뜻한다고 볼 수 있다.

또 한 가지 설명은 다윗이 왕이 될 것으로 기름부음 받은 것이 사무엘상 16:13에서 사무엘을 통해서인데, 사십 년이 바로 이 기름부음 받은 때로부터 시작된 기간일 수도 있다는 것이다. 다윗이 기름부음 받은 것은 그가 왕이 되는 것의 첫 출발이었기 때문이다.

12. 열세 구절의 절 전체 삭제 - '없음' [17)]

『하늘과 땅은 없어져도 내 말들은 결코 없어지지 아니하리라.』(마

---

17) 한 절 전체가 삭제된 구절들에 대한 보다 상세한 설명과 필사본 증거들에 대해서는 월간 〈성경대로믿는사람들〉에 게재된 필자의 다음 글들을 참고하시오. 「막 15:28, 필사본 증거를 왜곡한 "세 가지 거짓말"」, 통권92호(1999년 11월호), pp.73-84; 「눅 17:36, 눈먼 안내자를 따라가고 있는가?」, 통권93호(1999년 12월호), pp.77-86; 「행 8:37, 이유 있는 삭제?」, 통권94호(2000년 1월호), pp.80-89; 「행 15:34, 헬라어 원문을 독해하지 못한 파괴적 비평가」, 통권95호(2000년 2월호), pp.88-95; 「롬 16:24, 반대를 위해 고안된 어설픈 거짓말」, 통권96호(2000년 3월호), pp.92-99; 「요일 5:6,7, 삼위일체를 공격하는 아리우스의 추종자인가?」, 통권97호(2000년 4월호), pp.74-79; 「요일 5:6,7, 콤마(,)에 걸려 넘어진 허약한 학자」, 통권98호(2000년 5월호), pp.86-91.

24:35)고 예수 그리스도께서 직접 말씀하셨다. 그러나 주님의 이러한 약속에도 불구하고 〈개역성경〉, 〈개역개정판〉, 〈표준새번역〉, 〈쉬운 성경〉, NIV, NLT 등과 같이 변개된 성경들은 13구절에서 '없음'이라고 표기하고 절 전체를 삭제했다. 특히 이 구절들 중에서 7구절(마 17:21; 18:11; 23:14, 막 9:44,46; 11:26, 누가복음 17:36)은 예수님께서 직접 하신 말씀이다. 이러한 성경들은 예수님을 거짓말쟁이로 만드는 것이며, 성경을 모순된 책으로 만드는 것이다. 하나님께서는 직접 섭리적 역사로 보존하신 바른 성경들을 통해 이러한 말씀들을 지키셨다.

성경구절	한글킹제임스성경/KJV	개역성경 개역개정판
마 17:21	그러나 이런 종류는 기도와 금식에 의하지 않고는 나가지 아니하느니라."고 하시더라.	없음
마 18:11	인자가 온 것은 잃어버린 자를 구원하려는 것이라.	없음
마 23:14	위선자인 서기관들과 바리새인들아, 너희에게 화 있으리라! 이는 너희들이 과부들의 집을 삼키며 남들에게 보이고자 길게 기도하기 때문이라. 그러므로 너희는 더 큰 심판을 받으리라.	없음
막 9:44,46	그곳에는 그들의 벌레도 죽지 않고, 불도 꺼지지 아니하느니라.	없음
막 11:26	그러나 만일 너희가 용서하지 아니하면 하늘에 계신 너희 아버지께서도 너희 죄들을 용서하지 아니하시리라."고 하시더라.	없음
막 15:28	그리하여 '그가 범죄자들과 더불어 헤아림을 받았다.'고 말한 성경이 이루어졌더라.	없음

성경구절	한글킹제임스성경/KJV	개역성경 개역개정판
눅 17:36	또 두 사람이 들에 있는데, 한 사람은 데려가게 되고 한 사람은 남게 되리라."고 하시니라.	없음
눅 23:17	(명절에는 반드시 그들에게 한 사람을 놓아주게 되어 있더라.)	없음
행 8:37	빌립이 말하기를 "만일 당신이 마음을 다하여 믿으면 합당하니라."고 하니 그가 대답하여 말하기를 "나는 예수 그리스도가 하나님의 아들이신 것을 믿나이다."라고 하더라.	없음
행 15:34	실라는 오히려 그곳에 머무는 것을 좋게 여기니라.	없음
행 28:29	그가 이 말을 마치니 유대인들이 자리를 뜨더라. 그리고 그들 사이에 상당한 쟁론이 있더라.	없음
롬 16:24	우리 주 예수 그리스도의 은혜가 너희 모두와 함께 있을지어다. 아멘.	없음
요일 5:7	이는 하늘에서 증거하시는 이가 세 분이시니, 아버지와 말씀과 성령이시요, 이 세 분은 하나이심이라.	없음

제 4 장

보존된 성경과 변개된 성경의 계보

『너희는 내가 너희에게 명령한 그 말씀에 더하지도 말고, 거기에서 빼지도 말고, 내가 너희에게 명령하는 **주** 너희 하나님의 계명들을 지킬지니라』(신 4:2).

『이는 내가 이 책의 예언의 말씀들을 듣는 각 사람에게 증거함이니 누구든지 이것들에 더하면 하나님께서 이 책에 기록된 재앙들을 그에게 더하실 것이요 또 누구든지 이 예언의 책의 말씀들에서 삭제하면 하나님께서 생명의 책과 거룩한 도성과 이 책에 기록된 것들에서 그의 부분을 제하여 버리시리라』(계 22:18,19).

1

보존된 성경

하나님께서 주신 성경 (딤후 3:16,17)

『모든 성경은 하나님의 영감으로 주어진 것으로 교리와 책망과 바로잡음과 의로 훈육하기에 유익하니 이는 하나님의 사람이 온전하게 되며, 모든 선한 일에 철저히 구비되게 하려 함이니라.』

하나님께서 보존하심 - 보존된 성경 (시 12:6-7)

『**주**의 말씀들은 순수한 말씀들이라. 흙 도가니에서 단련되어 일곱 번 정화된 은 같도다. 오 **주**여, 주께서 이 세대로부터 영원토록 그것들을 보존하시리이다.』

구약 : 히브리어 맛소라 원문 (Hebrew Massoretic Text)
신약 : 헬라어 표준원문 (Greek Textus Receptus)

구시리아어 역본 (Old Syriac, A.D. 120-150)

구라틴어 역본 (Old Latin, A.D. 120-150)

북부 이태리 교회에서(A.D. 157-180), 골 교회에서(A.D. 177-200), 켈트 교회에서(A.D. 300), 발칸과 독일 지역 교회에서(A.D. 400) 사용/보존

↓

초기 번역본들

고트어 역본(4세기), 아르메니아어 역본(5세기), 그루지아어 역본(5세기), 슬라브어 역본(9세기)

↓

"비잔틴 제국 기간 동안" 사용한 헬라어 성경 (A.D. 312-1453)

↓

야곱 벤 하임의 히브리어 맛소라 원문 (1524-1525)

↓

헬라어 표준원문 (Textus Receptus)

에라스무스(1535), 콜리네우스(1534), 스테파누스(1551), 베자(1598), 엘지버(1633)

↓

틴데일 성경 (1525)

↓

루터 성경 (1534)

↓

킹제임스성경 (Authorized King James Bible, 1611)

↓

한글킹제임스성경 (1994)

2

변개된 성경

하나님께서 주신 성경 (딤후 3:16,17)

『모든 성경은 하나님의 영감으로 주어진 것으로 교리와 책망과 바로잡음과 의로 훈육하기에 유익하니 이는 하나님의 사람이 온전하게 되며, 모든 선한 일에 철저히 구비되게 하려 함이니라.』

사탄이 변개함 - 변개된 성경 (고후 2:17)

『우리는 하나님의 말씀을 변개시킴으로써 *이익을 취하는* 여러 사람들과 같지 않고 오직 성실함으로써 또 하나님께로부터 난 자로서 하나님 앞에서와 그리스도 안에서 말하노라.』

철학, 바빌론 · 그리스 · 로마의 신비 종교의 영향으로 성경 변개 (골 2:8)

오리겐(A.D. 184-254)의 성경 변개

구약 변개 - 헥사플라 (Hexapla) 제5란 "칠십인역"(LXX, Septuagint)

신약 변개 - 알레산드리아와 카이사라에서 유래하는 신약 필사본들

오리겐의 필사본을 복사하여 유세비우스가 만든 50권의 복사본

바티칸 사본 (Vaticanus, A.D. 350), 시내 사본 (Sinaiticus, A.D. 350)

↓

제롬의 라틴어 벌게이트 (Latin Vulgate, A.D. 415)

↓

예수회의 림즈 듀웨이 성경 (Rheims Douay, 1582)

↓

여러 현대 비평가들이 편집한 헬라어 판본

그리스바흐(1812), 라흐만(1851), 트레겔레스(1872), 티센돌프(1874)

↓

"웨스트코트와 홀트"의 헬라어 원문 (1881), 영어 개역본 (RV, 1884)

↓

네슬-알란드(Nestle-Aland)의 헬라어 인문 1-27판(1898-1993)
성서공회연합회(United Bible Societies)의 헬라어 원문 1-4판(1966-1993)

↓

변개된 현대 영어 번역본들

개역표준역본(RSV, 1952), 여호와의 증인들의 신세계역본(NWT, 1957), 새미국표준역본(NASV, 1959), 새개역표준역본(NRSV, 1970), 새국제표준역본(NIV, 1978), 뉴킹제임스역본(NKJV, 1982), NLT(New Living Translation, 1996), The Message(1997)

↓

개역한글판성경(1961) · 개역개정판(1998), 공동번역성서(1977), 표준새번역(1993),
현대인의성경(1986), 현대어성경(1991), 쉬운성경(2001), 우리말성경(2005)

제 5 장

신뢰할 수 없는 대한성서공회와 한국 교회 지도자들

『나의 형제들아, 너희는 많은 선생들이 되지 말라. 이는 우리가 더 큰 정죄를 받을 줄 앎이니라』(약 3:1).

『위선자인 서기관들과 바리새인들아, 너희에게 화 있으리라! 이는 너희가 회칠한 무덤들처럼 실로 겉으로는 아름답게 보이나 안에는 죽은 사람의 뼈와 모든 더러운 것으로 가득 차 있도다』(마 23:27).

『주께서 그들에게 대답하여 말씀하시기를 "너희 위선자들에 관하여 이사야가 잘 예언하였도다. 기록된 바와 같이 '이 백성이 입술로는 나를 공경하여도 그들의 마음은 내게서 멀도다』(막 7:6).

1

한글 성경의 역사와 저본의 문제

최초의 한글 신약성경인 〈예수셩교젼셔, 1887〉부터 최근의 〈표준새번역 개정판, 2001〉에 이르기까지의 우리말 성경의 역사는 슬프게도 성경 변개의 역사이다. 번역에 있어서 가장 기본적인 번역 저본(底本)[18]의 선정이 잘못되었기에 그 결과는 썩은 열매를 맺는 것이있다. 안타깝게도 무지한 가운데 열정을 가지고 성경 번역과 보급에 힘쓴 많은 사람들의 노고를 헛되게 만드는 것은 사탄의 교묘한 역사가 있었기 때문이다.

사실상 이 땅에 성경과 신앙의 혼란을 가져온 주범은 대한성서공회와 그들과 함께한 성경 번역자들이다. 〈개역성경〉과 〈공동번역〉, 〈표준새번

18) "저본"이란 번역이나 개정을 위해 사용되는 본래의 본문(本文), 즉 원본(原本)을 일컽는 말이다. 일부에서는 '대본'이라고도 한다.

역〉은 물론 최근의 〈개역개정판〉, 〈표준새번역 개정판〉 등 대한성서공회의 성서들은 왜곡된 성경 본문과 상호 간의 불일치로 교리적, 신앙적 혼란을 일으키고 있다. 이 모든 것은 바른 성경을 저버리고 인간의 전통과 세뇌된 지식으로 진리를 대적한 결과이며, 또한 하나님의 일을 수행할 수 없는 사람들이 그 역할을 한다고 육신의 일을 도모했기 때문이다.

1887년 출간된 한국 최초의 신약성경인 〈예수셩교젼셔〉부터 1998년 출간된 〈개역개정판〉과 2001년에 출간된 〈표준새번역 개정판〉에 이르기까지 한글 성경들의 번역과정을 고찰하고, "저본"(底本)의 문제를 진단하여 대한성서공회와 한국 교계의 지도자들이 성경 문제에 관한 한 신뢰할 수 없다는 사실을 밝히며, 바른 성경과 바른 신앙을 위한 대안을 제시하고자 한다.

1. "로스역"으로 불리는 한국 최초의 신약전서 <예수셩교젼셔>(1887)

스코트랜드 선교사 존 로스(John Ross)를 중심으로 매킨타이어(MacIntyre), 이응찬, 서상윤 등이 함께 번역, 출간한 한국 최초의 신약성경이 〈예수셩교젼셔〉(1887년)이며, 일명 "로스역"으로 불린다. "로스역"으로 시작되는 한글 성경 번역의 역사와 문제점을 고찰하기 위해서는 중국어 성경에 대한 사전 논의가 필요하다. 이는 초기 한글 성경의 번역에는 중국어 성경이 저본이 되거나 참고자료로 폭넓게 사용되었기 때문이다.

중국어 성경 가운데 주의해서 살펴야 할 것은 보통 〈문리역, 文理譯〉이라고 불리는 성경인데, 선교사 로버트 모리슨(Robert Morrison, 1753-1834)이 1813년에 번역, 출간한 성경을 말한다. 이것이 후에 개정, 번역되어 1852년에 출간된 것이 〈신약전서문리, 新約全書文理〉이며 1854년에는 구약과 함께 출간되었는데, 이것을 〈성경전서문리, 聖經全書文理〉라고 하고, 통상적으로 "대표자역본"(Delegates' Version)이라고 부른다. 이는 메드허스트(Medhurst), 귀츨라프(Gützlaff), 브리지만(Bridgman), 존 모리슨(John Morrison) 등의 선교사로 구성된 대표자 회의에서 개정 및 번역되었기 때문에 붙여진 이름이다. 이 성경은 "침례"(浸禮, baptism)를 "세례"(洗禮, splinkling)로 번역하는 등 많은 부분에서 변개되어 있다.

그런데 "로스역," 즉 〈예수셩교젼셔〉(1887년)의 저본으로 사용된 것이 중국어 성경인 〈신약전서문리〉였다. 또한 로스는 이와 함께 영어 〈개역본, Revised Version〉(1885년)과 이것의 저본이 된 변개된 헬라어 성경인 〈개역 헬라어 신약 옥스퍼드판〉(1881년), 즉 웨스트코트와 홀트의 헬라어 신약 원문을 저본 및 참고자료로 사용함으로써 한글 성경의 역사 첫 페이지를 성경 변개로 채우게 되고 말았다.

1883년 1월에 쓴 로스의 편지에 번역 원칙이 제시되어 있는데, 그 중에서 두 번째와 여섯 번째 항에서 번역 저본에 대한 언급이 이렇게 나온다.

> 둘째, 영어역본보다 <u>〈개역 그리스어 성경〉을 기준으로 한다</u>...

> 여섯째, 〈개역 그리스어 성경〉을 그대로 따른다. 다만 요한복음 8:1-11 '간음한 여인 사건'과 마가복음 16:9-20은 사본상의 문제로 생략한다.[19]

이 번역 원칙에서 헬라어 성경이 저본으로 제시되지만 실제로는 헬라어 성경에서 직접 번역되지 못하고 참고하는 정도였으며, 당시 선교사들의 원어 및 한국어 실력에 따르면 영어 〈개역본〉과 "문리역"이 주된 저본이었다. 번역된 본문을 놓고 판단할 때에도 최초의 한글 신약성경은 변개되어 있다. 요한복음 8:1-11과 마가복음 16:9-20은 통째로 삭제되었고, 현대의 변개된 헬라어 성경과 영어 성경들에서 삭제된 신약의 13개 구절들이 똑같이 없으며, 교리적으로 주요한 구절들과 표현 역시 동일하게 왜곡되어 있다. 이후의 한글 성경들 역시 마찬가지다.

이렇게 된 이유는 특히 19세기에 비평가들과 변개자들에 의해 성경의 권위가 격하되고 변개된 헬라어 성경과 영어 성경이 출간되었던 시기였기 때문에 그 영향이 한글 성경 번역에 그대로 반영된 결과였다. 우리말 성경의 첫 페이지부터 성경 변개의 역사로 시작되는 것이 얼마나 안타까운 일인가!

2. "구역(舊譯)성경"[20]으로 불리는 <셩경젼셔>(1911)

---

19) 옥성득 · 이만열, 『대한성서공회사』, 제1권, (서울: 대한성서공회, 1993), p.54.

20) 구역(舊譯)이라는 표현은 1938년에 출간된 성경과 구분하려고 나중에 붙여진 이름이다. 따라서 시기적으로 앞선 1911년의 성경을 옛날 번역이라는 뜻으로

언더우드를 중심으로 한 국내의 미국계 선교사들은 로스의 〈예수셩교젼서〉를 수용하지 않고 새로운 번역을 추진했다. 따라서 "로스역"은 이들이 번역한 성경에게 자리를 점차 내어 주고 지속되지 못한 채 사라지게 되었다. 물론 "로스역"에 여러 문제점들이 있었던 것은 사실이지만 이것보다는 언더우드 개인의 욕망이 새로운 번역을 하게 한 실제적인 이유였다. 언더우드는 "로스역"을 무시하고 번역 사업을 독점하여 자금을 영입하고 번역의 명예를 차지하고자 하는 야망이 있었다. 따라서 한국어를 잘 알지 못하는 상황에서 새로운 번역을 서두르게 되었던 것이다.[21] 이렇게 시작한 성경 번역에서 언더우드를 비롯한 미국계 선교사들은 바른 성경을 번역하지 못했고, 이들의 후예들이 지금도 성경 변개를 반복하고 있다.

언더우드, 아펜젤러, 스크랜톤, 헤론 등의 선교사들이 상임성서위원회를 구성하여 시작된 구역성경 번역은 이후에 1893년 번역자회를 새롭게 조직하여 미 북장로교회의 언더우드와 게일, 미 북감리회의 스크랜톤과 아펜젤러, 영국 성공회의 트롤로프, 미 남장로회의 레널즈 등이 번역에 참여하여 1900년에 〈신약전서〉가 출간되었는데 이것을 시험판이라고 불렀다. 1904년에는 1900년판을 개정하여 출간하였고, 1906년에는 이것을 다시 개정하여 소위 '공인역'이라는 이름으로 〈신약젼셔〉를 출간하였다. 그러나 "공인역"(Authorized Version)이란 표현은 본래 〈킹제임스성경〉의 권위가 널리 인정되어 그리스도인들에 의해 합

"구역"성경이라고 불렀고, 이것을 개역했다고 하여 1938년에 출간된 〈성경개역〉과 그후에 개정되어 현재 사용되고 있는 한글 성경을 통상적으로 "개역"(改譯)성경이라고 한다.

21) 『대한성서공회사』, 제1권, pp.212-213.

당하게 붙여진 이름이었으나, 구역성경 번역자들이 붙인 '공인역'이라는 표현은 그 명성을 흉내내고 자신들을 높인 나머지 자의적으로 붙인 이름에 불과하다.

구약의 경우 미 북감리회의 존스, 미 남감리회의 하디, 미 북감리회의 노블, 미 북장로회의 마펫, 캐나다 장로회의 그리어슨 등이 번역에 참여하였고, 또 언더우드, 게일, 레널즈, 크램, 한국인 이창직, 김정삼 등이 번역했다. 1911년 3월 6일에 〈구약젼셔〉가 상권(창세기~역대기하)과 하권(에스라~말라기)으로 출간되었고, 3월 15일에는 〈구약젼셔〉가 1906년판 〈신약젼셔〉의 개정본과 합본되어 〈성경젼셔〉라는 이름으로 출간되었는데, 이것이 한글로 번역된 최초의 신구약 성경이었다.

1893년에 전임번역자회를 구성할 때 성경 번역에 있어 6개항의 원칙이 제안되었다. 그 중에서 저본과 관련된 내용은 2항과 4항이다.

> 2. 하나의 그리스어 본문을 사용하기로 동의함. '공인원문'(Textus Recptus)[헬라어 표준원문]과 일치되는 한도 내에서 일부 수정 권리를 가지면서 '영어성경 개역본의 저본이 된 그리스어 본문'이 번역에 가장 일반적으로 수용할 수 있는 기초가 될 것임... 4. 영어성경 개역본의 저본이 된 그리스어 본문과 '공인원문'[헬라어 표준원문] 간의 차이점이나 성경신학용어, 성경고유명사의 통일 번역과 통일된 맞춤법 등과 같은 주제를 다루기 위한 소위원회 임명의 적절성을 고려할 것.[22)]

이와 같은 원칙이 제안되었지만, 실제로 채택된 원칙은 다음과 같이 수정된 것이었다.

> 선교사들은 그리스어 성경과 개역판 성경을 대본으로 삼아 번역하고 한국인 조사들은 한문대표자역(文理譯)을 대본으로 번역하되 일본어 성경도 참고하며...[23]

이외에도 구역성경의 저본이 어떤 것이었는가를 밝혀 주는 명시적인 자료는 영국성서공회(BFBS)의 연례보고서 부록에 나오는 다음과 같은 글이다.

> 따라간 본문은 팔머의 헬라어 성경(Palmer's edition of the Greek)인데, 그것은 영어 개역본의 저본이 된 것이다.[24]

이와 같이 〈개역성경〉의 진신인 〈구역성경〉이 번역된 저본은, "로스역"과 같이, 보존된 바른 성경인 〈표준원문〉을 변개하여 만든 웨스트코트와 홀트의 헬라어 성경이었으며, 영어 〈킹제임스성경〉을 변개하여 만든 영어 〈개역본〉이었다. 또한 번역에 이용하기 위한 자료를 살펴보면 이들의 번역이 어떠했는지 알 수 있는데, 1897년 영국성서공회의 켄뮤어

22) 위의 책, p.35.

23) 위의 책, p.36.

24) 위의 책, p.67; *BFBS AR for 1903*, Editorial Report, p.446.

총무에게 요청한 비평서적목록에는 알포드의 헬라어 신약성경, 스웨트의 칠십인역, 메이어 신약주석, 엘리코트 신약주석, 카일과 델리취의 주석 등과 같은 책들이 있다. 이것은 번역자들이 바른 저본은 물론 바른 참고 자료에도 접근하지 못했음을 보여 주는 것이다.

구약의 저본에 대해 번역자들이 밝힌 구체적인 언급은 없지만 신약의 경우와 같이 영어 〈개역본〉이 주된 저본이 되었을 것은 당연하고, 신약 번역 당시 구약 인용을 위해 요구했던 스웨트의 칠십인역이 사용되었다. 어떤 형태로든 구약의 번역에도 바른 원문에서 번역되지 못했음은 번역의 결과를 보더라도 분명하다.

3. "구역성경"을 개정한 <성경개역>(1938), "개역성경"으로 불리는 <개역한글판>(1961), "개역성경"을 또다시 개정한 <개역개정판>(1998)

구역성경이 번역, 출간된 이후 개정작업이 시작되었다. 구약은 게일, 레널즈, 언더우드, 케이블, 스톡스, 베어드, 엥겔, 어드맨, 클라크, 하디, 피터즈 등의 선교사들과 한국인 김필수, 김인준, 정태홍, 김관식, 이원모, 김정삼, 박형용, 채필근 등이 참여하였으나 대부분은 죽거나, 탈퇴하거나, 극히 미미한 참여로 끝났으며, 게일, 레널즈, 베어드, 피터즈, 김인준, 이원모 등이 주로 개정하여 1937년에 개역이 마무리되었다. 신약 개정은 1926년부터 1937년에 이루어졌는데, 스톡스, 로스, 윈, 커닝햄, 베어드 2세, 크레인, 남궁혁 등이 참여했다. 이렇게 하여 구약과 신약의 개정이 완료되고 1938년에 〈성경개역〉이라는 이름으로 출간된 것이 현재 사용하는 〈개역성경〉의 출발점이었다.

이후에도 〈성경개역〉은 1939년에 개정되었고, 또다시 1952년에 "한글맞춤법통일안"(1948년)에 따라 개정되었기 때문에 한문이 병기된 판들과 구분하여 "개역한글판"이라고 불렸으며 이후의 판들도 모두 동일하게 불리게 되었다. 〈개역성경〉은 여러 차례에 걸쳐 반복적으로 개정되어 현재까지 사용되고 있다. 신약의 경우에 공개된 것만 1900년, 1904년, 1906년, 1911년, 1939년, 1952년, 1956년, 1957년, 1961년 등 여덟 번이고, 구약은 1939년부터 1961년까지 다섯 번이다. 그러나 알려진 바로는 실제로 64번이나 개정되어 오늘에 이른 것이다.

그런데 1998년에는 1961년판 〈개역성경〉을 72,712곳이나 수정하여 내놓은 〈개역개정판〉이 출간되기에 이르렀다. 이것은 〈개역성경〉을 〈공동번역〉(1977)이나 〈표준새번역〉(1993)으로 대체하고자 한 대한성서공회의 여러 시도들이 실패하자 선택한 또 하나의 성경 변개였다. 7만 군데 이상을 수정했으나 여전히 변개된 성경이 〈개역개성판〉 외에 또 어디 있겠는가! 이러한 일을 하고도 하나님의 사역이라고 할 수 있는가!

〈성경개역〉의 저본에 대한 자료는 1912년 1월 15일 한국성서위원회의 밀러 총무가 개역자들에게 준 영국성서공회의 번역지침서(Rules for the Guidance of Translators, Revisers & Editors, working in connection with the BFBS)에서 찾을 수 있는데, 저본에 대해 다음과 같은 내용이 있다.

> "성경번역과 개역은 히브리어 및 아람어와 헬라어 원문에서 이루어져야 한다. 어떤 언어권에 이미 사용되고 있던 역본들은 이용

> 되어야 한다. 구약번역에서는 그 당시 영국성서공회(BFBS)가 마련한 최신판 히브리어 성경본을 저본으로 해야 한다. 원어에 익숙치 못한 번역자는 영어 AV나 RV, 1901년의 BFBS의 본문과 난외주를 따를 수 있다. 그런데 영어도 모른다면, 그 번역자는 BFBS가 이미 허가한 어떤한 역본을 사용해도 좋다."[25]

이 지침에 따르면 당시의 개역자들은 반드시 히브리어나 헬라어에서 번역해야 하는 것이 아니라 자신의 언어 능력에 따라 저본을 사용할 수 있었음을 알 수 있다. 개역되는 과정에서도 바른 히브리어 원문에서 번역된 것은 없었고, 구역과 마찬가지로 여전히 변개된 영어 〈개역본〉은 물론 〈미국표준역본〉(1901년)이 주된 참고자료가 되었다.

한편 사용된 저본에 대한 정보는 1922년에 엥겔이 "긴즈버그의 히브리어 구약성경"을 요구했다는 것에서도 찾을 수 있는데, 어느 정도 참고되었을 것으로 추정할 수는 있으나, 역시 구약성경의 본문 비교를 통해 본다면 변개된 영어 성경들이 저본이 되었다는 것은 변함 없는 사실이다.

신약 개정에 사용된 저본은 1923년판 네슬(Nestle)의 헬라어 원문 14판이며, 신약의 구약 인용은 미국에서 출간된 영어 〈개역본, RV〉이 사용되었다. 네슬의 헬라어 원문은 1898년의 초판을 시작으로 현재 27판이 출간되었는데, 대표적으로 변개된 헬라어 원문이다. 어찌 쭉정이에서 알곡을 기대할 수 있겠는가!

---

25) 류영대 · 옥성득 · 이만열, 『대한성서공회사』, 제2권, (서울: 대한성서공회, 1993), p.122.

4. 로마카톨릭과 합작한 에큐메니칼 성경 <공동번역성서>(1977)

공동번역의 구약은 선종완 신부, 문익환 목사, 곽노순 목사 등이 번역하였고, 신약은 카톨릭 측에서 백민관, 허창덕 신부, 개신교 측에서는 박창환, 정용섭, 김진만, 이근섭 등이 번역하여 신약은 1971년 부활절(4월 11일)에 출간되었고, 구약은 1977년 부활절(4월 10일)에 외경과 신약 개정판과 함께 출간되었다. 과연 어떤 이유에서 이렇게 〈공동번역〉이 나올 수 있었겠는가?

제2차 바티칸 공회에서 로마카톨릭은 개신교와의 연합을 도모하게 되었고, 성경의 신구교 공동번역이 권장되었는데, 이는 에큐메니칼 운동의 일환이었다. 교황청 기독교일치증진국의 1966년 보고서 가운데는 "성서공회와의 협력"이라는 제목 아래 다음과 같은 내용이 있다.

> 교황은 성서사업에 있어서 바티칸 제2공회가 정한 하나님의 계시에 관한 헌장에 따라서 비가톨릭계 성서공회와 협조하는 문제를 기독교일치증진국에 의뢰하였다.[26]

그렇다. 교황의 지시에 따라 이루어진 것이 신구교의 합작 성경을 만드는 일이었다.

> 성서공회와 카톨릭 전문가들이 1964년과 1967년 1월에 공동으로

---

26) 김주병, 「성서공회와 가톨릭교회와의 협력」, 『성서한국』, 제13권 2호, 1967, p.10.

> 회합하여 이 문제를 토의 연구한 결과 세계성서공회연합회의 실행 위원회와 교황에게 제출되도록 되어 있기 때문에 그 세밀한 내용은 공표되지 않고 있으나 전하는 바에 의하면 상당히 많은 분야에 있어서 원칙적 합의를 보았다고 한다.[27]

이와 같은 배경에서 소위 공동번역이 번역, 출간된 것이다. 이것은 성경 보존과는 전혀 상관없는 목적에서 추진된 일이다.

〈공동번역〉의 구약 저본은 키텔의 히브리어 원문(BHK)이며, 신약은 1966년에 출간된 세계성서공회연합회(UBS)의 헬라어 신약 원문 1판인데, 이것은 카톨릭과 개신교의 성경 번역자들이 공통으로 사용하도록 만들어진 변개된 신약성경이다. 키텔의 히브리어 원문은 1,2판까지는 바른 본문을 담고 있지만 3판(1937년)부터는 변개된 본문이다. 〈공동번역〉은 3판 이후의 판본을 사용했기 때문에 변개된 원문에서 번역된 것이며, 또한 히브리어 성경을 따르지 않고 변개된 〈칠십인역〉을 따라 번역된 부분들이 많으므로 본문의 정확성과 권위는 전혀 기대할 수 없다.

5) <표준새번역>(1993), <표준새번역 개정판>(2001)[28]

〈표준새번역〉은 대한성서공회가 〈개역성경〉을 대체하기 위해 만든

---

27) 위의 책, p.12.

28) 대한성서공회는 현재 〈표준새번역〉을 〈새번역〉으로 수정하여 부르고 있다.

것이다. 이미 1967년에 〈신약전서 새번역〉을 출간한 바 있지만 한국 교계에 수용되지 못했었다. 〈표준새번역〉의 구약은 강사문, 김갑동, 김의원, 김이곤, 민영진, 박준서, 박철우, 손석태, 윤영탁, 이군호, 이양구, 임태수, 정규남 등이 번역했으며, 신약은 김창락, 박형용, 서중석 등이 번역했다. 소위 젊은 세대를 위해 현대어로 번역했다고 하지만 본래의 뜻을 저버리고 수많은 왜곡된 표현과 자유주의 신학의 전시장이 되어 그 변개의 정도는 매우 심각하기 때문에 자라나는 젊은 세대를 오히려 영적으로 죽이는 역할을 하고 있다.

〈표준새번역〉과 〈표준새번역 개정판〉의 구약은 〈비블리아 헤브라이카 슈투트가르텐시아〉(BHS, 1967/1977)를, 신약은 세계성서공회연합회(UBS)의 헬라어 신약성경 3판(1983)을 사용했다. 이것은 판본의 연도만 다를 뿐 〈개역성경〉과 〈공동번역〉과 똑같이 변개된 원문에서 번역된 것을 보여 준다.

이외의 성경들, 즉 〈현대인의 성경〉(1977)은 네슬-알란드판과 영어 〈리빙 바이블〉(1971)에서 번역되었으며, 〈현대어성경〉(1978/1991)은 영어 〈리빙 바이블〉과 〈UBS 1판〉(1966)에서 번역되었고, 〈표준신약성서〉(1983년)는 〈네슬-알란드 25판〉(1979)에서 번역되었으며, 〈쉬운성경〉(2001년)은 〈UBS 4판〉(1993)에서 번역되는 등 한글 성경들은 모두 변개된 성경을 저본으로 사용했다.

이와 같이 한글 성경들의 번역 원문을 선정함에 있어서 "로스역"에서부터 가장 최근의 〈개역개정판〉에 이르기까지 하나의 예외도 없이 변개된 뿌리에서 나온 썩은 열매들이다. 대한성서공회를 비롯해서 이 땅의 성경 번역자들과 관계자들은 바른 성경 원문을 분별하지 못한 채 소경이 되어 소경들을 인도해 온 것이다. 앞에서 지적한 것처럼 대한성서공회의 민영진 총무는 이렇게 자신의 무지와 무책임함을 드러내고 있다.

> 사실을 말하자면, 세계성서공회연합회에 속한 각국 성서공회 번역실에서는 원본선정 문제를 독자적으로 다루지 않습니다... 각국 성서공회는 신약번역의 대본으로서 당대에 가장 권위를 인정받는 GNT나 NTG와 같은 비평적 편집을 선택할 뿐입니다. 대한성서공회도 여기서 예외가 아닙니다... 일반적으로 번역자들은 히브리어 본문의 비평적 편집에 관한 전문가들이 아닙니다. 그래서 번역 원본 선정 문제에 관해서는 세계성서공회연합회가 번역자들에게 제공하는 참고자료에 의존할 수밖에 없습니다.[29]

성경 번역자들은 가장 우선적으로 어떤 원문이 바른 것인가를 분별할 줄 알아야 그것을 바르게 번역할 수 있는 것이다. 실제로는 로마카톨릭에 의해 관장되는 세계성서공회연합회(UBS)의 카톨릭 성경, 즉 헬라어 신약 원문(GNT) 1-4판이나 네슬-알란드 25,26,27판 등을 권위 있는 것으로 수용하면서 정작 카톨릭과의 합작품인 〈공동번역〉을 거부하는 이 땅의 소위 보수주의, 정통주의 학자들과 목사들은 자신들의

29) 민영진, 「표준새번역은 이 시대 최선의 선택이 될 것이다」, 월간 『목회』, 1993년 10월호, pp.95,96,97.

무지와 무책임함을 깨달아야 한다. 한글로 된 카톨릭 성경들(개역성경, 공동번역, 표준새번역)은 거부하고 헬라어로 된 카톨릭 성경들을 수용하는 자신들의 모순에 대해 답변해 보라. 로마카톨릭의 추기경이 편집한 헬라어 성경이 어떤 것인가? 카톨릭의 도시 독일 뮌스터에서 카톨릭 성경을 만들고 있는 변개자들이 누구인가? 그들은 로마카톨릭의 추기경인 카를로 마티니, (커트 알란드), 바바라 알란드, 그리고 이들과 함께 어깨를 나란히 한 학자들이다. 그들에게 배우고 세뇌되어 그들에게 권위를 부여하고 있는 이 땅의 대한성서공회와 성경 번역자들은 안약을 사서 눈에 바르고 재를 뿌리며 회개하고 바른 성경으로 돌아가야 한다.

하나님께서 역사를 통해 보존하신 히브리어 구약성경은 야곱 벤 하임의 맛소라 원문(1524-1525)이며, 헬라어 신약성경은 에라스무스부터 엘지버에 이르기까지 편수된 〈표준원문, TR〉으로 현재 영국의 트리니테리안성경공회(TBS)에서 출간하고 있다. 이 두 성경을 영어로 완전하게 전수한 〈킹제임스성경〉은 하나님께서 영화롭게 하신 최고의 성경이다.[30] 이 땅에도 하나님의 섭리적 역사로 바른 원문에서 번역된 바른 성경인 〈한글킹제임스성경〉(1994)이 출간된 지 10여 년이 되었다. 언제까지 무지와 완고함으로 반역하는 자들이 될 것인가?

---

30) 말씀보존학회에서 출간한 『하나님께서는 한 가지 성경만을 쓰셨다』, 『하나님께서 지키신 성경』, 『뉴에이지 성경 역본들』, 『현저한 차이』 등과 같은 책들을 참고하여 바른 성경을 찾기 바란다.

2

<개역성경>의 종말과 대한성서공회의 실패

대수술을 받았으나 죽은 성경 <개역개정판>

한국 교회의 가장 근본적이고 큰 문제를 바로잡아야 한다면, 그것은 모든 믿음과 실행을 판단하는 최종권위인 성경의 문제이다. 바른 성경이 바른 교리와 바른 신앙을 가능하게 할 수 있는데, 우리말 성경이 처음 출간된 1887년부터 지금까지 〈한글킹제임스성경〉(1994년)을 제외하면 대한성서공회와 기타 출판사들이 번역, 출간한 성경들은 앞서 관찰한 것처럼 모두 변개된 원문에서 번역되었다. 따라서 한국 교계는 많은 왜곡된 교리들이 양산되고 비성경적인 실행들이 정통신앙으로 오인되는 한국식 기독교가 되었다.

현재 한국 교계의 성경 문제가 어떻게 진행되고 있으며, 어떤 방향으로 나아가야 하나님께 합당한가를 제시하고자 한다. 특히 〈개역성경〉의 본질적인 문제와 이를 대체하려는 〈개역개정판〉과 관련한 대한성서공회의 행보에 대한 평가, 그리고 〈개역성경〉의 총체적 부실로 인해 유발된 출판사들의 새로운 번역본과 한영성경의 출판에 대한 평가를 함께 고찰하고자 한다.

1. <개역성경>의 종말

〈개역성경〉이란, "구역(舊譯)성경"으로 불리는 〈셩경전셔〉(1911년)를 개정하여 1938년에 출간한 〈성경개역〉을 1952년과 1956년을 비롯하여 여러 번에 걸쳐 개정해서 출간한 1961년판 〈성경전서 개역한글판〉을 일상적으로 일컫는 말이다. 〈개역성경〉은 처음 출간된 이후로 수십 번 개정하여 현재에 이르고 있는데, 이 〈개역성경〉을 한국 교회가 그동안 사용해 온 것은 선택의 여지없이 사용할 수 있는 성경이 〈개역성경〉 하나밖에 없었으며, 그것이 인간적인 전통으로 고착화되었기 때문이다. 그런데 이 성경은 처음 번역되어 출간되었던 때부터 이미 폐기되어야 할 운명이 설정된 성경이었다. 마치 인간이 태어날 때부터 죄인으로 태어났기 때문에 죄의 삯으로 한 번 죽고 그 뒤에 심판이 정해진 것과 같다(시 51:5, 롬 5:12; 6:23, 히 9:27).

1) 변개된 원문에서 번역된 성경은 변개된 성경이다.

창세기 3장부터 지금까지 하나님의 말씀에 대한 사탄의 공격은 매우 교묘하게 지속되어 왔으며, 이 땅의 성경 번역에도 깊게 침투하여 변개된 성경이 한국 교계에 뿌리내리도록 역사해 왔다. 우리말 성경이 처음 번역되어 출간된 1887년부터 현재까지 제도화된 교단 소속의 선교사들이 한국인 조력자들과 함께 출간한 초기 번역본들은 물론, 국내 교단 학자들과 목사들이 모여 구성된 대한성서공회를 통해 이루어진 모든 한글 번역본들 역시 순수한 하나님의 말씀이 아니라 변개된 성경이었다. 설혹 많은 사람들이 순수한 목적으로 성경 번역에 매진했다 할지라도 그들의 수고를 통해 바른 성경을 만들지 못했던 근본적인 이유는 번역에 있어 가장 중요한 요소인 번역의 저본(底本), 즉 원문(原文)을 잘못 선정했기 때문이다. "그 아버지의 그 아들"인 것이다.

한글 성경이 처음 번역되던 1880년대는 이미 전 세계적으로 웨스트코트와 홀트의 변개된 헬라어 원문(1881)과 네슬의 변개된 헬라어 신약원문(1898), 그리고 영어 개역본(RV, 1884)과 미국표준역본(ASV, 1901) 등이 각국의 성경 번역에 지대한 악영향을 주고 있었던 시기였다[지금도 마찬가지다]. 바로 그때 우리말 성경이 이들 변개된 원문 성경들과 영어 역본들을 근거로 번역되고 개정됨으로써 시작부터 변질된 성경이 이 땅에 정착하게 되었던 것이다.

2) 〈개역성경〉은 여러 차례의 개정을 반복하는 대수술에도 불구하고 회복될 수 없이 "심각하게 변개된 성경"이다.

현재 한국 교회에서 널리 사용되고 있는 〈개역성경〉이 폐기되어야 하는 이유는, 변개된 원문과 역본들에 따라 번역되고 개정된 결과 신구약 전체에서 오역된 구절들과 삭제되고, 첨가되고, 대체된 단어들을 포함하면 약 3만여 곳이 변개되어 있기 때문이다. 이 수치는 단순하게 맞춤법이나 문법의 변화로 인해 발생하는 오류를 넘어서서 교리적, 신앙적 변화를 가져오는 심각한 것들이다. 따라서 〈개역성경〉의 실상에 대한 전면적인 이해와 그 문제의 심각성에 대한 전면적인 깨달음이 없이는 한국 교회의 성경 문제는 해결될 수 없다.

그런데 한국 교계는 그동안 변개된 〈개역성경〉을 사용해 왔고, 육신적인 교회 성장에 매진해 왔기 때문에 성경적인 진리의 지식과 영적 분별력이 실제로는 결여된 상태에 있다. 그 결과 〈개역성경〉의 문제를 단지 시대에 뒤떨어진 표현들이 있다거나, 어려운 한자어가 많다거나, 혹은 비속어가 있다는 등의 매우 지엽적인 문제들만 있는 것으로 진단해 왔다. 이것은 이미 죽은 사람의 몸에 약간의 온기가 있다고 해서 살아 있다고 잘못 판단한 것과 같으며, 또 암세포가 몸의 주요 기관에 모두 퍼져 있는 죽기 직전의 중환자를 가벼운 외상이나 감기가 심하다고만 진단한 것과 같이 매우 어리석은 판단이다.

이런 한국 교계의 상황에서 지난 1988년과 1990년에 각각 〈한글킹제임스성경〉의 선신인 〈새성경〉 사복음시와 신약이 번역, 출간되면서 이 땅의 성경들이 알렉산드리아에서 유래하는 변개된 필사본들을 따라 만들어진 변개된 성경이라는 사실이 밝혀졌고, 하나님께서 보존하신 헬라어 〈표준원문, Textus Receptus〉과 영어 〈킹제임스성경〉의 가치와 탁월함이 비로소 알려지게 되었다. 또한 1994년에 〈한글킹제임스성경〉의 출간으로 120년 한국 교회의 역사에서 참된 하나님의 말씀이 처음으로 제시됨으로써 대한성서공회는 〈개역성경〉을 더 이상 '인간적 전통'이라는 인공호흡기에 의존해 생명을 간신히 유지하고 있는 중환자의 모습으로 남겨 둘 수 없었다. 따라서 대한성서공회는 더욱 빠른 변화를 모색해야 했다. 그것은 그들 스스로 〈개역성경〉을 탈피하는 행보를 보다 가속화하여 새로운 대안, 즉 〈개역성경〉을 잇는 새로운 강단용 성경을 만들어야 했던 것이다.

그러나 대한성서공회와 한국 교회는 말씀보존학회를 통해 제시되는 근본적인 진단, 즉 변개된 원문에서 태어난 〈개역성경〉은 이미 죽은 상태로 출간되었기 때문에 폐기되어야 할 성경이라는 평가를 수용하지 않고, [만일 수용한다면 제도화된 교단 중심의 한국식 기독교를 완전히 부정하는 일이 전제되어야 했기 때문에 자기들의 배를 섬기는 그들로서는 할 수 없었다.] 단지 〈개역성경〉은 시대에 뒤떨어진 성경이기 때문에 역사의 뒤안길로 보내야 한다는 식으로 〈개역성경〉의 종말을 재촉하지 않을 수 없게 되었던 것이다.

또한 〈한글킹제임스성경〉이 이 땅의 신실한 그리스도인들의 손에 들려지면서 〈개역성경〉을 떠나는 하나님의 사람들이 증거하게 되었다. 그러나 좋은 열매를 왜곡하는 것이 사탄의 방법인지라 하나님의 말씀인 성경으로 이익을 취하고자 하는 출판사들이 새로운 번역본들을 출간하기에 이르렀다. 아가페의 〈쉬운성경〉(2001)이나 두란노서원의 〈우리말성경〉(2005) 등 각종 새로운 번역본들의 출간은 〈개역성경〉의 심각한 문제점을 한국 교회가 스스로 시인한 것이며, 〈개역성경〉의 폐기라는 종말의 메시지를 그들 스스로 남발하고 있는 것이다.

그러나 이런 번역본들은 출판사의 이익만을 위한 것일 뿐이고, 강단용 성경으로 자리잡을 수 없는 것들이다. 여전히 한국 교회는 '지금까지 〈개역성경〉을 써 왔으니 계속 써야 한다.'는 인간적인 전통을 고수하고 있으며, 이미 여러 번 개정한 〈개역성경〉을 1998년에 또다시

72,712곳이나 수정하여 〈개역개정판〉을 출간했다고 해도 〈개역성경〉을 유지하고 있는 것이 현실이다. 〈개역성경〉이 폐기되어야 할 운명을 지니고 태어났다는 사실은 대한성서공회에 의해 수행된 7만여 곳의 수정으로 다시 한 번 입증된 것이다.

2. 대한성서공회의 실패

대한성서공회가 〈개역성경〉을 대체하는 강단용 성경으로 한국 교회에 제시한 것은 〈개역개정판〉이다. 그들이 교단들을 상대로 정치력을 발휘하여 〈개역개정판〉의 사용을 종용하며, 교계 언론을 통해 홍보하면서 〈개역개정판〉의 확산에 힘쓰고 있다는 사실은 그들이 바른 성경을 번역하고 보급하는 일에 처음부터 지금까지 계속 실패하고 있다는 증거이다.

1) 변개된 성경은 생명력 없는 시한부 성경으로 인공호흡기에 의존하는 죽은 성경이다.

대한성서공회의 첫 번째 실패는 변개된 원문에서 변개된 〈개역성경〉을 출간했다는 것이며, 두 번째 실패는 이 사실을 깨닫지 못하고 변개된 원문에서 〈공동번역〉(1977), 〈표준새번역〉(1993) 등의 또 다른 변개된 성경들을 번역했으나 〈개역성경〉에서 탈피하지 못했다는 것이다. 세 번째 실패는 〈표준새번역〉 이후에 그들이 바른 성경으로 돌아갈 수 있는 기회가 주어졌지만 저버린 것이다. 이는 본 학회를 통해 제시된 헬라어 〈표준원문〉과 영어 〈킹제임스성경〉이 하나님께서 보존하신 성경임을 깨닫지 못한 채 〈한글킹제임스성경〉을 거부한 것이다. 네 번째 실패는 〈개역성경〉을 대체하기 위해 내놓은 〈개역개정판〉이 〈개역성경〉을 7만여 곳이나 수정했다고는 하지만 여전히 〈개역성경〉과 똑같이 약 3만여 곳의 심각한 변개를 그대로 유지한 채 〈개역개정판〉을 출간했다는 것이다.

근본적인 변화는 없다. 소란스럽게 소문을 내고 대수술을 했지만 죽음을 피할 수 있는 어떤 치료도 못하고 수술 칼자국만 남긴 실패한 개정 작업이었으며, 〈개역개정판〉이라고 환자의 이름만 바꾸었을 뿐 인공호흡기에 의존하는 시체나 다름없는 시한부 성경이 다시 만들진 것이다. 모든 변개된 성경들의 운명은 잠시 있다가 사라지는 '시한부 성경'으로 그리스도인의 손에 들려져서 사랑받는 자생적인 생명력이 없다. 대한성서공회 스스로 2015년에 새로운 성경 번역을 하겠다고 밝히고 있다.

때로 인간의 몸 안에 있는 암 세포나 종양은 의사들의 수술로 제거될 수도 있으나, 인간의 죄는 어떤 의료 장비나 의사들의 대수술로도 제거하는 것이 불가능하다. 또한 인본주의적인 선행이나 종교적인 행위들로도 그 죄를 제거하거나 죄인의 체질을 개선하는 것은 전적으로 불가능한 일이다. 죄인의 영적 변화는 오직 하나님의 방법으로만 가능하다. 그런데 하나님께서 우리에게 주신 그분의 살아 있는 말씀인 성경에도 이러한 영적인 원칙이 그대로 적용된다. 바른 하나님의 말씀이 사탄의 공격과 인간의 죄성으로 인해 필사본들이 필사되거나 각 나라의 언어로 번역되면서 심각하게 변질되어 왔다. 그런데 이러한 변개는 맞춤법이나 표준어,

혹은 현대적 표현에 따라 개정하는 수준으로는 개선이 불가능한 것이다. 변개된 원문(구약의 BHS, 신약의 NA 27판과 UBS 4판 등)이 아니라 하나님께서 보존하신 바른 성경(구약의 야곱 벤 하임의 원문, 신약의 TR, 영어 KJV 등)을 의도적인 변개 없이 직역한 성경이 그리스도인들의 손에서 생명력 있게 지속되는 바른 성경인 것이다.

변개된 성경이 만들어지는 이유는 성경을 통해 이익을 취하기 원하는 사람들이 있기 때문이다. 사도 바울은 성경이 기록되던 당시의 상황을 이렇게 기록한다. 『우리는 하나님의 말씀을 변개시킴으로써 *이익을 취하는* 여러 사람들과 같지 않고 오직 성실함으로써 또 하나님께로부터 난 자로서 하나님 앞에서와 그리스도 안에서 말하노라』(고후 2:17). 이 구절에서 "변개시킨다"라는 헬라어 "카페레우오"(καπηλευω)의 의미는 시장에서 물건을 속여서 파는 행위를 뜻하며, 또한 그 결과로 불의한 이익을 취하게 되는 것을 말한다. 해 아래 새 것이 없듯이(전 1:9), 현대의 성경 변개자들 역시 그들의 선배들처럼 이익을 취하기 위해 변개된 성경들을 지속적으로 만들고 있다.

『돈을 사랑하는 것이 모든 악의 뿌리』이며(딤전 6:10), 『생의 자랑』(요일 2:16)은 세상 죄의 세 가지 유형 중의 하나이다. 돈에 대한 이익과 자신의 명성에 대한 이익을 추구하는 사람들이 성경을 변개시키는 번역을 하거나 출판을 통해 변개된 성경을 확산시키는 것이다. 이것이 대한성서공회와 〈개역개정판〉 개정위원회, 그리고 각 교단 총회와 관련자들이 〈개역개정판〉을 출간하고 또 〈개역개정판〉을 선택하라고 선전하는 이유이다. 한국 교계의 기독교 출판에서 성경이 차지하는 비중은 매우 크며, 대한성서공회와 교단들과 주요 출판사들은 성경 판매를 통한 이익을 서로 공유하고 있다.

그럴듯한 상술로 대한성서공회는 한국 교회를 속이고 있다. 현재 한국 교회들이 주로 사용하고 있는 한글 성경은 〈개역성경〉이다. 한국 교회는 이 〈개역성경〉을 인간적 전통에 따라 오랫동안 사용해 왔는데, 대한성서공회는 〈개역성경〉을 1998년 출간한 〈개역개정판〉으로 교체하려고 노력하고 있다. 한국의 주요 교단들이 〈개역성경〉을 버리고 이 〈개역개정판〉으로 교체하겠다고 하는데 그 이유는 무엇일까? 대한성서공회가 〈개역개정판〉으로 성경을 바꿔야 한다며 대대적인 선전과 함께 각 교단 총회와 관련 인사들에게 전방위 홍보 작업을 해왔고, 그 상술에 속아 넘어갔기 때문이다.

대한성서공회가 제시하는 교체 이유는 다음과 같다.

> '개역한글판'은 1950년대에 개정된 성경입니다. 1950년대의 맞춤법, 비속어, 차별 용어… 그 시대의 그림자가 아직도 '개역한글판'에 남아 있습니다… 50년대 옛 언어 '개역한글판' 성경, 바꾸는 것을 미룰 이유가 없습니다. 우리는 2000년대에 살고 있습니다. 비속어 및 차별 용어를 고친 '개역개정판'은 명확한 뜻, 쉬운 언어, 현대 맞춤법에 맞게 개정한 성경입니다. 이제는 어른들뿐 아니라 학생, 청년들도 말씀을 쉽게 이해할 수 있게 되었습니다. 이 시대 언어로 개정한 '개역개정판,' 더 이상 선택을 미룰 이유가 없습니다.[31]

또한 〈개역개정판〉의 특성을 대한성서공회 민영진 총무는 이렇게 밝힌다.

> 시대와 언어의 변화를 고려하여, 꼭 고쳐야 할 부분만을 개정함으로써, '성경전서 개역한글판'의 번역 성경을 최대한 존중하였다... '개역성경'의 옛 문체를 그대로 유지하였다... 인명과 지명 기타 외래어의 음역은 '개역'의 것을 그대로 따르는 것을 원칙으로 하고, 다만, '개역'에서 문제가 있는 것으로 지적되었던 것들만 개정하였다... '개역' 번역에 문제가 있다고 판단되는 곳에서는 번역 내용의 일부를 고쳤다... 오늘의 독자들이 이해하기 어려운 고어와 한자어는 쉬운 말로 고쳤다... 국어 맞춤법이 달라진 곳을 고쳤다... 장애인 기피/차별 용어를 고쳤다.[32]

그러나 민총무의 주장처럼 〈개역성경〉의 문제를 시대에 뒤떨어진 표현들과 맞춤법이 사용되었다거나, 어려운 한자어가 많다거나, 혹은 비속어나 차별 용어들이 있다는 등의 이유는 〈개역성경〉을 버리고 다른 성경을 선택해야 하는 본질적인 이유가 될 수 없다. 실제로 〈개역성경〉이 폐기되어야 하는 근본적인 이유는, 〈개역성경〉이 변개된 원문과 역본들에 따라 번역되었기에 심각한 번역상의 오류들뿐만 아니라 신구약 전체에서 삭제되고, 첨가되고, 대체된 단어들이 모두 3만여 곳에 이

31) 대한성서공회가 출간한 개역개정판 안내책자 〈'개역'의 전통을 잇는 한국 교회 예배용 성경 '개역개정판'〉에서 인용한 것이다.

32) 민영진, 『개역개정판 이렇게 달라졌다』 (서울: 대한성서공회, 2003), pp.7-9.

를 만큼 변개의 정도가 심각하기 때문이다. 이로 인해 신학과 교리, 설교와 성경공부는 물론 개인의 말씀 묵상에 이르기까지 심각한 오류들을 범하게 되는 것이다. 한마디로 한국 교회에 바른 신앙이 뿌리내리지 못하고 기형적인 한국식 기독교가 형성된 근본적인 원인은 바로 변개된 〈개역성경〉 때문이다. [여기서 "변개"(perversion, 變改)는, 의도적으로 역사를 "왜곡"(perversion, 歪曲)하는 것처럼 본래의 성경 말씀을 삭제, 첨가, 대체함으로써 거짓을 하나님의 말씀이라고 속인다는 뜻이다(고후 2:17).]

따라서 〈개역성경〉이 얼마나 변개되었는가를 바르게 깨닫지 못하면 한국 교회의 성경 문제는 바르게 해결될 수 없다. 그렇다면 〈개역성경〉을 7만 3천여 곳이나 개정했다고 하는 〈개역개정판〉에는 이런 심각한 문제들이 개선되었는가? 결코 그렇지 않다. 그들의 홍보문구 전면에 제시된 부차적인 내용들은 일부 변화되었으나, 심각하게 변개된 구절들과 단어들은 여전히 그대로 남아 있으며 전혀 수정되지 않았다. 번역상의 오류들을 고쳤다는 것은 극히 미비하며, 오히려 개정함으로써 새롭게 변개된 구절들이 늘어나기도 했다.

2) 〈개역개정판〉의 개정에 나타난 문제점

(1) 성경을 다루어서는 안 되는 "거룩하지 않은 손"과 불순한 동기

대한성서공회가 100년이 넘는 역사를 가졌다고 자랑하지만, 그 100년은 변개된 성경을 이 땅에 뿌리내리게 한 불명예스런 역사이다. 그동

안 대한성서공회와 그 관계자들이 맺은 열매를 보면 대한성서공회는 성경을 다루어서는 안 되는 거룩하지 않은 손들이 일하고 있다. 그들의 개인적인 신앙과 인격을 평가하는 것이 아니라 열매에 근거하여 그들이 행한 일이 어떤 종류인가를 말하는 것이다.

〈개역성경〉에 대한 수정안은 〈표준새번역〉이 출간된 1993년 이전에, 즉 1983년부터 1988년에 마련된 것이지만, 대한성서공회가 주력한 것은 〈개역성경〉의 개정판이 아니라 새롭게 번역한 〈표준새번역〉이었기에 개정판 사업은 사실상 진행되지 않았었다. 또한 〈표준새번역〉이 〈개역성경〉을 대체하기 위한 새로운 번역이었기에 〈개역성경〉은 어려운 한자어와 한글맞춤법에 따른 개정에 집중되었다. 따라서 처음 수정안 역시 주로 국어학적인 개정이 주류를 이루는 것이었다.

〈개역개정판〉은 〈개역성경〉 전체에서 72,712곳을 개정했는데(같은 단어의 반복적인 수정을 포함한 숫자이다), 이 개정을 위한 수정안은 대한성서공회가 나채운 전 상신대 교수를 선담 교정사로 위촉하여 1983년부터 1988년까지 나교수가 혼자서 작성한 것이다. 일차적인 문제는 개정안을 작성한 나교수의 비성경적인 신학이다. 다음은 나교수의 성경에 대한 잘못된 자세를 확인할 수 있는 주장이다. [ ] 안의 말은 필자의 의견이다.

> 성경은 신앙과 행위에 관하여 정확무오한 말씀이라는 것이다. [이 말은 그의 성경관이 마치 바른 것처럼 보이게 한다.] 여기에는 적극적인 의미와 소극적인 의미가 있다. 적극적인 의미로는 <u>성경은 우리</u>

> 의 신앙과 행위에 관해서만 정확무오한 말씀이라는 것이요, 소극적인 의미로는 성경이 신앙과 행위 이외에서는 정확무오한 말씀이 아닐 수도 있다는 것이다... 따라서 성경 안에 기록된 역사나 과학에는 일부 오류가 있는 것도 사실이나... 그러므로 일부 극단 보수주의자들이 마치 성경은 세상의 모든 사항에 대해 정확무오한 말씀이라고 주장하는 것은 사실과는 다르며, 성경은 우리의 신앙과 행위에 관해서만 정확무오한 말씀인 것을 바로 알아야 한다. [역사나 과학이 신앙과 분리되지 않는다는 사실도 모른 채 성경에 오류가 있다는 불신앙을 그럴듯하게 포장한 것이다.][33]

성경은 하나님께서 영감으로 주신 말씀이며, 하나님께서 한글자 한글자를 기록자들에게 주셔서 기록된 말씀이다(출, 20:1, 사 1:2, 렘 36:4,27, 롬 16:22, 고전 16:21, 계 1:1). 그런데 성경의 일부는 오류가 없고 일부는 오류가 있다는 것은 하나님의 성품과 그분의 역사를 왜곡하는 비성경적인 주장이다. 나교수는 자유주의를 표방하는 한신대학의 설립자인 김재준의 성경관, 즉 축자영감(逐字靈感, verbal inspiration)을 거부하며 성경에는 오류가 있다고 주장하는 잘못된 영감설을 수용하고 있다.[34]

현재 나교수의 성경관은 신정통주의 입장으로, 성경은 하나님의 말씀을 포함하고 있다는 것이다. 다시 말하면 성경에는 하나님의 말씀도 있고 아닌 것도 있다는 것이다. 그런데 성경을 바르게 다룰 수 있는 분별

---

33) 나채운, 『바른성경 바른해석 바른설교』 (서울: 성지출판사, 2002), pp.17,18.

34) 위의 책, pp.52-56,98-102.

력이 없는 대한성서공회의 핵심 관계자들은 나교수가 신학을 전공하고, 국문학도 전공했기에 적임자라고 오판한 것이다. 나교수의 신학은 성경을 바르게 다룰 수 없는 성경관에 기초한 것이다. 오늘날 기장의 한신대와 예장통합의 장신대 등을 비롯하여 자유주의와 신정통주의에 속한 교단과 신학대학들이 많이 있고 그들도 소위 보수주의적인 교단들과 교류하고 있기 때문에 보수주의 교단 신학대학들도 자유주의나 신정통주의에 영향을 받아 축자영감을 부인하는 풍조가 만연하다. 따라서 나교수를 비롯해 그와 같은 성경관을 가진 사람들은 사실상 성경을 다루는 일을 해서는 안 되는 "거룩하지 않은 손들"인 것이다.

(2) 〈개역개정판〉의 개정 원칙에 나타난 문제점

〈개역개정판〉의 개정안을 작성한 나교수와 대한성서공회의 개정 원칙에 나타난 개정의 한계와 문제점은 〈개역성경〉의 교리적 오류들을 제대로 지적하지도 바로잡지도 못했다는 것이다. 개정원칙을 통해서 그 실상을 확인해 보기 바란다.

> 개정원칙 : 1) 문법상 잘못된 것은 바로잡는다. 2) 어휘의 선택이 잘못된 것은 바로잡는다. 3) 개역 당시 어휘의 선택이 현재 그 의미가 바뀌어 오해가 있을 경우 현대 어휘로 고친다. 과거에는 통용되었으나 현재에는 잘 쓰이지 않거나 어려운 말은 쉬운 말로 바꾸어 쓴다. 4) 제3인칭 대명사 '저'와 '저희'는 각각 '그'와 '그들'로 고친다. 5) 사투리는 표준말로 바로잡는다. 6) 준말은 그 원말로 바꾼다. 7) 수치감이나 혐오감을 유발시키는 말은 다른 말로 대치한

다. 8) 명사나 대명사에서 의미 전달에 꼭 필요한 경우 소유격과 복수형을 분명히 밝힌다. 9) 개역의 본문이 오역임이 확실한 것은 바른 번역으로 고친다.[35)]

이상의 개정원칙 중 1-8번까지는 모두 국어학적인 수정이며, 9번 하나만 신학과 교리의 문제를 일부 다루는 것이다. 물론 국문법상의 수정 역시 성경을 바르게 이해하는 데 도움이 된다. 그러나 우선적으로 다루어져야 할 교리적 오류들은 사실상 개정되지 않았다. 필자는 대한성서공회가 제시하는 〈개역개정판〉에 대한 홍보자료들과 안내서들, 그리고 개정안을 작성한 나교수의 수정안 및 개정감수위원회에 제출된 수정안들을 모두 확인해 본 결과 손에 꼽을 몇 개를 제외하고 교리적으로 중요한 사례들은 전혀 없다. 국어학적으로 잘못된 것을 수정하는 것도 당연히 수행되어야 할 일이지만 그것이 우선되고 진정 중요한 일은 하지 않았다는 것이 문제이다.

(3) 똑같이 변개된 〈개역성경〉과 〈개역개정판〉

나교수는 〈개역성경〉을 폐기하고 〈개역개정판〉을 사용하자고 주장하는데, 이것은 누워서 침뱉는 격이며, 매우 모순된 주장이다.

성서공회는 혹시라도 개역성경을 계속 출판함으로 정오(正誤)

35) 도한호, 「개역한글판성경 개정의 의의와 방법」, 『성경원문연구』, 1998년 2월, 제2호, (서울: 대한성서공회), p.27.

> 동시 시행의 모순을 범하지 말아야 할 것이다. <u>더 이상 목회자가 잘못된 성경으로 잘못된 설교를 하고, 교인들은 그것으로 성경을 잘못 알고, 나아가 잘못된 생활로 이어지는 기회를 갖지 않도록 해야 한다.</u>[36]
>
> 그러나 이 개역성경에 잘못 번역되고, 어렵게 번역된 곳이 많아서 대한성서공회에서 새로운 개정판을 낸 것이다... <u>더 이상 잘못된 개역성경을 쓸 이유가 없다</u>. 더욱이 <u>이제까지 개역성경의 본문이 잘못되어서 잘못된 설교를 하고, 성경을 잘못 가르쳐 온 것이 없지 않은데</u>, 이제는 개정판을 사용함으로 더 이상 그러한 일이 없도록 해야 한다.[37]
>
> 또한 <u>대한성서공회는 더 이상 잘못된 개역성경을 출판하지 말아야 한다</u>. 이제 한국 교회는 개역성경 개정판 발행을 계기로, 모든 교역자와 교인들이, 좀더 성경을 바로 알고, 바른 신앙생활을 할 수 있어야 한다.[38]

나교수는 〈개역성경〉이 잘못된 성경이기 때문에 잘못된 설교와 잘못된 신앙의 원인이라고 주장한다. 비록 그가 〈개역성경〉이 잘못되었다고 말하는 기준이 〈개역성경〉의 변개의 실상을 제대로 모른 채 주로 국어학적인 측면과 일부 소소한 번역상의 오류에 근거해서 내린 결론이지만

---

36) 나채운, 『바른성경 바른해석 바른설교』, p.193.

37) 위의 책, p.194.

38) 위의 책, p.195.

"개역성경이 잘못된 성경"이라는 말 자체는 맞다.

또 〈개역성경〉을 더 이상 출간하지 말자는 것은 폐기하자는 것인데, 역시 폐기해야 한다는 점에서는 그렇게 되어야 마땅하다. 그러나 그의 대안이 잘못되었다. 나교수를 포함해서 대부분의 사람들은 〈개역성경〉이 국어학적으로 잘못되었다거나 어느 정도 번역의 미비함이 있다는 것으로만 판단하고 있지, 실제로 교리적 오류의 심각성을 알지 못하고 있다.

따라서 〈개역성경〉과 똑같이 변개되어 있는 〈개역개정판〉의 실체를 깨닫지 못한 채 〈개역개정판〉을 사용하자고 강변하는 것은 〈개역성경〉을 계속 사용하자는 말이나 똑같기 때문에 매우 어리석고도 모순된 주장이다. 〈개역성경〉의 변개에 무지한 그가 〈개역성경〉에서 개정되어야 할 부분을 찾아 개정안의 초안을 작성했으나 수박겉핥기 정도도 되지 않는 수정을 해 놓고서도 〈개역성경〉을 폐기하고 〈개역개정판〉을 사용하자고 주장하는 것은 정작 자신의 무지를 극명하게 드러내는 것이며, 독초를 이름만 바꿔서 공급함으로써 한국 교회를 다시 한번 죽이는 심각한 죄를 범하는 것이다.

3) 대한성서공회는 제도화된 교단과의 정치적 타협으로 살 길을 모색하고 있다.

1961년판 〈개역성경〉의 판권은 50년간 보장되기 때문에 그 시효가 몇 년 남지 않았다. 대한성서공회가 〈개역성경〉에서 탈피하여 새로운 번역을 시도한 것은 성경에 대한 태도와 신학적 노선에 자유주의 사상이 반영되거나 에큐메니칼 운동의 영향을 받았기 때문이기도 하지만, 무엇보다도 성경을 번역 출간하는 것을 본업으로 하는 그들이 〈개역성경〉의 뒤를 이어 한국 교회를 주도할 그들의 성경이 필요했기 때문이다.

따라서 〈개역개정판〉을 향후 몇 년 안에 한국 교회에 정착시키는 것이 현재 대한성서공회의 최대 과제인 것이다. 이 일을 위해 대한성서공회는 제도화된 한국 교회의 교단들에 정치력을 발휘해야 했다. 한국식 기독교는 교단의 결정이 없으면 각 교회들이 자체적으로 성경을 교체하는 일이 거의 불가능하기 때문이다. 대한성서공회는 각 교단들에서 파견한 대표 이사들과 회원 대표들이 이사회를 구성하여 운영하는 재단이다. 성경 번역이나 개정 역시 각 교단들에서 파견된 대표자들이 함께 모여 작업한다. (각 사업에 이사회의 결정이 있어야 하나 실제적인 운영은 총무를 중심으로 이루어진다.) 그러므로 대표를 파견한 교단들은 사실상 번역되거나 개정된 성경을 인정해야 하는 상황이지만, 교단의 결정이 자동적으로 이루어지는 것은 아니다. 그러므로 대한성서공회(민영진 총무)는 교단과 영향력 있는 목사들과 교회들을 상대로 각별한 노력을 기울여야 하는 것이다.

그런데 대한성서공회의 입장에서 〈개역개정판〉의 확산에 걸림이 된 것은 예장합동이었다. 표면적으로 보수적인 교단이라고 자처하는 합동 측은 신학적 이유로 〈개역개정판〉을 자유주의자들의 성경이라고 평가할 뿐만 아니라, 대한성서공회와 정치적 관계에서 주도권을 갖지 못하는 등 여러 이해관계에 휩싸여 있기에 〈개역개정판〉을 거부했으며, 독자적인 성경을 번역하겠다고 수년 전부터 추진 중에 있었다. 예장통합과 함께 한국 교회의 거대 교단인 합동 측이 〈개역개정판〉을 수용하지 않으면 〈개역성경〉의 뒤를 잇는 것은 사실상 어려운 실정이었다. 따라서 대한성서공회는 여론의 힘을 실어 소위 '한국 교회의 하나의 성경 전통'과 '연합'을 강조하고, 한편으로는 합동 측과 협상을 계속했다.

합동 측은 교계의 여론에 밀려 다소 불리한 부분이 없지 않지만, 소위 보수적인 교단의 보수적인 성경이 필요하다는 명분을 내세워 독자적인 성경 번역을 오랜 동안 추진했었다. 하지만 자기들의 배를 섬기는 교단 인사들과 정치적인 목사들이 여러 가지 이해 관계에 따라 입장이 변경될 가능성은 상존해 왔다. 또한 합동 측은 스스로 보수 교단이라고 주장하지만, 주로 50대 이하의 많은 목회자들이 이미 신학교와 한국 교계로부터 자유주의 사상에 영향을 받아 교단의 소위 '보수적' 명분과 주장에 동조하고 있지 않다. 이것이 영적으로 죽어 있는 보수주의자들의 자화상인 것이다.

대한성서공회의 민영진 총무는 심지어 합동 측이 문제를 제기한 구절들은 애초에 수백 구절 되지만, 협상을 통해 합의한 91곳을 합동 측의 요구대로 고쳐 주겠다고 약속했다. 민총무는 소위 15년간 개정했다고 선전한 〈개역개정판〉의 본문을 소위 개정위원들과의 합의도 없는 상황에서(개정 원칙은 무시한 채) 다시 바꾸겠다고 했으며, 이미 판매된 〈개역개정판〉에 대한 경제적 손해를 감수하고라도 합동 측의 요구대로 수정해서 〈개역개정판〉을 다시 출간하겠다고 밝혔다. 이것이 대한성서공회의 살 길이라면, 그들이 어떻게 하나님의 말씀을 다루는 자격이 있는 사람들이겠는가! 하나님께서는 그분의 말씀을 손상시키는 자들을 손상시키신다. 그러한 하나님을 두려워해야 할 것이다. 또한 우리말로 번역된가장 정확하고 권위있는 〈한글킹제임스성경〉으로 돌아가는 것이 진정 대한성서공회와 한국 교회가 살 길인 것이다.

3

이익을 위해 야합한 대한성서공회와 예장합동

1. <개역성경>을 고수하는 예장합동의 영적 혼란

가장 심각한 거짓말, 즉 세상 사람들의 그 어떤 거짓말들과도 감히 비교될 수 없는 치명적인 거짓말을 유포하는 사람은 누구이며, 어떤 단체일까? 그것은 변개된 성경을 만드는 사람들과 그와 관련된 단체이다. 믿음으로 영적 생명을 얻게 하고, 그 생명을 유지하고 성장시키는 것은 오직 살아 계신 하나님의 순수한 말씀에 의해서 되는 것인데(롬 10:17, 벧전 1:23; 2:2) 이 말씀이 훼손될 경우 이 모든 것은 온전히 보장받을 수 없다. 성경은 거짓말의 아비가 마귀라고 말씀하는데(요 8:44), 그는 동시에 성경 변개의 근원인 것이다(창 3:1-5).

사도 바울이 『나는 하나님을 믿나니 나에게 말씀하신 그대로 되리라.』(행 27:25)고 고백한 것처럼 성경대로 믿는 그리스도인들은 하나님의 말씀의 절대 권위를 믿고 실행한다. 따라서 한 나라의 언어로 바른 성경이 번역되는 것은 그리스도인들에게 너무도 중요한 일이며, 이 일에 하나님께서 섭리적으로 역사하시는 것은 당연하다(시 12:6,7).

그런데 지난 130여 년 동안 한국 땅에서는 하나님께서 영감으로 기록하고 섭리로 보존하신 바른 성경이 번역되지 못했기 때문에 외형적인 틀은 갖췄지만 전혀 성경적이지 못한 "한국식 기독교"가 형성되었다. 그 원인은 초기 성경 번역에서부터 현재의 대한성서공회에 이르기까지 그들이 해야 할 과업에 대해 실제로는 무지하고 무책임한 자들(고후 4:4), 곧 그 일에 적합하지 않은 사람들이 하나님의 일을 한다는 미명하에 그 일을 수행했기 때문이다. 그 결과 한국 교계가 대부분 사용하고 있는 〈개역성경〉은 오랜 역사만 있을 뿐 성경으로서의 역할을 바르게 수행해 오지 못했다. 〈개역개정판〉(1998)이 출간된 이후 예장합동에서 2001년 9월에 〈개역개정판〉을 자신들의 교단에서 사용할 수 없다는 공식 입장을 표명하였는데, 이들의 주장에 바로잡아야 할 심각한 문제들이 있다.

대한성서공회가 1998년 이후 가장 많은 노력을 기울여 홍보하고 판촉하는 성경은 〈개역개정판〉이다. 그동안 갖가지 인간적인 방법을 동원하여 몇몇 교단으로부터 채택하겠다는 결정을 받아냈고, 이들 교단장들을 앞세워 광고하는 등 보급하기 위한 발걸음이 분주한 상태다. 그런데 2001년 9월 예장합동 총회에서 사용불가 결정을 내리고 교단 차원에서 거부함으로써 미묘한 대립 양상이 벌어지게 되었으며, 이런 와중에 제시되는 각종 성경 논쟁과 주장들에 많은 사람들이 미혹되거나 잘못된 지식으로 오염되고 있기에 성경적 평가와 함께 교통정리가 필요하게 되었다. 특히 합동 측에서 제기한 문제는 〈신학지남〉 2001년 가을호(통권 제268호)에 게재되었는데, 그 주장 가운데 총신대 김정우 교수와 서철원 교수의 글에 나타난 문제들을 바로잡고 어떤 성경이 진리의 말씀인가를 분명하게 밝혀야 할 필요가 있다.

1) 총신대 김정우 교수의 오류들

김정우 교수의 글을 통해 판단하면, 그는 〈개역개정판〉에 대한 비판을 요구하는 자신의 교단과 대한성서공회 사이에서 고심한 흔적이 역력하다. 반면 서철원 교수는 교단 쪽에 서서 전면적인 비평을 가하고 있어 매우 대조적이며, 한 교단에 속한 한 신학교에 있는 이들 두 사람 사이에도 대립되는 주장들이 있다.

김교수는 〈개역개정판〉에서 수정이 잘된 것들을 먼저 언급했는데, 여기에 몇 가지 문제가 있다.

첫째, 그는 〈개역개정판〉에서 "특히 쉬운 우리말로 수정된 〈개역성경〉의 어려운 한자어들 중 대표적인 예들"이라며 67개의 단어들을 열거했으나, 실제로 〈개역개정판〉에서는 수정되지 않고 〈개역성경〉의 잘못된 표현을 그대로 유지한 사례들이 있다(출 12:13의 표적, 신 8:7의 분천, 렘 18:3의 녹로). 이것은 그가 대한성서공회에서 〈개역개정판〉을 홍보하기 위해 발표한 자료를 성실하게 확인하지 않고 그대로 인용했기 때문에 나타난 결과이다.

둘째, 김교수는 잘 수정되었다고 주장했으나 67개 사례 중에서 34개 사례는 〈개역개정판〉에서도 〈개역성경〉처럼 오역한 것들이며, 또 다른 어려운 한자로 표현만 바꾼 것이기 때문에 여전히 난해하게 만들어 놓은 것들이다. 역시 성실하게 비교 검토하지 못한 결과로 오류를 범한 것이다.

셋째, 67개 사례 중에서 나머지 30개 사례는 〈개역성경〉을 수정하여 〈개역개정판〉의 본문이 더 정확한 바른 본문을 유지하게 된 것이다. 그러나 이중에서 14개 사례는 〈한글킹제임스성경〉의 본문과 똑같은 표현으로 〈한글킹제임스성경〉을 그대로 따른 것이며, 그 나머지 16개 사례는 〈한글킹제임스성경〉과 같이 수정하되 비슷한 다른 표현으로 수정한 것들이다. 이들이 무엇을 보고 수정한 것인가? 김교수는 잘 수정된 표현들이 보다 나은 성경을 만든다고 평가했는데, 그렇다면 당연히 더 나은 본문을 기록하고 있는 〈한글킹제임스성경〉을 선택해야 하지 않겠는가?

또한 김교수는 창세기, 출애굽기, 신명기, 시편 등에서 총 30개의 사례를 들어 〈개역개정판〉이 잘 수정되었다고 주장했는데, 여기서도 〈개역개정판〉은 절반에 해당하는 15개 사례들에서 오역하거나 적합치 못한 표현으로 수정되었다. 나머지 15개 사례들 중에서 5개 사례는 〈한글킹제임스성경〉의 본문대로 똑같이 수정되었고, 10개 사례는 〈한글킹제임스성경〉을 따라 수정하면서 표현을 비슷하게 한 것들이다. 그런데도 김교수는 〈개역개정판〉의 문제점을 바르게 지적하지 못했을 뿐만 아니라 바르게 수정된 사례들이 이미 〈한글킹제임스성경〉이 담고 있는 정확한 본문임을 제시하지 못했다. 예장합동 교단이 〈개역개정판〉을 거부하기 위해서든지, 혹은 보다 정확한 평가와 정보를 얻기 위해서는 다른 사람을 찾아야 되지 않겠는가!

김교수가 "무엇보다도 〈개역개정판〉은 신학적인 면에서 〈개역성경〉을 그대로 반영하고 있다는 점은 우리가 긍정적으로 평가해야 할 부분으로 여겨진다."고 말하고, 또 몇 가지 오역과 중요한 본문에 대해서는 번역이 검토되고 수정되어야 할 것이라고만 주장했는데, 김교수는 〈개역성경〉의 신학이 대부분 왜곡되어 있음을 인지하지 못한 채 이것을 긍정적으로 보고 있으니 어찌 영적 혼란의 상태에 있다고 하지 않겠는가! 김교수의 다른 구절에 대한 제안(pp.152-169)과 신학적 검토(pp.169-173)는 재고의 여지가 없어 생략한다.

2) 총신대 서철원 교수의 오류들

서철원 교수는 창세기에서 174개 사례, 마태복음에서 41개 사례, 요한복음에서 16개 사례 등 총 231개 사례를 제시했다. 그 가운데서 121개 사례는, 서교수가 〈개역성경〉이 옳다고 반론을 제기하지만 사실상 이것들은 〈개역성경〉과 〈개역개정판〉 모두 오역하거나 적합하지 않은 표현을 담고 있다. 반면 〈한글킹제임스성경〉은 121개 사례 모두에서 바른 본문을 기록하고 있다.

또한 121개 사례를 제외한 나머지 중 65개 사례는 〈개역개정판〉의 수정이 잘못된 경우로 〈한글킹제임스성경〉은 모두 바른 본문을 담고 있으며, 이 경우 〈개역성경〉도 〈한글킹제임스성경〉과 같거나 유사한 본문을 담고 있다. 그리고 또 나머지 중 41개 사례는 〈개역성경〉이 오역된 것으로, 〈개역개정판〉이 비교적 바른 본문을 유지한 사례인데, 이 경우 역시 이미 〈한글킹제임스성경〉에 바른 본문이 정확하게 제시되고 있고, 이것을 그대로 〈개역개정판〉이 따르거나 비슷하게 표현을 달리한 정도이다. 마지막 4개의 사례는 〈개역성경〉이나 〈개역개정판〉 모두 사실상 같은 본문인데 각주에 문제가 있거나 무의미한 논쟁 수준의 반론이다.

정리하면 서교수가 제시한 231개 사례 중에서 〈개역성경〉은 총 165개, 〈개역개정판〉은 총 186개 사례가 오역이다. 사실상 서교수의 글은 자신들이 고수하는 성경의 변개가 얼마나 심각한지를 자인하는 것에 불과하다. 서교수가 〈개역개정판〉이 영적 혼란을 초래한다고 비평했지만, 현재 서교수와 예장합동 교단이 사용하고 있는 〈개역성경〉 역시 영적 혼란을 야기하는 것은 똑같지 않은가! 오히려 오랜 시간 동안 더 심각한 영적 혼란을 초래해 왔으며, 그 결과 현재의 기형적인 "한국식 기독교"를 양산해 냈다. 그 대표적인 증거로 여전히 〈개역성경〉을 고수하는 서교수나 합동 교단이 총체적으로 영적 혼란에 빠져 있는 것을 스스로 분별하지도 못하고 있지 않은가! 〈개역개정판〉을 거부하면 무조건 잘하는 것으로 오해하고 있는 서교수와 합동 교단이 자신들의 어리석음을 깨달을 수 있기를 바란다.

다음의 사례는 서교수가 문제를 제기한 231개 사례들 중에서 〈개역성경〉과 〈개역개정판〉이 함께 틀린 경우로(121개 사례), 서교수가 대안으로 제시한 것이 모두 〈한글킹제임스성경〉의 본문에 이미 정확하게 번역되어 있는 사례들이다. 서교수가 히브리어 성경 본문에 따라 '이렇게 되어야 한다'고 제안한 것들은 사실상 〈한글킹제임스성경〉의 본문이 원문성경과 비교할 때 얼마나 정확한 성경인가를 증거하는 것이기도 하다. 전체 사례들 중에서 일부를 소개한다.

※ "**성구 - 개역성경 - 개역개정판**" 순서로 제시하고, 그 다음에 "서교수의 주장"과 〈한글킹제임스성경〉의 본문 및 평가를 제시한다.

- **창 2:7 - 생령 - 생령**

둘 다 생령으로 번역했고 〈개역개정판〉이 각주에다 생물이라고 표기했다. 여기에 대해 서교수는 "생령 혹은 산 혼이라고 해야 맞지 생물로 각주를 단 것은 전혀 잘못"이라고 주장했다. 그러나 서교수는 스스로 "네페쉬 하야"라고 히브리어 본문을 제시해 놓고도 "루아흐"(영)와 "네페쉬"(혼)도 구분하지 못했기 때문에 "생령 혹은 산 혼이라고 해야 맞지"라고 말할 수 있었던 것이다. 후자의 대안처럼 산 혼이 되어야 맞는 것이다. 이미 〈한글킹제임스성경〉은 『살아 있는 혼』이라고 바르게 번역했다. 그러나 〈개역성경〉과 〈개역개정판〉이 성경 전체에서 영, 혼, 몸을 구분하지 못하는 너무나도 치명적인 오류를 범함으로써 이들 성경을 고수하는 사람들이 영적 대혼란에 사로잡혀 있으면서도 전혀 모르고 있는 상황이다. 바른 성경이 없으면 바른 신앙이 불가능함을 깨달아야 한다.

• **창 3:19 - 식물을 먹고 - 먹을 것을 먹으리니**

두 표현이 아니라 "(히브리어) 본문에 분명히 빵이 나와 있으니 빵으로 번역해야 맞고 '먹을 것을 먹는다'는 것은 바르지 않다."고 주장했는데, 『빵을 먹으리니』라고 바르게 번역한 성경이 어떤 성경인가? 〈한글킹제임스성경〉이 아닌가!

• **창 4:7 - 죄의 소원은 - 죄가 너를 원하나**

"원문에는 '죄의 욕망이 네게 있다'이지 어찌 '죄가 너를 원한다'고 할 수 있는가?"라고 주장했는데, 원문대로 번역한 성경을 보았는가? 서교수가 제안하기 전에 〈한글킹제임스성경〉은 이미 『죄의 욕망이 네게 있으니』라고 바르게 번역했다. 서교수는 〈한글킹제임스성경〉을 보고 대안을 제시한 것인가?

• **창 7:7,13 - 자부 - 며느리**

이것보다는 "(히브리어) 본문대로 '아들의 아내들'이라고 해야 바를 것이다."라고 주장했는데, 〈한글킹제임스성경〉은 어떻게 기록하고 있는가? 『아들들의 아내들』이라고 이미 바르게 번역했다.

• **창 7:22 - 생물의 기식 - 생명의 기운의 숨**

이 의미가 아니라 " '생명의 호흡'이라고 해야 맞다... 니스맛 루아흐 하이임... '생명의 호흡'이라고 해야 더 바르게 본문을 나타낸다고 할 것이다."라고 제안했는데, 이미 〈한글킹제임스성경〉은 원문 그대로 『생명의 호흡』이라고 바른 말씀을 기록하고 있다.

• 창 10:32 - 열국 백성 - 그 땅의 백성

서교수는 "하고이임이므로 민족들이라고 해야 더 정확하고 바르다." 라고 대안을 제시했는데, 이미 〈한글킹제임스성경〉은 『민족들』이라고 번역하고 있다.

• 창 11:28 - 본토 갈대아 우르 - 고향 갈대아인의 우르

"글자 그대로 '그의 출생의 땅 갈대아 우르'로 번역했어야 바르다." 라고 제안했는데, 〈한글킹제임스성경〉은 이미 『그의 출생지인 칼데아 우르』라고 바르게 번역했다.

• 창 13:8 - 우리는 한 골육이라 - 우리는 친족이라

서교수는 "(히브리어) 성경 본문대로 '우리는 형제들의 사람들'이라고 번역해야 맞다. 친족 수준이 아니라 형제들임을 말한 것이다."라고 제시했는데, 역시 〈한글킹제임스성경〉은 이미 『우리가 형제 간이니』라고 바르게 번역하고 있다.

• 창 14:23 - 신들메 - 들메끈

"그럴 바에는 '신끈'이라고 함이 더 좋을 것이다."라고 제안했는데, 〈한글킹제임스성경〉에는 이미 『신발끈』이라고 바른 말씀을 기록하고 있다.

• 창 15:14 - 내가 징치할지며 - 내가 징벌할지며

"왜 차라리 (히브리어) 성경 본문대로 '심판한다'고 번역하지 않았는가?"라고 〈개역개정판〉의 수정을 비평했는데, 이미 〈한글킹제임스성경〉은 『심판하리니』라고 바르게 번역하고 있다. 서교수는 어떤 성경을 참고한 것인가? 밝힌 것처럼 히브리어 성경이라면 〈한글킹제임스성경〉이 얼마나 히브리어 성경의 본문을 있는 그대로 정확히 번역했는가를 확인해 주는 수고를 한 것이 아닌가!

• 창 18:11 - 사라의 경수 - 사라의 생리

"(히브리어) 성경 본문에 의하면 '사라에게는 여자들의 방식이 있기를 그쳤더라'로 되었어야 할 것이다."라고 제안했는데, 이미 〈한글킹제임스성경〉에는 『사라에게는 여인들의 관례도 끝났으므로』라고 정확한 말씀을 기록하고 있다.

• 창 19:32,34 - 우리 아버지로 말미암아 인종을 전하자 - 우리 아버지로 말미암아 후손을 이어가자

"(히브리어 성경) 본문대로 '우리 아버지로부터 씨를 보존하자'라고 해야 합당하다. 성경 본문대로 '씨를 보존하자'가 후손을 이어가자보다 낫다. 성경 본문대로 번역했어야 했다."고 제안했는데, 〈한글킹제임스성경〉은 이미 처음부터 『우리가 우리 아버지의 씨를 보존하자.』라고 바르게 번역하고 있다.

• 창 22:2 - 내가 네게 지시하는 한 산 거기서 - 내가 네게 일러 준 한 산 거기서

"거기 동사가 오마르로 '말할'의 미완료형이다. 제사하러 가기 전부터 제사할 산을 하나님이 아브라함에게 일러준 것이 아니다. 앞으로 말씀할 것이다. 시제를 바꾸어 의미를 바꾸면 안 된다."라고 주장했는데, 이미 〈한글킹제임스성경〉은 『내가 네게 알려 줄 한 산에서』라고 정확하게 번역하고 있다. 〈개역성경〉이 시제를 바꾼 것은 한두 곳이 아니다(요 8:58, 마 1:6, 계 5:6...). 서교수는 〈개역개정판〉을 반대하기 위한 근거를 찾지만 사실 더 큰 문제는 자신이 고수하고 있는 〈개역성경〉에 있다는 사실을 스스로 드러내고 있는 것이다.

• 창 24:2,9 - 네 손을 내 환도뼈 밑에 넣으라 - 내 허벅지 밑에 네 손을 넣으라

"그러므로 '네 손을 내 넓적다리 밑에 넣으라'로 (히브리어 성경) 본문대로 바꾸어야 맞다."고 제안했는데, 이미 〈한글킹제임스성경〉은 글자 하나 틀리지 않게 『네 손을 내 넓적다리 밑에 넣으라.』고 바르게 번역했다. 서교수는 어떤 성경을 보고, 어떤 성경을 추천해야 하겠는가?

• 창 24:43 - 청년 여자가 물을 길러 - 젊은 여자가

"그러지 말고 '처녀'로 번역했어야 할 것이다. '처녀'가 바른 번역어이다."라고 주장했는데, 〈한글킹제임스성경〉은 이미 『처녀』라고 바르게 번역했다.

• 창 27:1 - 이삭이 나이 많아 - 이삭이 나이가 많아

"바꾸려면 <u>(히브리어) 성경 본문을 따라</u> '늙어'로 했어야 맞다. 자켄, 늙다, 늙어를 나타내는 말을 본문이 사용하고 있기 때문이다."라고 제안했는데, 역시 〈한글킹제임스성경〉은 『늙으니』라고 바르게 번역했다.

• 창 29:31,33 - 레아에게 총이 없음을 보시고 - 레아가 사랑받지 못함을 보시고

"(히브리어 성경) 본문에는 '레아가 미워함을 받는지라'이다. '쎄누아 레아'이다. '레아가 미움받다'이다."라고 제안했는데, 〈한글킹제임스성경〉은 서교수의 제안에 앞서 이미 『레아가 미움받는』이라고 정확하게 번역했다.

• 창 30:22 - 하나님이 라헬을 생각하신지라 - 하나님이 라헬을 생각하신지라

"(히브리어) 성경 본문대로 '하나님이 라헬을 기억하사'로 바꾸지 않았는가? 이 본문이 말하려고 하는 것은 레아만 아들을 낳게 하시고 라헬은 잊어버리신 것이 아니고 늘 기억하고 때를 찾으셨음을 말한다."고 제안했는데, 〈한글킹제임스성경〉은 어떻게 번역했는지 확인해 보았는가? 『하나님께서 라헬을 기억하셨으며』라고 이미 바르게 번역되어 있다. 어떤 성경이 정확하고 권위있는 성경인가?

• 마 19:3 - 연고 - 이유

"연고를 이유로 바꾸었는데 연고를 바꾸려면 '사유'가 더 합당한 말이다."라고 제안했는데, 〈한글킹제임스성경〉은 이미 『사유』로 바르게 번역했다.

• 요 15:2 - 내게 있어 - 내게 붙어 있어

"(헬라어) 성경 본문에 없는 말을 추가하였다. 주 안에 있으면 모든 것이 다 해결인데 붙어 있다는 단어를 임의로 추가하였다. (헬라어) 성경 본문에 '판 크레마 엔 에오이'로 '내 안에 있는' 모든 가지로 충분하다."라고 주장했는데, 〈한글킹제임스성경〉은 이미 『내 안에서』라고 바르게 번역했다.

이와 같은 사례들에서 〈개역성경〉과 〈개역개정판〉의 오류가 분명히 드러나 있다. [총 231개의 사례 중에서 〈개역성경〉은 165개, 〈개역개정판〉은 186개의 오류를 범했다.] 그것도 서교수 스스로 소위 원문에 근거해서 대안을 제시한 것에서 확인된 것이며, 서교수가 231개의 반론을 제기한 사례들 중에서 바르게 제시된 몇 가지 대안이다. (그나마 나머지 많은 수는 그의 반론 역시 잘못되었다.) 이와 같은 바른 본문을 담고 있는 우리말로 된 가장 정확하고 권위있는 한글 성경, 곧 〈한글킹제임스성경〉이 이미 번역되어 성경을 사랑하는 그리스도인의 손에서 그 권위를 인정받고, 그 역할을 다하고 있으며, 그 열매로 그 정확성과 권위를 증거하고 있다. 그런데도 서교수는 두 눈을 감고, 입도 다문 채 바른 성경을 가리고 있으며, 육신적인 목적에 따라 헛된 반대를 하고 있으니 어떻게 서교수가 하나님의 일을 한다고 감히 말할 수 있겠는가!

서교수는 〈개역개정판〉에 대해 다음과 같이 대단히 악평을 했다.

"왜 임의로 바꾸어 성경 본문의 의미를 바꾸려고 하는가? 이런 바꿈은 조잡한 개악이고 전혀 개정이 아니다... 무원칙하고 일관성이 없는 수정이 가능한 일인가? 성경 언어도 모르면서 임의로 바꾸었으니 이것은 그릇된 일이다... 성경 본문에 없는 내용을 왜 임의로 추가하는가? 그런 권리가 수정자나 혹은 번역자에게 있는가? 그런 것은 허용되지 않았다... 수정자는 바로 수정해야지 한글판 위에서 임의로 조작하는 식의 바꿈은 불가하다."

그러나 이러한 평가는 〈개역개정판〉뿐만 아니라 서교수가 고수하는 〈개역성경〉에 그대로 해당되는 평가임을 간과하지 말라. "성경 본문과 떨어진 수정들을 하였고 조악하게 만들었으므로 우리 총회가 받을 수 없는 개정판이라고 판정된다."는 서교수의 결론을 〈개역성경〉에도 동일하게 적용한 후 참회하고 바른 성경으로 돌아가야 한다. 그것만이 서교수와 예장합동과 한국 교계가 하나님의 진노의 심판을 피하는 길이다.

2. 대한성서공회와 예장합동의 야합 : 하나님의 말씀을 변개시킴으로써 이익을 취하는 여러 사람들(고후 2:17)

대한성서공회는 〈개역개정판〉이 각 교단에 채택되어 사용되도록 교단에 대한 정치적 노력과 함께 홍보에 집중해 왔다. 이것은 대한성서공회가 존립하는 데 매우 중대한 과제였는데 그동안 〈개역개정판〉을 거부해 온 예장합동 측이 걸림이 되었던 것이고, 합동 측은 자신들의 교세에 비해 못미치는 권한과 이익에 대해 불만을 갖고 대한성서공회와 대립해 왔다. 이런 과정에서 2005년 10월에 양측이 자신들의 이익을 취하는 방향으로 각각 다른 의도를 가지고 〈개역개정판〉의 수정과 사용에 합의했다. 〈개역개정판〉의 번역상의 문제점들을 지적하며 사용할 수 없다던 예장합동이 왜 입장이 변한 것인가? 이 문제와 관련해서 한국 교계는 바른 영적 분별력을 가지고 있지 못하기 때문에 선의의 다수를 위해 몇 가지 면에서 이 문제를 바로잡아야 한다.

1) <개역개정판>에 대한 대한성서공회와 예장합동의 합의 과정

예장합동은 지난 2001년 9월, 제86회 총회(총회장 예종탁 목사)에서 다음과 같이 결의했다.

> 대한성서공회가 발간한 "성경전서 개역개정판"은 재수정할 때까지 공예배 사용을 유보한다.

이런 결정에 대해 예장합동의 교단신문인 〈기독신문〉은 다음과 같이 교단의 입장을 밝혔다.

> 10월 17일자 기독신문에 발표한 공고문에서 위원회는 개역개정판 성경이 번역상 신학적 문제가 지적되었으며, 신학적 문제가 있는 성경을 사용할 경우 영적 혼란을 초래할 수 있다는 문제점을 잠

> 정적 사용불가의 근거로 제기했다(기독신문, 2001.10.17).

또한 2004년 9월 제89회 총회(총회장 서기행 목사)에서는 다음과 같이 결의했다.

> ...성서공회로 하여금 개역개정판 성경을 개정하게 하고, 받아들여지지 않을 시 내년 총회에 보고하여 독자 번역을 추진하기로 하다... 개역개정판 성경 사용에 찬성 헌의건은 우리 교단의 정서에 맞지 않음으로 공적 예배에서 사용하지 않기로 하다.

이와 같이 영적 혼란을 초래할 수 있다고, 교단 정서에 맞지 않는다고 규정한 〈개역개정판〉에 대한 연구와 사용 거부 방침을 고수하면서 합동 측은 독자적인 성경 번역을 추진하기도 했으며, 또 한편으로 대한성서공회와 사용 여부에 대한 협상을 계속해 왔다. 이것은 수년 동안 교단총회의 주요 이슈였다. 그런데 2005년 지난 5월 26일 합동총회본부에서, 대한성서공회와 합동 측은 3개항으로 이루어진 〈개역개정판〉 사용 합의문을 7월에 공식 서명하기로 전격 합의했다. 양측의 합의문 내용은 다음과 같다.

> 첫째, 합동총회가 요구한 사항은 대한성서공회가 모두 수용한다. 둘째, 앞으로 성경을 새롭게 번역할 때 합동총회가 추천하는 번역위원은 교세비례로 참여하게 한다. 셋째, 9월 총회 결의 후에 개역개정판을 강단용으로 사용한다.

이런 합의에 따라 지난 9월 제90회 예장합동총회는「대한성서공회와 합의서명하였으므로 사용하기로」한다고 결의했다(기독신문, 2005. 10. 5).

그런데 대한성서공회와 합동 측의 이와 같은 합의와 사용 결정에는 매우 심각한 문제들이 있는데도 한국 교계는 분별하지 못하고 있다. 〈개역개정판〉을 사용하기로 결정한 합동 측의 결정에 대해 〈기독신문〉은 사설을 통해 이렇게 평가했다.

> 뒤늦게 결정한 일이지만 예장총회가 신학적 권위를 세워 수정할 것은 수정하고 약속할 것은 약속해서 한국 교회가 한 가지로 성경을 읽을 수 있게 한 점은 평가할 만한 일이다(기독신문, 2005.10.5).

그러나 결코 예장합동 측은 신학적 권위를 세워 수정할 부분을 수정하지 못했으며, 또한 대한성서공회도 성경 번역과 수정 및 출판에 대한 책임을 나 하시도 못했다. 그림에도 불구하고 자신들의 이익을 취하는 데 몰두하여 서로 합의했던 것이다. 먼저 양측이 주고받은 91곳의 수정안에 대한 평가를 통해 이 문제를 바로잡아야 할 것이다.

2) 예장합동의 91개 수정안에 대한 평가

합동 측은 2003년 9월 제88회 총회에서 대한성서공회의 〈개역개정판〉 91곳을 수정해야 한다고 공식적으로 요구했었다(제88회 총회보고서, pp.460-462). 그러나 이렇게 91곳의 수정 요구는 〈개역성경〉과 〈개역개정판〉이 변개된 약 30,000곳의 실상에 비하면 0.003%밖에 안되는 내용으로 문제의 핵심을 크게 벗어난 것이었다. 99.997%를 제외하고 이런 정도의 수정안을 가지고 수년 동안 협상했다는 것은, 양측이 정작 바른 성경을 번역·보존하거나 성도들의 영적 필요를 채워 주는 것에는 전혀 관심이 없고 자신들의 이익을 취하기 위해 형식적인 수정안을 놓고 협상했음을 증명하는 것이다.

다음은 합동 측에서 제기한 <개역개정판> 수정안에 대한 91개의 사례와 그에 대한 평가이다.

※ 사례 연구를 위한 일러두기

• 다음 사례들은 "**성경 구절**, **〈개역성경〉**의 본문 ← **〈개역개정판〉**의 본문" 그리고 "〈한글킹제임스성경〉의 본문, 문제에 대한 설명과 평가"의 순서로 제시된다.

• 두 번역본 중에서 옳은 것은 (○)표하고, 틀린 것은 (×)표하였다. 둘 다 틀린 것은 똑같이 (×)표하였고, 의미상의 차이가 없이 표현상의 차이가 있는 사례는 (○), (×)를 표시하지 않았다.

• 정리를 위해 총회보고서의 순서대로 구절들을 제시했으며, 일련번호를 (1)부터 (91)까지 부가하였다.

• 보고서에 오탈자들이 많이 있는데, 특히 구절의 숫자는 정확성을 위해 바로잡아 표기했으며, 〈개역한글판〉과 〈개역개정판〉의 본문에 밑줄을 표시한 것은 총회보고서에 있는 것을 그대로 표기했다.

1. <개역성경>으로 환원을 요구한 사례 - 75곳의 44개 사례

1) 구약 : 48곳의 21개 사례

(1) 창 4:7, 엎드리느니라(○) ← 엎드려 있느니라(×)

〈한글킹제임스성경〉의 『네가 바르게 행하지 아니하면 죄가 문 앞에 엎드리느니라(sin lieth at the door).』는 말씀이 히브리어 "로베츠"(רֹבֵץ)의 바른 번역이다. 이 구절의 문장 구조는 조건절로 "만약 ~하면 ~한다."는 의미이다. 따라서 이 구절은 "네가 바르게 행하지 않으면 죄가 엎드린다(즉 다가온다)."는 뜻이며, 조건이 주어지면 동작이 시작된다는 것이다. 그런데 〈개역개정판〉처럼 "엎드려 있느니라."는 표현은 엎드려 있는 상태가 지속되고 있다는 의미이기 때문에 적합한 번역이 아니다.

(2) 창 15:6, 의로 여기시고(○) ← 공의로 여기시고(×)

〈한글킹제임스성경〉과 같이 『의로 여기셨더라.』(counted... for righteousness)라는 말씀이 히브리어 "체데크"(צֶדֶק)를 바르게 번역한 것이다. 하나님께서 "의"로 여기신다는 것은 믿음으로 인해 어떤 사람을 "의롭다"고 인정해 주시는 것이다. 반면 공의는 하나님의 심판과 관련하여 그분의 성품을 나타내는 표현이기 때문에 인간을 공의로 여겼다는 표현은 교리적으로 심각한 오류를 범하는 것이다. 〈개역개정판〉은 이렇게 의와 공의를 구분하지 못했다. 〈개역개정판〉은 2000년 2판에서 창세기 15:6과 (15-30)번 사례에 나오는 시편 106:31을 "의"로 수정했고, 2003년 3판에서 (15-30)번 사례에 나오는 15곳을 모두 "의"로 수정했다. 그러나 이 17곳의 전후 문맥에는 여전히 "의"로 번역되어야 할 곳들이 그대로 "공의"라고 변개되어 있어 번역의 일관성이 결여되어 있고(시 36:6,10; 72:1,2,3,15,16,19,24; 103:6,17; 106:3,31), 교리적으로 여전히 오류를 범하고 있으며, 뿐만 아니라 성경 전체에서 126곳 이상에서 의와 공의를 혼동하여 오역했다.

(3) 애 2:6, 주께서 성막을 동산의 초막같이 헐어버리시며 공회 처소를 훼파하셨도다(×) ← 주께서 그의 초막을 동산처럼 헐어버리시며 그의 절기를 폐하셨도다(×)

〈한글킹제임스성경〉의 『또 주께서는 주의 성막을 동산의 장막인 양 난폭하게 치워 버리셨으며(hath violently taken away) 모이는 장소들을 파괴하셨도다.』는 번역이 히브리어 원문과 정확하게 일치한다. 특히 "하마쓰"(חָמַס)는 "난폭하게 치워 버리다"(take away violently)라는 뜻인데, 〈개역성경〉과 〈개역개정판〉은 이 표현을 삭제했다.

(4) 겔 1:1, 이상(×) ← 모습(×)

이 구절은 〈한글킹제임스성경〉처럼 『하늘들이 열리기에 내가 하나님의 환상들(visions)을 보았더라.』가 정확한 번역이다. 〈개역성경〉은 "환상"에 해당하는 이 구절의 히브리어 "마르아"(מַרְאָה)를 "이상"이라고 오역했으며, 〈개역개정판〉은 "환상"이라는 뜻과 함께 모습(appearence, shape, looks) 등의 뜻도 가지고 있는 "마르에"(מַרְאֶה)를 "마르아"(מַרְאָה)와 정확히 구분하지 못했기 때문에 오역한 것이다.

(5) 옵 1:19, 남방 사람은 에서의 산을 얻을 것이며 평지 사람은 블레셋을 얻을 것이요(○) ← 그들이 네겝과 에서의 산과 평지와 블레셋을 얻을 것이요(×)

이 구절은 〈한글킹제임스성경〉과 같이 『남쪽 사람들이 에서의 산을, 평지의 사람들이 필리스티아인들을 차지할 것이며』라는 번역이 원문대로 옳다. 이 구절의 히브리어 원문 "하 네게브"(הַנֶּגֶב)는 분명하게 "남쪽 사람들"(*they of* the south)이라는 뜻인데 〈개역개정판〉은 단순히 "남쪽"이라는 뜻의 "네겝"이라고 음역하는 오류를 범했으며, "하 셰펠라"(הַשְּׁפֵלָה)는 "평지 사람들"이라는 뜻인데 〈개역개정판〉은 "평지"라고 오역했다.

(6) 시 1:2, 묵상하는 자로다(×) ← 묵상하는도다(○)

〈한글킹제임스성경〉의 『그가... 묵상하는도다(he meditate).』가 바른 번역이다. 이 단어의 히브리어 원문(יֶהְגֶּה)은 "하가"(הָגָה)의 '미완료형 3인칭 남성 단수'로, "묵상한다"는 동사의 지속적인 동작을 나타내는 표현이지, 〈개역성경〉이 오역한 것처럼 "묵상하는 자"라는 명사형 표현이 아니다.

(7) 시 2:10, 관원들아(×) ← 재판관들아(○)

〈한글킹제임스성경〉의 『재판관들(judges)』이 옳은 번역이다. 이 단어의 히브리어 원문(שֹׁפְטֵי)은 "샤파트"(שָׁפַט)의 복수 표현으로 "재판관들"을 뜻한다. "재판관들"이라는 이 단어는 "재판관들의 책"이라는 뜻인 「재판관기」의 제목에도 사용되었다.

(8-12) 시 5:7 외 4곳(시 6:4; 13:5; 17:7; 31:16), 인자(×) ← 사랑(×)

이 구절들의 바른 번역은 〈한글킹제임스성경〉의 『자비(mercy)』로, 히브리어 "헤쎄드"(חֶסֶד)의 정확한 표현이며, 〈개역성경〉과 〈개역개정판〉의 "인자"와 "사랑"은 오역이다.

(13-14) 시 5:7 외 1곳(시 29:2), 경배(○) ← 예배(×)

〈한글킹제임스성경〉의 『<u>경배</u>』(worship)가 히브리어 "샤하"(שָׁחָה)의 바른 번역이다. 〈개역개정판〉은 신구약 전체에서 경배와 예배를 혼동하여 오역했다. 특히 시편 22:27과 시편 86:9은 같은 말씀인데도 예배와 경배로 각각 다르게 오역함으로써 일관성 없이 번역했다.

(15-30) 시 5:8외 15곳(시 24:5; 36:6; 51:14; 71:2,19,24; 72:3; 103:17; 106:31; 111:3; 119:40,142; 143:1,11; 145:7), 의(○) ← 공의(×)

(2)번 사례의 설명을 참고하시오.

(31) 시 5:12, 방패로 함과 같이(○) ← 방패와 같은 은혜로(×)

이 구절은 〈한글킹제임스성경〉의 『주께서는... <u>방패로 하심같이(as *with* a shield)</u> 은총으로 그를 호위하시리이다.』가 히브리어 원문(כַּצִּנָּה)

을 문자 그대로 바르게 번역한 것이다. 이 말씀대로 주께서 방패로 보호하듯이 은총으로 호위하신다는 뜻인데, 이것을 "방패와 같은 은혜"라고 하면 비유가 잘못된 것이다.

(32) 시 16:9, 내 영광(○) ← 나의 영(×)

이 구절은 〈한글킹제임스성경〉과 같이 『영광(glory)』이 옳은 번역이다. 히브리어 "카보드"(כָּבוֹד)는 전혀 "영"이라는 뜻이 없다. 〈개역성경〉은 난외주에 '또는 영'이라고 설명을 첨부했는데 원어의 근거가 없는 잘못된 주석이다. 〈개역개정판〉은 시편 108:1에서도 『내 영광』을 "내 심령"으로 오역했다.

(33-40) 시 25:9 외 7곳(시 33:5; 37:28,30; 111:7; 112:5; 140:12; 146:7), 공의(○) ← 정의(×)

시편 25:9에서 〈한글킹제임스성경〉은 『그는 공의(judgment)로 온유한 자를 인도하실 것이요』라고 바르게 번역했다. 이 구절에서 공의로 번역된 히브리어 "미쉬파트"(מִשְׁפָּט)는 다양한 뜻이 있기에 주의해서 구분해야 한다. 공의란 공평하게 판단하시는 하나님의 성품을 나타내는 표현이다. 시편 25:9 외 7개의 구절 중에서 시편 112:5과 시편 140:12은 나머지 5곳과 같은 종류로 보고된 내용이지만, 이 두 경우에는 〈개역성경〉의 "공의(×)"와 〈개역개정판〉의 "정의(×)"가 모두 잘못된 것으로, 합동 측이 원어를 바르게 비교하지도 않은 채 위의 6개 사례와 같이 공의가 맞다고 잘못 판단한 것이다. 이 구절의 바른 번역은 〈한글킹제임스성경〉에 다음과 같이 제시되어 있다. 『그가 자기의 일들을 분별력 있게(with discretion) 이끌리라』(시 112:5). 『...가난한 자의 권리를 지켜 주실 것을(maintain... the right) 내가 아나이다』(시 140:12).

(41) 시 26:2, 마음(○) ← 양심(×)

〈한글킹제임스성경〉의 『오 주여, 나를 시험하시고 살피시어 내 속과 내 마음(heart)을 연단하소서.』라는 말씀대로 "마음"이 옳다. 히브리어 "레브"(לֵב)는 "마음"이라는 용례가 수백 구절이나 되지만, 〈개역개정판〉의 양심이라는 뜻은 전혀 없다.

(42) 시 27:11, 길(○) ← 도(×)

『오 주여, 내게 주의 길(way)을 가르치소서.』라는 〈한글킹제임스성경〉의 본문이 히브리어 "데레크"(דֶּרֶךְ)를 정확하게 번역한 것이다. "도"는 뜻이 모호하며 그릇된 해석을 유발하기 때문에 옳지 않다.

(43) 시 41:4, 내 영혼(×) ← 나(×)

『내 혼(soul)을 고치소서.』라는 〈한글킹제임스성경〉의 본문이 히브리어 "네페쉬"(נֶפֶשׁ)를 정확하게 번역한 것이다. 〈개역성경〉과 〈개역개정판〉은 성경 전체에서 영(רוּחַ)과 혼(נֶפֶשׁ)을 원어대로 전혀 구분하지 못했기 때문에 이 구절도 오역한 것이다.

(44) 시 73:21, 심장(×) ← 양심(×)

이 구절은 〈한글킹제임스성경〉의 『내 속마음(reins)이 찔렸나이다.』

와 같이 번역해야 히브리어 "킬랴"(כִּלְיָה)의 뜻을 정확하게 옮기는 것이다. 이 단어에는 〈개역개정판〉의 번역처럼 "양심"의 뜻이나 용례가 전혀 없으며, 〈개역성경〉의 번역과 같이 장기 중에 하나인 "심장"도 그 의미를 정확하게 전달할 수 없다.

(45) 시 76:12, 심령을(×) ← 기를(×)

〈한글킹제임스성경〉의 『영(spirit)』이 정확한 번역이며, 〈개역성경〉과 〈개역개정판〉이 모두 오역했다. 이것은 (43)번 사례와 같은 오류이다.

(46) 시 89:14, 의와 공평(×) ← 공의와 정의(×)

〈한글킹제임스성경〉의 『정의와 공의(justice and judgment)』가 맞고 〈개역성경〉과 〈개역개정판〉은 앞의 사례들에서 "의"와 "공의"를 구분하지 못한 결과, 히브리어 "체데크"(צֶדֶק)와 "미쉬파트"(מִשְׁפָּט), 즉 『정의와 공의』 역시 구분하지 못했다.

(47) 시 97:2, 의와 공평(×) ← 공의와 정의(×)

〈한글킹제임스성경〉의 『의와 공의(righteousness and judgment)』가 바른 번역이며, 〈개역성경〉과 〈개역개정판〉이 모두 오역이다. 이 사례를 포함해서 (2),(15-30),(46)번에 나타난 "의"와 "정의"와 "공의"에 해당하는 히브리어의 다양한 의미는 영어 〈킹제임스성경〉과 〈한글킹제임스성경〉만이 정확하게 구분하고 있으며, 다른 영어 번역본들과 한글 번역본들은 모두 오역하고 있다.

(48) 시 109:6, 사탄이(○) ← 대적으로(×)

〈한글킹제임스성경〉의 『사탄(Satan)으로 하여금』이 히브리어 원문의 "사탄"(שָׂטָן)을 그대로 정확하게 번역한 것이며, 히브리어 발음 그대로 음역(音譯)한 것이다. 그런데 이것을 〈개역개정판〉처럼 "대적"이라는 뜻으로 번역을 하면 사탄의 실체가 이 구절에서 가려지게 되고 또 모호하게 된다.

2) 신약 : 27곳의 23개 사례

(49) 마 5:11, 나를 인하여 ← 나로 말미암아

〈한글킹제임스성경〉의 『나로 인하여(for my sake)』가 바른 번역이며, 헬라어 〈표준원문, Textus Receptus〉(이하 헬라어 원문)대로 이유나 원인을 뜻한다. "말미암아"도 이유와 원인의 뜻이 있다.

(50) 막 7:22, 흘기는 눈(×) ← 질투(×)

〈한글킹제임스성경〉의 『악한 눈(evil eye)』이 정확한 번역이며, 헬라어 원문 "옵살모스 포네로스"(*ἀφθαλμὸς πονηρός*)를 문자 그대로 번역한 것이다. 반면 〈개역성경〉과 〈개역개정판〉은 둘 다 원문을 거부하고 의역한 것이다.

(51) 막 7:22, 훼방(×) ← 비방(×)

〈한글킹제임스성경〉의 『하나님을 모독함(blasphemy)』은 헬라어 원문 "블라스페미아"(*βλασφημία*)의 정확한 번역이며, 〈개역성경〉과 〈개역개정판〉 모두 원문의 뜻과는 거리가 멀다.

(52) 눅 3:3, 죄사함을 얻게 하는(×) ← 죄사함을 받게 하는(×)

〈한글킹제임스성경〉의 『...죄들을 사함받은 것으로 인하여(for the remission of sins) 회개의 침례를 전파하니』가 옳고, 두 번역은 오역이다. 물론 "얻게 하는"과 "받게 하는"은 의미상의 차이가 없으나, 이 두 표현은 모두 헬라어 원문 "에이스"(εἰς)," 즉 "for"를 "목적"으로 번역한 것이 틀린 것이며, 〈한글킹제임스성경〉처럼 "이유"의 뜻으로 번역해야 한다.

(53) 눅 15:2, 원망하여(×) ← 수군거려(×)

〈한글킹제임스성경〉의 『불평하여(murmured)』가 헬라어 원문 "디에공귀존"(*διεγόγγυζον*)을 바르게 번역한 것이며, "원망하여"나 "수군거려"는 적합한 표현이 아니다.

(54) 요 19:30, 영혼이 돌아가시니라(×) ← 영혼이 떠나가시니라(×)

〈한글킹제임스성경〉의 『숨을 거두시더라(gave up the ghost).』가 정확한 번역이다. 이는 헬라어 원문 "파레도케 토 프뉴마"(*παρέδωκε τὸ πνεῦμά*)가 문자 그대로 "숨/호흡을 포기하다"는 뜻이기 때문에 우리말로 "숨을 거두다"는 표현이 가장 적합하다.

(55) 행 22:22, 세상에서 없이하자(×) ← 세상에서 없애 버리자(×)

〈한글킹제임스성경〉의 『이 세상에서 없애 버리라(Away... from the

earth).』가 정확한 번역이다. 헬라어 원문(Aἶρε ἀπὸ τῆς γῆς)은 '현재 명령법' 표현인데, 특히 "없애 버리라"는 뜻의 "아이레"(Aἶρε)는 '2인칭 단수 능동' 표현이기 때문에 우리말로 "없이 하자"나 "없애 버리자"는 인칭이 옳지 않고 『없애 버리라.』가 되어야 한다.

(56) 롬 2:19(20), 네가 <u>율법에 있는 지식과 진리의 규모를 가진 자로서</u> 소경의 길을 인도하는 자요 어두움에 있는 자의 빛이요 어리석은 자의 훈도요 어린아이의 선생이라고 <u>스스로</u> 믿으니(×) ← 맹인의 길을 인도하는 자요 어둠에 있는 자의 빛이요, <u>율법에 있는 지식과 진리의 모범을 가진 자로서</u> 어리석은 자의 교사요 어린아이의 선생이라고 스스로 믿으니(×).

〈한글킹제임스성경〉의 『네 <u>스스로</u> <u>율법에 있는 지식과 진리의 형식을 갖춘 사람으로서</u> 보지 못하는 사람들의 안내자요, 어두움 속에 있는 자들의 빛이요,』가 옳은 번역이다. 헬라어 원문(τὴν μόρφωσιν... τῆς ἀληθείας)은 "진리의 규모"나 "진리의 모범"이 아니라 『<u>진리의 형식</u>』(the form of... the truth)이 바른 뜻이며, 〈개역개정판〉과 같은 어순은 『네 <u>스스로</u>... <u>사람으로서</u>』가 수식하는 것이 달라지기 때문에 옳지 않다.

(57-58) 롬 11:25 외 1곳(롬 16:25), 비밀(×) ← 신비(○)

〈한글킹제임스성경〉과 같이 『신비(mystery)』가 헬라어 원문 "뮈스테리온"(μυστήριον)의 바른 번역이다. 비밀은 공개하거나 전파하는 것이 차단된 것이지만, 신비는 깨달은 자들이 선포하는 것이다. 〈개역성경〉은 성경 전체의 많은 곳에서 『신비』를 "비밀"로 오역했다.

(59-61) 고전 3:13 외 2곳(고전 3:14,15), 공력(×) ← 공적(○)

〈한글킹제임스성경〉의 『일한 것(work)』이 헬라어 원문 "에르곤"(ἔργον)을 정확하고도 쉬운 표현으로 바르게 번역한 것이다. 공력은 "일한 것"이 아니라 일을 위해 "공들이는 힘"을 뜻하기 때문에 맞지 않으며, 공적은 의미는 맞지만 다소 어렵고 모호한 표현이다.

(62) 고전 15:50, 하나님 나라를 유업으로 받을 수 없고(○) ← 하나님 나라를 이어받을 수 없고(×).

〈한글킹제임스성경〉의 『하나님의 나라를 상속받을 수 없으며(cannot inherit)』가 헬라어 원문(κληρονομῆσαι)의 바른 번역이다. 〈개역개정판〉처럼 단순히 "이어받을 수 없고"라고 하면 원문의 의미에서 크게 벗어나는 것이기 때문에 그리스도인이 받게 될 유업을 깨닫지 못하게 하며, 다른 구절들의 동일한 표현과도 연결 고리를 잃게 된다.

(63) 갈 2:2, 유명한 자들에게(○) ← 유력한 자들에게(×)

〈한글킹제임스성경〉과 같이 『유명한 사람들에게(to them which were of reputation)』가 헬라어 원문(τοῖς δοκοῦσι)에 대한 바른 번역이다. "유력한"이라는 말은 '세력이나 재산이 있다'는 뜻으로 원문의 의미에 맞지 않는다.

(64) 갈 2:6, 유명하다는 이들(×) ← 유력하다는 이들(×)

〈한글킹제임스성경〉의 『무언가 되는 것같이 보이는 그 사람들(these who seemed to be somewhat)』이 헬라어 원문(τῶν δοκούντων *εἶναί τι*)을 문자 그대로 정확하게 번역한 것이다. 〈개역성경〉의 "유명"이나 〈개역개정판〉의 "유력"은 원문의 뜻과 다르다.

(65) 갈 2:6, 내게 더하여 준 것이 없고(×) ← 내게 의무를 더하여 준 것이 없고(×)

〈한글킹제임스성경〉의 『나에게 아무것도 조언으로 더해 준 것이 없느니라(in conference added nothing to me).』가 헬라어 원문(*ἐμοὶ... οὐδὲν προσανέθεντο*)을 정확하게 번역한 것이다. "프로사네텐토"(*προσανέθεντο*)는 "조언으로 더해 준"이라는 뜻인데, 이것을 〈개역성경〉은 삭제했고, 〈개역개정판〉은 "의무를 더하여 준"이라고 변개시켰다.

(66) 갈 3:18, 아브라함에게 은혜로 주신 것이라(×) ← 아브라함에게 주신 것이라(×)

〈한글킹제임스성경〉의 『그것을 아브라함에게 약속을 통하여 주신 것이라(gave *it* to Abraham by promise)』가 헬라어 원문(*Ἀβραὰμ δἰ ἐπαγγελίας κεχάρισται*)의 바른 번역이다. "디 에팡겔리아스"(*δἰ ἐπαγγελίας*)는 『약속을 통하여』라는 뜻인데, 〈개역성경〉은 "은혜로"라고 변개했으며, 〈개역개정판〉은 삭제했다.

(67) 빌 3:2, 손할례당을 삼가라(×) ← 몸을 상해하는 일을 삼가라(×)

〈한글킹제임스성경〉의 『살을 베어 내는 자들을 주의하라(beware of the concision).』는 말씀이 헬라어 원문(*βλέπετε τὴν κατατομήν*)

을 문자 그대로 정확하게 번역한 것이다. "텐 카타토멘"(τὴν κατατομήν)은 "살을 베어내는 자들"이라는 뜻으로, 〈개역성경〉의 경우 "손"할례 "당"이라는 표현이 잘못된 것이며, 〈개역개정판〉은 "몸을 상해하는"이라는 표현과 사람들을 주의하는 것이 아니라 "일을 삼가라"는 표현이 오역된 것이다.

(68) 골 2:23, 육체 쫓는 것을 금하는데(×) ← 육체를 따르는 것을 금하는(×)

〈한글킹제임스성경〉과 같이 『육체를 만족시키는 데는(to the satisfying of the flesh)』이라는 말씀이 헬라어 원문(πρὸς πλησμονὴν τῆς σαρκός)의 바른 번역이다. 원문의 "플레스모넨"(πλησμονὴν - 만족시키는 데)이 〈개역성경〉에서는 "쫓는 것을 금하는데"로, 〈개역개정판〉에서는 "따르는 것을 금하는"으로 변개되었다.

(69) 살전 4:4, 자기 아내 취할 줄을 알고(×) ← 자기의 아내 대할 줄을 알고(×)

〈한글킹제임스성경〉처럼 『자기 자신의 그릇을 소유하는가를 알며(know how to possess his vessel)』가 헬라어 원문(εἰδέναι... τὸ ἑαυτοῦ σκεῦος κτᾶσθαι)을 문자 그대로 정확하게 번역한 것이다. "스큐스 크타스타이"(σκεῦος κτᾶσθαι)는 "그릇을 소유하다"라는 뜻인데, 〈개역성경〉과 〈개역개정판〉은 원문을 저버리고 "아내를 취할/대할"이라고 의역함으로써 변개되었다.

(70) 딛 3:6, 성령을 풍성히(×) ← 그 성령을 풍성히(○)

〈한글킹제임스성경〉의 『이 성령을... 풍성히(Which... abundantly)』

가 헬라어 원문(*οὗ... πλουσίως*)을 정확하게 번역한 것이다. 5절 끝에 성령(the Holy Ghost)이 나오고, 6절은 앞의 성령을 지칭하는 관계명사["후"(*οὗ*) / "which"]로 시작하기 때문에 문맥에 맞게 『이 성령을』이라고 번역하는 것이 옳다. 그러나 〈개역성경〉은 성령을 지칭하는 표현이 삭제되었다.

(71) 히 2:8, 복종케 하셨은즉 <u>복종치 않은 것이 하나도 없으나</u>(×) ← 복종하게 하셨은즉 <u>복종하지 않은 것이 하나도</u> 없어야 <u>하겠으나</u>(×)

〈한글킹제임스성경〉의 『복종케 하심에 있어서 <u>그에게 복종하지 않는 것은 아무것도 남기지 않으셨음이라</u>(left nothing *that is* not put under him).』는 말씀이 헬라어 원문(<u>*οὐδὲν ἀφῆκεν*</u> *αὐτῷ ἀνυπότακτον*)을 정확히 번역한 것이다. "우덴 아페켄"(*οὐδὲν ἀφῆκεν*)이 "<u>아무것도 남기지 않았다.</u>"(left nothing)라는 뜻인데, 〈개역성경〉과 〈개역개정판〉은 둘 다 오역하고 있다.

(72) 히 11:35, 여자들은 자기의 죽은 자를 부활로 <u>받기도</u> 하고(○) ← 여자들은 자기의 죽은 자들을 부활로 <u>받아들이기도</u> 하며(×).

〈한글킹제임스성경〉의 『받기도 하고(recieved)』가 헬라어 원문 "엘라본"(*ἔλαβον*)의 정확한 번역이다. 이 구절의 문맥은 죽은 자들을 다시 살려 받는 것을 말씀하기 때문에 "받아들인다"는 〈개역개정판〉의 번역은 잘못된 것이다.

(73) 요일 1:3, 우리의 사귐은 아버지와 그 아들 예수 그리스도와 함

께함이라(○) ← 우리의 사귐은 아버지와 그의 아들 예수 그리스도와 더불어 누림이라(×)

〈한글킹제임스성경〉의 『함께하는 것이라(*is* with)』가 헬라어 원문 "메타"(μετὰ)에 맞는 번역이다. "메타"는 단순하게 "함께한다"는 뜻이고, 교제 역시 함께하는 것이기 때문에 〈개역개정판〉처럼 더불어 누린다는 것은 의역일 뿐만 아니라 적합한 수식어도 못된다.

(74) 요일 3:2, 그의 계신 그대로(×) ← 그의 참모습 그대로(×)

〈한글킹제임스성경〉의 『그분 그대로(as he is)』가 원문(*καθώς ἐστιν*)을 바르게 번역한 것이다. "에스틴"(*ἐστιν*)은 '현재 직설법 3인칭 단수'이기 때문에 문맥에 맞게 당연히 "he is"이다. 따라서 〈개역성경〉의 "그의 계신"은 어법에 맞지 않으며, 〈개역개정판〉의 "그의 참모습"은 원문의 의미를 벗어난 의역으로 변개된 것이다.

(75) 요일 3:20, 우리 마음이 혹 우리를 책망할 일이 있거늘 하물며 우리 마음보다 크시고 모든 것을 아시는 하나님일까 보냐(×) ← 이는 우리 마음이 혹 우리를 책망할 일이 있어도 하나님은 우리 마음보다 크시고 모든 것을 아시기 때문이라(×)

〈한글킹제임스성경〉의 『이는 만일 우리 마음이 우리를 정죄한다면 하나님은 우리 마음보다 더 크시고 모든 것을 아시기 때문이라.』는 말씀이 바른 번역이다. 〈개역성경〉은 원문의 뜻과는 상관없는 본문이 되었고, 〈개역개정판〉은 원문의 뜻을 살리려 했으나 그 의미가 모호하게 되어 알 수 없는 번역이 되었다.

2. <개역개정판>을 개정해야 한다고 요구한 사례 - 10곳의 9개 사례

※ 다음에 제시되는 사례들은 "**성경 구절, 〈개역개정판〉**의 본문 → 개정할 본문" 순서이다. 나머지 기술 방식은 위의 사례와 같다.

1) 구약 : 3곳의 3개 사례

(76) 창 12:19, 내가 그를 데려다가 아내를 삼게 하였느냐(×) → 내가 그를 데려다가 아내를 삼을 뻔하게 하였느냐(○)

이 구절에서 합동 측은 〈한글킹제임스성경〉의 『내가 그녀를 내 아내로 삼을 뻔하였도다(I might have taken her to me to wife).』라는 본문대로 수정하라고 요청했다.

(77) 창 32:28, 하나님과 및 사람들과 겨루어(×) → 하나님과 사람들로 더불어 겨루어(○)

합동 측은 이 구절을 〈한글킹제임스성경〉의 『하나님과 사람들과 더불어 겨루어(hast... power with God and with men)』라는 바른 본문을 따라서 개정할 것을 제안했다.

(78) 출 21:11, 만일 이 세 가지를 시행하지 아니하면 먼저 여자에게 속전을 내지 말고 거저 나가게 하라(×) → 이 세 가지를 시행하지 아니하면 여자는 속전을 내지 않고 거저 나가게 할 것이니라(○)

합동 측은 〈한글킹제임스성경〉의 『만일 그가 그녀에게 이 세 가지를 행하지 아니하면 그때에는 그녀가 돈을 갚지 않고도 자유로이 나갈 수 있느니라.』는 본문을 따라서 수정할 것을 요구했다.

2) 신약 : 7곳의 6개 사례

(79) 눅 2:37, 과부가 되고 팔십사 세가 되었더라(×) → 과부가 되었고 팔십사 세까지(×)

합동 측의 수정안과 〈개역개정판〉 모두 오역이며, 〈한글킹제임스성경〉의 『과부가 된 지 약 팔십사 년이 되었으나』(she *was* a widow of about fourscore and four years)라는 말씀이 원문대로(*αὕτη χήρα ὡς ἐτῶν ὀγδοηκοντατεσσάρων*)정확하게 번역한 것이다. 대한성서공회나 합동 측은 안나가 결혼하여 7년을 남편과 살다가 과부가 된 지 약 84년이 되었다면 나이가 적어도 100살은 넘어야 하기 때문에 나이가 너무 많다는 편견을 가지고 안나의 당시 나이가 84세라고 변개시킨 것이다.

(80-81) 요 4:23 외 1곳(요 4:24), 영과 진리로(○) → 성령과 진리로(×)

대한성서공회가 〈한글킹제임스성경〉의 『영과 진리로(in spirit and in truth)』라는 바른 말씀대로 〈개역성경〉을 수정하여 〈개역개정판〉을 출간했다. 그런데 합동 측이 "성령과 진리로" 수정해야 한다고 요청한 것은 대한성서공회가 의와 공의를 구분하지 못한 것과 같이 영과 성령을 구분하지 못한 채 교리적으로 심각한 오류를 범한 것이다. 이는 "성령과 진리로" 경배한다면 성령님께서 경배하는 수단이나 한 방법으로 전락하는 것이기 때문에 매우 불경스런 거짓 교리가 되는 것이다.

(82) 요 7:10, 은밀히(○) → 비밀로(○)

〈한글킹제임스성경〉은 『비밀리에(in secret)』이다. 이러한 표현들은 우리말에서 의미상의 차이가 없기 때문에 합동 측의 수정 요구는 적합하지 않다.

(83) 엡 1:9,10, 그 뜻의 비밀을 우리에게 알리신 것이요 그의 기뻐하심을 따라 그리스도 안에서 때가 찬 경륜을 위하여 예정하신 것이니...(×) → 그 뜻의 비밀을 우리에게 알리셨으니 곧 그의 기뻐하심을 따라 그리스도 안에서 때가 찬 경륜을 위하여 예정하신 것이라 이는...(×)

〈개역개정판〉이나 합동 측의 수정안은 서로 의미상의 차이가 없다. 그러나 〈한글킹제임스성경〉과 비교하면, 『신비(mystery)』를 비밀로 오역했고, 『자신 안에 있는 것들까지도 만물을(all things... *even* in him)』이라는 말씀을 삭제했으며, 『하나로 함께 모으려는 것이니라(might gather together in one).』는 말씀을 "통일되게 하려 하심이라"고 오역했다.

(84) 히 2:16, 확실히 → 진정으로

〈한글킹제임스성경〉은 『진실로(verily)』이다. 〈개역개정판〉이나 수정안은 둘 다 의미 전달은 되지만, 〈한글킹제임스성경〉의 본문이 우리말에 더 적합한 표현이다.

(85) 히 6:9, 곧 구원에 속한 것이 있음을 확신하노라(×) → 곧 구원에 속해 있음을 확신하노라(×)

〈개역개정판〉과 합동 측의 수정안은 둘 다 오역이다. 〈한글킹제임스성경〉의 『너희에게는 더 좋은 일들과 구원과 함께 올 일들(things that accompany salvation)이 있음을 확신하노라.』는 말씀이 헬라어 원문(*ἐχόμενα σωτηρίας*)의 정확한 번역이다. 〈개역개정판〉과 합동 측의 수정안은 "에코메나"(*ἐχόμενα* ; 함께 올 ; accompany)의 의미를 분별하지 못하고 오역한 것이다.

3. <개역개정판>에서 <개역한글판>으로 이미 환원이 완료된 사례 – 4곳의 4개 사례

이미 환원된 4곳은 예장합동이 1998년 〈개역개정판〉 초판이 출간된 이후에 문제 제기를 통해 〈개역성경〉의 본문대로 다시 개정해야 한다고 요구한 것들 중에서 제88회 예장합동 총회보고서를 제출할 당시 〈개역개정판〉 제3판(2003년)에 이미 개정되었다고 보고한 사례이다.

※ 다음에 제시되는 사례들은 "**성경 구절**, **〈개역한글판〉**의 본문 ← **〈개역개정판〉**의 본문" 순서이다. 나머지 기술 방식은 위의 사례와 같다.

1) 구약 : 2곳의 2개 사례

(86) 사 40:22, 땅 위 궁창(×) ← **둥근 땅 위**(○)

〈한글킹제임스성경〉의 『원형의 지구 위(upon the circle of the earth)』는 히브리어 원문대로(עַל־חוּג הָאָרֶץ) 정확하게 번역한 것이다. 〈한글킹제임스성경〉을 따라 〈개역개정판〉이 수정되었으나, 합동측의 요구에 따라 다시 〈개역성경〉으로 되돌림으로써 변개되었다.

(87) 시 10:14, 외로운 자(×) ← 외로운 자(×)

〈한글킹제임스성경〉의 『가난한 자(the poor)』가 히브리어 "헬레카"(חֵלְכָה)의 바른 번역이다. 〈개역성경〉과 〈개역개정판〉의 1,2,3판이 모두 "외로운 자"로 동일한 본문이다. 따라서 총회보고서에는 (p.462) 제시되어 있지만, 실제로는 변화가 없는 것으로 수정 요구 사항에 해당되지 않는다. 이는 수정안을 연구한 교수들의 오류이다.

2) 신약 : 2곳의 2개 사례

(88) 히 2:2, 모든 범죄함과 순종치 아니함이(○) ← 모든 범죄함과 순종하지 아니한 자들이(×)

〈한글킹제임스성경〉의 『모든 범죄와 불순종(every transgression and disobedience)』이라는 번역이 히브리어 원문대로(*πᾶσα παράβασις καὶ παρκοὴ*) 정확한 것이다. 〈개역개정판〉은 "불순종"이라는 뜻의 "파라코에"(*παρκοὴ*)를 "순종하지 아니한 자들"로 오역했으나 3판에서 〈개역성경〉의 본문으로 다시 수정했다.

(89) 벧전 1:2, 순종함과 예수 그리스도의 피뿌림을 얻기 위하여 택하심을(○) ← 순종하고 예수 그리스도의 피뿌림을 얻기 위하여 택하심을(×)

〈한글킹제임스성경〉의 『순종함과 예수 그리스도의 피뿌림으로 택함 받은 자들에게 *편지하노니,*』가 바른 번역이며, 〈개역개정판〉의 "순종하고"는 오역이다. 또한 〈개역성경〉과 〈개역개정판〉의 "피뿌림을 받기 위하여 택하심을 받는 자들"이라는 번역은 교리적으로 극단적 칼빈주의 체계를 가르치기 위해 변개된 것이다.

4. <개역개정판>의 난외주에 새로운 내용을 첨가해야 한다고 주장한 사례 - 2곳의 2개 사례

(90) 창 24:48, 나의 주인의 동생의 딸 → 난외주, '또는 손녀'(×)

〈한글킹제임스성경〉의 『내 주인의 형제의 딸』이 히브리어 원문대로(אֶת־בַּת־אֲחִי אֲדֹנִי) 정확하게 번역한 것이다. 난외주에 있는 "손녀"라는 뜻은 원어에 전혀 없다.

(91) 삿 4:11, 모세의 장인 호밥 → 난외주, '또는 처남'(×)

〈한글킹제임스성경〉의 『모세의 장인 호밥』은 히브리어 원문대로(חֹבָב חֹתֵן) 바른 번역이다. 합동 측의 수정안 '처남'은 원문을 무시한 채 인간적 편견으로 성경을 변개한 것이다. 모세의 장인은 이드로(출 4:18), 호밥(판 4:11, 민 10:29), 르우엘(출 2:18) 등의 이름들로 불려졌는데, 성경 시대에 한 사람이 2-3개의 이름을 가지고 있던 것은 흔한 일이었다.

이와 같은 91개 사례들 중에서 〈개역성경〉이 옳은 경우는 36곳, 〈개역개정판〉의 번역이 옳은 경우는 10곳밖에 안되며, 두 번역이나 수정안이 모두 변개된 경우가 34곳이고, 둘 다 문제 없는 경우는 2곳뿐이다. 그런데 이중에서 대한성서공회와 합동 측이 수정을 합의한 곳은 단지 23곳 7개 사례뿐이다. (교계 신문들에서 마치 91곳이 모두 수정됐다거나, 33곳이 수정됐다는 것은 근거 없는 주장이다.) 실제로 〈개역개정판〉의 1998년 초판과 2000년 2판, 2003년 3판을 비교해 본 결과 91곳 중에서 2판에서 5곳이 수정되었고(창 15:6, 시 106:31; 109:6, 출 21:11, 판 4:11), 3판에서 18곳(시 5:8; 24:5; 36:6; 51:14; 71:2,19,24; 72:3; 103:17; 111:3; 119:40,142; 143:1,11; 145:7, 사 40:22, 히 2:2, 벧전 1:2)이 수정되었다.

그런데 91곳 중에서 65곳이 오류임에도 불구하고 교리적 신학적 문제가 없다고 수용한 예장합동 측은 성경에 대해 논할 만한 자격이 없다. 또한 당초 351곳에 대해 수정을 요구하며 영적 혼란을 초래하는 조잡한 번역이라고 비평했다가 겨우 23곳의 7개 사례를 수정해 놓고서 신학적 문제가 없다고 결론짓는 합동 측은 전혀 하나님의 말씀을 존중하지 않은 것이며, 또 교세 확장과 교단의 이익과 권한에만 관심 갖고 수정안을 단지 협상용으로 사용했던 것이다(이런 교단과 그 지도자들을 신뢰할 수 있겠는가!).

이런 사실을 증명하듯 합동 측은 「우리 교단 번역진을 교세비율에 맞게 참여키로 하여 교단 '몫'을 제대로 챙겼다는 평가다.」라고 자평하고 있다(기독신문, 2005.10.5). 그러나 교계 일각에서는 합동 측의 합의가 번역진을 3-4명으로 확대함은 물론, 장기적으로는 이사진도 교세비율로 확대함으로써 대한성서공회에 대한 합동 측의 권한을 강화하기 위한 수순이라고 평가하고 있으며, 또한 협상 중에 거대 교단으로서 많은 수의 성경 판매 대가를 합동 측에 지불해야 한다고 요구했던 합동 측이 단지 번역위원을 추가하는 것으로 합의했겠는가에 대한 의심스런 평가가 있는 것도 사실이다.

한편 대한성서공회는 〈개역개정판〉을 한국 교회의 예배용 성경으로 각 교단이 채택하게 함으로써 이익을 취하는 데에 몰두한 나머지 가장 많은 성경을 판매할 수 있는 교단인 합동 측이 수정안을 제시하면 받아들이겠다는 협상안을 냈는데, 이 역시 소위 성경을 번역, 출판하는 공공기관으로서 책임과 자격이 없다는 것을 증명한다. 이미 수정한 23곳에 대해서 수정을 하면 잘못이라고 판단하면서도 〈개역개정판〉을 채택하게 하기 위해서는 자신들의 번역 기준도 버리고 성경의 단어를 바꾸는 성경 변개자인 것이다. 또한 대한성서공회나 합동 측은 물론, 〈개역개정판〉의 사용을 이미 결정했던 교단들 역시 변개된 성경의 실상도 바르게 판단하지 못한 채 영적 혼란을 초래하는 번역본을 성도들에게 제시한 책임을 피할 수 없다. 이와 같은 사실에 근거해서 대한성서공회와 예장합동 측을 전혀 신뢰할 수 없다고 단정하는 바이다.

그러나 누구든지 하나님을 두려워하며 바른 성경을 찾기 위해 기도하고 찾는다면 하나님께서 주신 그 성경을 가까운 곳에서 발견하게 될 것이다.

4

변개된 <개역개정판>을 선전하는 사람들의 죄

하나님께서 영감으로 주신 성경은 역사를 통해 성경대로 믿는 그리스도인들의 손에 전해져 왔으며, 지금도 마찬가지다. 누구든지 자신이 들고 있는 성경이 보존된 성경인지, 아니면 변개된 성경인지 분별하지 못한다면 그 사람은 성경에 관한 한 하나님의 영의 인도를 받지 못하고 있는 것이다. 이 땅에 하나님께서 주신 성경은 1994년 4월 12일, 〈한글킹제임스성경〉이 출간된 이래 지금까지 지속적으로 그리스도인들의 손에 들려지고 또 확산되고 있다. 평범한 그리스도인으로서 성령의 인도를 받는 수십만의 성도들과 목회자들이 보존된 바른 성경인 〈한글킹제임스성경〉을 하나님의 말씀으로 믿고 사용하고 있는 것이다.

그러나 잘 알려진 교회의 목사들은 변개된 성경과 바른 성경을 분별하는 데 영적인 눈이 감겨진 채 변개된 〈개역개정판〉을 선전하고 있기에, 선의의 그리스도인들이 악영향을 받지 않기를 바라며, 또한 이들

대한성서공회의 선전요원 목사들이 바른 진리로 돌이키기를 바라는 마음으로 이미 앞에서 제시한 〈개역개정판〉의 변개의 실상을 근거로 그들의 죄를 지적하여 바로잡고자 한다.

1. "정확하지 않고 쉽지도 않은 성경"에 속고 있는 한국 교회

성경의 가치는 그것이 인간의 책이 아니라 하나님의 말씀으로, 믿음과 실행의 모든 문제를 판단하는 최종권위라는 사실에 있다. 이와 같은 권위를 지니는 근거는 성경이 하나님의 영감으로 주어진 절대 진리의 말씀이기 때문이며(딤후 3:16, 요 17:17), 이것이 모든 문제를 판단할 수 있는 정확성을 보증해 주는 것이다. 성경의 정확성은 성경의 가치를 좌우하는 첫 번째 핵심요소이다. 따라서 성경 번역의 제1원칙은 읽기 쉬워야 한다는 것이 아니라 정확해야 한다는 것이다. 성경의 정확성이 전제될 때 읽기 쉽다는 원칙도 의미를 지닐 수 있다. 성경을 번역한다는 것은 수용언어를 사용하는 사람들이 읽고 이해할 수 있도록 하기 위함이다. 그런데 번역본이 쉽게 이해된다거나 어렵다는 것은 상대적인 평가이지만, 번역의 정확성은 절대적인 평가이다. 그러므로 절대 평가에서 변개된 것으로 판명된 번역본은 단지 쉽게 이해된다는 이유만으로는 성경의 가치를 지닐 수 없다는 점을 분명히 깨달아야 한다. 이 사실이 본 논고에서 고찰하고자 하는 〈개역개정판〉을 바르게 판단하는 중요한 기준이 될 것이다.

〈개역개정판〉과 〈개역성경〉의 첫 번째 문제점은 변개된 원문에서 번역되었기 때문에 단어나 절 전체가 삭제되었고, 단어들이 첨가되기도 했으며, 또 바른 단어들이 잘못된 단어들로 대체됨으로써 심각하게 왜곡된 본문을 지니고 있다는 것이다. 둘째, 1911년, 1938년, 1961년이라는 출간 연도에서 보듯이 당시에는 사용되었으나 현재는 사용하지 않는 어려운 한자어들과 번역상의 미비한 점들이 많이 있다. 셋째, 한글맞춤법이 시대에 따라 변화함으로써 현재의 맞춤법에 따르면 잘못된 표현들이 많이 있다. 그런데 〈개역성경〉으로는 더 이상 성경 판권을 유지할 수 없게 되는 시점이 다가오자 대한성서공회는 〈개역성경〉의 첫 번째 문제점, 즉 변개된 원문으로 인한 삭제와 첨가와 대체 등으로 유발된 교리적 오류들은 사실상 수정하지 않고, 두 번째와 세 번째의 문제점, 즉 어려운 한자 표현이나, 소소하게 잘못 번역한 오류들 및 한글맞춤법에 따라 대폭적으로 개정하여 발행한 것이 〈개역개정판〉이다. 변개된 〈개역성경〉의 핵심적인 문제에 대해 일반 목회자들이나 교인들은 그 심각성을 알지 못하기 때문에 〈개역개정판〉에 대해 쉬워졌다고 하고 또 현대어 표현이 나온다고 좋아하지만 실제로는 변개된 핵심 부분들은 전혀 개선되지 않았다. 대한성서공회가 이 불량품 〈개역개정판〉을 그럴듯하게 포장하여 선전하고 있기 때문에 한국 교회가 속고 있는 것이다.

2. 변개된 <개역개정판>을 선전하는 사람들의 거짓말과 오류들

2007년 현재 한국 교회의 17개 교단에서 〈개역개정판〉을 사용하겠다고 결의했다.[39] (하지만 80% 이상의 지역 교회들은 여전히 〈개역성

39) 〈개역개정판〉을 사용하겠다고 결의한 교단들의 총회 연도와 교단은 다음과 같다 : 1998년 기독교대한감리회, 1999년 기독교한국침례회, 1999년 대한예수교장로회(통합), 1999년 한국기독교장로회, 2000년 기독교대한성결교회, 2001년

경〉을 그대로 사용하고 있다.) 변개된 〈개역개정판〉을 예배용으로 사용하겠다는 각 교단의 결의는 바른 검증을 통해 선택한 것이 아니라 교단 정치에 따라 내려진 잘못된 결정이었다. 변개된 〈개역개정판〉을 만든 대한성서공회와 〈개역개정판〉을 채택하고, 선전하는 사람들은 변개된 구절들에 대한 진상을 파악하고 자신은 물론 선의의 성도들을 치명적인 독초로 인도한 죄에 대해 철저히 회개해야 한다.

대한성서공회는 〈개역개정판〉을 각 교단과 지역 교회들에서 사용하도록 하기 위해 정치력을 발휘하고 각종 선전 수단들을 이용했는데, 한 방법이 잘 알려진 교회의 목사들을 선전요원으로 활용한 것이다. 변개된 〈개역개정판〉을 선전하는 사람들에 대한 다음 인용문은 대한성서공회의 웹사이트와 홍보책자들에 소개된 것들이다.[40]

1) 민영진 (대한성서공회 총무)

> "쉽고 정확한 개역개정판, 원어의 의미까지 고려한 정확하고 바른 표현, 최근의 편집 본문인 구약성경(BHS)과 신약 그리스어 성

기독교대한복음교회, 2004년 대한예수교장로회(대신), 2004년 기독교한국루터회, 2004년 기독교대한하나님의성회, 2005년 대한기독교나사렛성결회, 2005년 대한예수교장로회(합신), 2005년 대한예수교장로회(합동), 2005년 대한예수교장로회(개혁국제), 2006년 대한예수교장로회(합동정통), 2006년 구세군대한본영, 2006년 대한예수교장로회(고신), 2007년 대한예수교장로회(개혁A)

40) 대한성서공회 공식 웹사이트(www.bskorea.or.kr); 민영진, 『개역개정판 이렇게 달라졌다』(서울: 대한성서공회 성경원문연구소, 2003); 『개역의 전통을 잇는 한국 교회 예배용 성경 개역개정판』(대한성서공회, n.d.).

> 경(GNT UBS 4판)까지 철저히 대조하여 원문의 의도를 보다 명료하게 표현하였습니다."

앞에서 살펴본 변개의 증거들에 따르면, 〈개역개정판〉은 전혀 쉽거나 정확하지 않으며, 사용된 원문 역시 변개된 히브리어, 헬라어 편집본이고, 이 원문도 무시한 채 변개된 사례들도 많이 있다.

> 〈질문〉 "일부에서는 [개역개정판에 대해] 신학적으로 문제가 있다는 지적까지 내놓고 있는데요?" 〈답〉 "이 문제에 관한 한 어느 신학자나 목회자도 책임 있는 지적을 한 바가 없습니다. 여러 가지 비난들이 있었던 것은 사실입니다만 그러나 폄하는 지난 6년 동안 충분히 고의적 폄하로 검증이 끝났습니다."
>
> "번역이나 개정과 관련된 신학적인 문제에 대해서는 대한성서공회는 아무런 입장이 없습니다. 개정작업을 한 것은 대한성서공회가 아니라, 각 교단에서 파송된 개정위원들이 한 것입니다... 번역도, 개정도, 한국 교회가 한 것입니다. 다만 대한성서공회는 이 일을 추진하는 한 매체의 구실을 한 것뿐입니다."

한국 교회의 교단들, 특히 이익을 취하기 위해 대한성서공회와 야합한 예장합동 측이 고의적인 폄하를 하기도 했지만, 신학적 문제를 지적한 것을 수정했던 것에 비춰 보면 민충무의 발언은 거짓말이다. 또한 본 학회가 신학적, 교리적으로 〈개역성경〉과 〈개역개정판〉의 변개에 대하여 지난 20년 동안 명백한 증거들과 함께 제시해 왔음에도 불구하고 거

거짓말을 하고 있다. 한편 대한성서공회의 판단과 필요에 따라 개정 계획이 수립되고, 개정안이 만들어졌으며, 민충무도 공식적으로는 개정심의위원일 뿐만 아니라, 예장합동 측과의 협상에서 수정 요구를 하면 고치겠다고 공언한 것은 민충무였는데 〈개역개정판〉에 대한 책임을 회피하고 있는 것이다.

2) <개역개정판> 감수위원

(1) 김중은(장로회신학대학교 교수) : 「개역개정판은... 원전에 충실한 개정과 정확한 감수로...」

(2) 도한호(침례신학대학 교수) : 「개역개정판은... 하나님의 말씀을 온전하게 보존하고 이해하는 바른 길을 제시하였을 뿐 아니라...」

두 교수를 포함하여 각 교단에서 파견된 18명의 감수위원들은 변개된 원문에 따라 번역되고 개정된 〈개역개정판〉의 실상에 내해 어떤 반증도 하지 못하면서 원문에 충실하고 정확하다고, 또 하나님의 말씀을 온전하게 보존했다고 미혹하는 말을 함으로써 한국 교회를 속이고 있다.

3) 대한성서공회의 선전요원 목사들

다음에 제시되는 목사들은 실제로 성경 원문비평학과 번역에 관한 한 전혀 전문가들이 아니며, 〈개역개정판〉을 면밀하게 검토하지도 않았다. 그러면서도 한국 교계에서 잘 알려진 교회의 목사들로서 〈개역개정판〉

에 대한 자신들의 말이 자신들보다 더 무지한 사람들에게 악영향을 미칠 수 있음을 주의하지도 않았다. 이들 목사들은 〈개역성경〉과 〈개역개정판〉의 변개된 실상에 대한 그들의 무지함을 결코 변호하거나 정당화할 수 없다. 이 땅에는 수십만의 평범한 그리스도인들이 변개된 〈개역성경〉과 〈개역개정판〉의 실상을 깨닫고 바른 성경인 〈한글킹제임스성경〉을 사용하고 있음에도, 소위 목자로서 양들에게 푸른 초장이 아닌 독초로 인도하고 있는 것은 양들을 치고 돌보라는 주님의 명령에 불순종한 큰 죄를 지은 것이다. 이들 목사들은 사람들 앞에서 높임을 받아 추천서를 쓴 것은 물론, 성도들을 비진리로 인도한 것이 하나님 앞에서 가증한 죄임을 깨달아야 할 것이다(눅 16:15).

(1) 손인웅(덕수교회 목사)

> "개역개정판을 사용하는 것은 성도들의 신앙의 도움을 주는 일이 확실하므로 목회자들이 목회적 소신을 가지고 결단하는 일이 중요합니다. 그리고 성서공회에서는 '개역개정판'의 우수성을 잘 홍보해서 목회자들이 결단할 수 있도록 도와야 합니다."

대한성서공회의 이사인 손목사는 〈개역개정판〉의 홍보에 더욱 적극적이다. 〈개역개정판〉이 성도들의 신앙에 도움을 준다는 것은 그의 착각이다. 손목사는 먼저 〈개역개정판〉이 얼마나 변개되었는지에 대한 증거 구절들을 비교해 보아야 할 것이다. 그리고 양들을 독초가 가득한 풀밭으로 인도해 놓고도 그것을 목회적 결단이라고 말하는 궤변을 철회해야 한다.

(2) 유경재(안동교회 목사)

"하나님의 말씀을 보다 정확하게 읽고 전하는 것은 교회에 주어진 대단히 중요한 사명임을 인식하고 이를 위한 끊임없는 노력을 경주할 때 한국 교회 일치와 개혁이 이루어질 것이다."

유목사는 교회의 사명을 인식해야 한다고 말로만 했을 뿐 실제로는 전혀 이 사명을 수행하지 않았으며 또 하지도 못하고 있다. 변개된 성경을 추천하는 것은 하나님의 말씀을 보다 정확하게 읽게 하거나 전하는 것이 아니다. 또한 변개된 성경으로 일치하는 것은 다 함께 모여서 하나님을 대적하는 일이다.

(3) 이종윤(서울교회 목사)

"개역개정판 성경은 한국 성서 신학의 연구 결과가 반영된 원문의 의미에 더욱 가까운 성경입니다... 보다 쉽고 정확한 성경으로 말씀을 더 가까이하며 서로 나눌 때에, 성도와 교회가 함께 성장해 나갈 것입니다."

〈개역개정판〉은 원문의 의미에 더욱 가까운 성경이 아니라 먼 성경이다. 〈개역성경〉의 어려운 한자가 일부 수정되어 쉽다고 하나 여전히 쉬운 성경이 아니며 결코 정확한 성경도 아니다. 〈개역성경〉처럼 똑같이 변개된 〈개역개정판〉으로는 성도와 교회의 성경적인 성장은 있을 수 없다. 이목사가 말한 한국 성서 신학의 연구 결과는 보존된 성경과 변개된 성경을 구분하지 못하는 신학이다.

(4) 이수영(새문안교회 목사)

> "이제 21세기를 맞은 한국 교회가 개역개정판 성경의 보급을 통해 보다 바른 말씀의 이해에 기초한 부흥의 길을 갈 수 있기를 기대해 봅니다."

〈개역개정판〉은 위에서 제시한 변개 사례들에서 보는 것처럼 바른 말씀이 아니다. 따라서 말씀에 기초한 부흥은 기대할 수 없다. 나쁜 나무에서는 나쁜 열매가 나기 때문이다(마 7:17,18).

(5) 옥한흠(사랑의교회 목사)

> "무슨 말인지 이해가 금방 되지 않는 용어도 개역개정판을 읽으면서 '아, 이 의미였구나.' 하고 쉽게 파악할 수 있었고, 더욱이 현대 사람들이 전혀 쓰지 않는 말들이 손질이 되었기 때문에 이제 갓 믿은 사람도 성경을 펴면 그렇게 어렵지 않게 말씀을 묵상할 수 있고 또 그 말씀을 마음에 담을 수 있게 되었습니다."

옥목사는 변개의 실상에는 눈을 감은 채 단지 어려운 한자어나 현대어가 아닌 옛날 표현들만이 〈개역성경〉의 문제점이라고 인식하고 있을 뿐이다. 그는 변개의 핵심은 모른 채 무책임하게 변개된 성경의 선전 요원이 된 것이다.

(6) 이정익(신촌성결교회 목사), 옥한흠(사랑의교회 목사)

> "교파를 초월하여 '개역'으로 '하나의 성경'을 사용해 온 아름다운 전통은 한국 교회의 장점이며 앞으로도 지켜나가야 할 자랑스러운 유산입니다. 이 아름다운 전통을 '개역개정판' 성경으로 이어받아 한국 교회가 화합과 일치를 이루어 민족 복음화에 기여할 수 있기를 바랍니다."
>
> "지금까지 한국 교회는 하나의 성경을 사용하는 것으로 참 전 세계에 자랑거리가 되었었습니다. 이번 개역개정판도 한국 교회 모두가 함께 사용함으로써 우리는 하나다, 우리는 한 주님을 섬기는 거룩한 교회, 한 공동체라는 것을 다시 한번 세상 앞에 널리 과시할 수 있게 되었습니다."

바른 성경이 없는 상황에서 변개된 성경을 인간적인 전통에 따라 선택의 여지없이 사용해 온 것을 이목사가 '아름다운 전통,' '한국 교회의 장점,' '자랑스런 유산'이라고 말하는 것은 전혀 타당하지 않다. 또한 옥 목사도 변개된 성경을 쓰는 것이 전 세계의 자랑거리라는 자신의 말이 얼마나 수치스러운 일인지 알고 있는가? 유대인들이 그들의 인간적인 전통을 지키기 위해 진리이신 예수 그리스도를 거부했던 것처럼 한국 교회가 변개된 성경을 사용해 왔던 잘못된 전통을 지키려고 바른 성경을 거부하고 있는 것이다. '하나의 성경 전통'이란 미혹의 영을 따른 속임수이다. 〈개역성경〉을 사용해 온 한국 교회의 교단들은 하나가 아니며, 신학과 교리도 하나가 아니다. 사실을 사실대로 말하지 않는 사람은 목사의 자격이 없다. 소위 '하나의 성경 전통'이라는 말은 바른 성경을 거부하도록 하기 위한 모토로 사용되는 속임수일 뿐이다. 변개된 성경으로 이루어진 화합과 일치는 변질된 기독교일 뿐이며, 세상에 과시할 일도 아니며, 성경적인 복음화는 더욱더 기대할 수 없다.

(7) 홍정길(남서울은혜교회 목사)

"〈개역개정판〉 성경으로 우리 민족의 미래를 이끌어갈 기독청년을 바르게 키우십시오."

변개된 성경으로는 성경적인 그리스도인 청년을 키울 수 없다. 한국식 기독교의 수준으로 보면 겉은 그럴듯하지만 영적 능력이 없는 죽은 젊은이들이 나올 뿐이다.

앞에서(제3장, 제5장 3) 살펴본 바와 같이 변개된 〈개역개정판〉의 실상에도 불구하고, 〈개역개정판〉을 홍보하는 분별없는 학자들과 목사들은 누구인가? 먼저 〈개역개정판〉을 출간한 대한성서공회(민영진 총무)와 개정위원들과 감수위원들은 자신들의 오류와 무책임한 개정에 대해 회개해야 할 것이다. [개정실무위원은 나용균, 나채운, 민영진, 박창해, 윤영탁, 전혜영, 정길남 등이며, 각 교단에서 파송된 개정감수위원은 강성찬, 강홍

복, 김영백, 김이곤, 김중은(서기), 도한호(서기), 명성훈, 박병진, 박재택, 배제민, 송재석, 엄현섭, 오병세, 오택근, 유영기/조병수, 이대용, 이상훈(위원장), 최의원 등이다.」[41)]

또한 대한성서공회 보고에 따르면, 2007년 현재 〈개역개정판〉을 사용하기로 결정한 교단은 1998년 기독교대한감리회, 1999년 기독교한국침례회, 1999년 대한예수교장로회(통합), 1999년 한국기독교장로회, 2000년 기독교대한성결교회, 2001년 기독교대한복음교회, 2004년 대한예수교장로회(대신), 2004년 기독교한국루터회, 2004년 기독교대한하나님의성회, 2005년 대한기독교나사렛성결회, 2005년 대한예수교장로회(합신), 2005년 대한예수교장로회(합동), 2005년 대한예수교장로회(개혁국제), 2006년 대한예수교장로회(합동정통), 2006년 구세군대한본영, 2006년 대한예수교장로회(고신), 2007년 대한예수교장로회(개혁A) 등 17개 교단이다. 그런데 이들 교단 총회는 〈개역성경〉을 버리고 〈개역개정판〉을 선택해야 한다는 신뢰할 수 있는 연구를 하거나 그 결과를 공개한 적이 없다. 그런데도 이런 결정을 내릴 만큼 한국 교회는 영적으로 죽어 있는 것이다.

또한 대한성서공회의 〈개역개정판〉을 선전하는 데 자신의 이름과 사진을 내건 목사들, 즉 강신원(노량진교회), 손인웅(덕수교회), 옥한흠(사랑의교회), 유경재(안동교회), 유관지(목양교회), 이동원(지구촌교회), 이수영(새문안교회), 이정익(신촌성결교회), 이종윤(서울교회), 이중표(한신교회), 조영준(정동제일감리교회), 최건호(충무성결교회) 목사

41) 도한호, 「개역한글판성경 개정의 의의와 방법」, 『성경원문연구』(서울: 대한성서공회, 1998년 2월/통권2호), p.20.

등과, 전현직 교단총회장들(정광영, 윤기열, 윤철중, 안종대, 박정식, 김경식, 최병두, 이정복, 고용남, 윤기석, 김순권, 김진호, 이용규, 최창용, 김옥남, 이상호, 황승기...)은 하나님께서 『모든 일을 시험하여 보고 선한 것을 붙잡으라.』(살전 5:21)고 하신 말씀을 저버리고 성도들에게 악한 것을 추천한 무지하고 무책임한 죄를 회개하고 성도들을 바른 성경으로 돌이키도록 이끌어야 할 것이다.

하나님께서는 한국 교회 앞에 『생명의 길과 사망의 길』(렘 21:8)을 두시면서 『사람에게 옳게 보이는 길이 있으나, 그 끝은 죽음의 길들이니라.』(잠 14:12; 16:25)고 경고하신다. 대한성서공회와 한국 교회는 자신들이 〈개역개정판〉이라는 죽음의 길로 이끄는 안내자이며, 영적으로 눈먼 자들임을 깨달아야 한다.

또한 이 땅의 무지하고 무책임한 학자들과 목사들, 이익을 취하는 목적에 따라 변개된 성경들을 확산시키는 대한성서공회와 출판사들은 『믿음과 선한 양심을 붙들라. 어떤 사람들은 믿음에 대한 선한 양심을 내던지므로 파선하였느니라.』(딤전 1:19)는 말씀을 경청하고 자신들의 『마음과 양심이 다 더럽혀져』(딛 1:15) 있다는 사실을 깨닫고 돌이켜서 『회개에 합당한 열매』(마 3:8)를 맺어야 한다. 그것은 바른 성경으로 돌아가는 것이다. 그리스도인이 모든 문제를 판단하는 최종권위인 성경을 분별하는 것은 가장 중요한 과제이다. 당신이 성령의 인도를 받는 그리스도인이라면 그분께서 당신을 모든 진리로 인도하실 것이다. 또한 성령의 인도를 받는 그리스도인들은 어떤 성경을 믿고 사용하는가에 따라 자신이 따라야 할 선한 목자를 분별해야 할 것이다.

제 6 장 : 결론

변개된 성경을 버리고 바른 성경으로 돌아가야 한다

1

변개된 성경을 버리고 바른 성경으로

일본이 한국과 관련된 많은 역사를 "왜곡"했다는 사실에 대해 모르는 한국인이 얼마나 될까? 거의 없다. 반면에 일본이 역사를 왜곡했다는 사실을 아는 일본인은 얼마나 되겠는가? 왜 대부분의 일본인들은 역사를 바르게 알지 못하고 있는 것일까? 마땅히 사실을 기록하고 가르쳐야 할 위치에 있는 사람들이 옳지 않은 목적으로 진실을 가리고 거짓을 사실처럼 가르쳐왔기 때문이다. 이는 바로 일본의 통치자들과 학자들이 역사책을 왜곡했기 때문에 가능했다. 따라서 역사에 관한 한 무지한 일본인들은 진실을 알지 못하고 거짓을 사실처럼 믿고 있는 것이다.

그러나 우리는 일본인들 가운데서도 왜곡된 역사가 아니라 바른 역사를 알고 그 사실을 가르치거나 글로 쓰는 사람들을 종종 보게 된다. 그들은 바른 지식이 있으며, 바른 양심과 태도를 지닌 용기 있는 사람들이기에 사실 그대로 옳은 것을 말하는 것이다. 두 가지 역사 가운데 어떤 것이 진실인가? 일본인들이 알고 있는 역사와 한국인들이 알고 있는 역사가 둘 다 옳은 역사인가? 동시에 두 개의 역사가 맞을 수는 없다. 상충되는 두 개 가운데 하나는 진실이고 다른 하나는 거짓이다.

이와 같이 진실과 거짓이 뒤바뀐 것은 비단 한국과 일본의 역사에만 국한된 것이 아니다. 지난 120년 동안의 한국 교회의 역사는 물론, 2,000년 동안의 신약교회사, 4,800년 동안의 성경의 역사가 "왜곡"되어 오늘날 한국 교계 대다수의 그리스도인들이 바른 역사를 알지 못하고 있다. 특히 성경의 역사는 가장 근본적인 문제를 안고 있는 분야이다.

지난 세기 동안 정통 기독교 신앙이 바르게 정착하지 못했기 때문에 이 땅의 교회들이 "기형적인 한국식 기독교"로 자리잡게 되었으며, 이러한 열매는 신앙의 유일한 근거가 되는 성경이 바르게 전수되지 못했던 것에 그 원인이 있다. 성경의 모든 단어들이 서로 짝을 이루어 스스로 해석해 주는 것처럼 성경적 정통 신앙 역시 철저히 성경에 근거하기 때문에 바른 믿음과 실행이 전체적으로 서로를 지지해 주고, 다시 바른 성경을 통해서 바른 믿음과 실행 또한 교회사에 대한 바른 지식과 함께 유기적으로 연관되어 성경적 정통 신앙을 형성할 수 있는 것이다.

그러나 불행하게도 한국 교회는 그렇지 못했다. 그 근본 원인은 처음에 성경과 기독교가 전래될 때 바른 성경이 아니라 "변개"된, 즉 "왜곡"된 성경이 전래되었고, 그런 성경을 사용하는 사람들의 신학과 실행이 전수되었기 때문이다. 이것을 추적하면 2,000년 교회사와 4,800년의 성경의 역사 가운데 왜곡된 사실들이 이 땅에 먼저 정착되었음을 확인하게 된다. 문제는 변개된 성경과 그 성경을 사용하는 사람들 및 그 신학과 실행이 먼저 자리잡았다는 것이다. 그 결과 거짓이 진리의 자리를 너무도 오랫동안 차지하고 있었기에 지금에 와서 진리가 선포되어도 생소할 뿐만 아니라 마치 거짓처럼 여겨지는 것이다.

바른 역사 지식과 바른 마음과 태도를 지닌 용기가 있는 일본인들이 왜곡된 역사를 바로잡는 진실을 말하듯이 이 땅에서도 바른 지식과 마음을 지닌 용기 있는 하나님의 사람들, 바로 성경대로 믿는 사람들이 이제야 성경적 정통 신앙의 토대를 바르게 세우고 그 정착을 위해 분투하고 있는 것이다.

오늘의 한국식 기독교가 가지고 있는 근본적인 문제는 무엇인가? 바로 성경이다. 개인에 따라 믿음의 깊이나 진실함이 각기 다르다. 하나님께서는 모든 사람의 믿음을 획일적으로 만들지 않으신다. 그렇다면 개인의 믿음, 나아가 교회와 이 나라의 믿음의 상태와 실행에 문제가 있다고 진단했을 때 그 원인을 어디서 찾겠는가?

성경적 원칙이 배제된 학문적 접근에 따른다면 한국 사회의 시대적인 환경, 구조적인 문제 등 주변의 여건들을 제기할 수 있겠지만, 성경에 근거해서 믿음과 실행의 문제를 진단한다면 그것은 바로 "하나님의 말씀"인 "성경"에서 기인한다. 이는 『믿음은 들음에서 나오며 들음은 하나님의 말씀에 의해서』(롬 10:17) 나오는 것이기 때문이다. 그렇다. 모든 믿음과 실행의 문제는 성경으로 귀결된다. 성경에 기록된 대로 믿고 실행하는 것이 참된 그리스도인의 신앙이기 때문에 이것을 흉내내는 사람들 역시 잘못된 인용과 해석일망정 성경을 언급하는 것이다. 이렇게 성경이 차지하는 위치와 그 권위는 다음과 같은 단적인 예로 충분히 확인되고도 남는다.

"사람이 죽으면 어떻게 되는가?"라는 질문에 대해 사람들은 각기 자신들이 믿는 바를 이야기한다. 어떤 사람들은 죽으면 끝이라고 믿고, 다른 사람들은 죽으면 다시 태어난다고 믿으며, 또 어떤 사람들은 죽으면 죄인은 지옥에 가고 구원받은 사람은 하늘 나라로 간다고 믿는다. 또 어떤 부류는 죽으면 어떻게 될지 모른다고 답함으로써 문제를 회피한다. (마지막 답변은 질문에 대한 대답은 아니지만 통용되고 있다.) 이 네 가지 답변이 인류 역사를 통해 계속되었다. 그렇다면 사람이 죽으면 정말로 어떻게 되겠는가? 각자 자기가 생각한 대로 되는 것인가? 결코 그렇지 않다. 믿음과 실행의 최종권위인 성경은, 모든 사람은 죄인이며(롬 3:23) 죄의 삯은 사망이기 때문에(롬 6:23) 사람이 한 번 죽는 것은 정해진 것이고 그 뒤에는 심판이 있다고 말씀한다(히 9:27). 또한 죄인은 이미 영원한 정죄가 선고되어 지옥에서 영원히 형벌을 받을 것이지만, 예수 그리스도의 피로 속죄함받은 사람들은 하늘 나라로 갈 것을 말씀한다. 이러한 믿음과 이것을 전파해야만 하는 근거는 무엇인가? 이 믿음이 옳고, 절대진리라고 할 수 있는 근거는 무엇인가? 오직 "성경"이다. 성경은 예수 그리스도만이 구원을 받을 수 있는 유일한 이름임을 증거한다(행 4:12). 그분만이 길이요, 진리요, 생명이며, 그분을 통해서만 아버지께로, 즉 하늘로 갈 수 있다(요 14:6). 성경이 전 세계의 다른 모든 종교들과 가르침, 그 종교인들과 종교학자들이 틀렸다고 말씀하시는 것이다. 성경이 말씀하시기 때문에 이 믿음이 진리요 다른 모든 주장은 거짓일 뿐이다. 이것이 성경의 역할과 권위이다.

그러나 성경 말씀과는 다르게 다른 종교에도 구원이 있다고 가르치는 신학자들과 교계 지도자들이 있으며, 이러한 사람들을 존중하고 따르며 이들과 연합하는 것이 한국 교계이다. 바로 성경이 믿음과 실행의 최종권위임을 부정하는 증거이다. 문제는 성경으로 판단해야 하는데, 한국 교계의 신앙은 이미 〈개역성경〉과 같은 변개된 성경으로 형성된 신앙 노선이기 때문에 성경 따로 자신의 믿음과 실행 따로가 되어 버린 것이다. 한국식 기독교로 전락한 현 상태에서 과연 어디서부터 다시 시작하여 정통 신앙을 정립할 수 있는가? 바른 성경으로 돌아가야 한다. 그리고 그 성경을 모든 믿음과 실행의 최종권위로 삼아야 한다. 이것이 한국식 기독교에서 벗어날 수 있는 첫 걸음이자 토대가 되는 것이다.

어떻게 바른 성경을 분별하여 성경으로 돌아가며 최종권위가 제 역할을 할 수 있는가?

우선적으로 성경이 하나님의 말씀이라는 사실을 "마음으로" 믿어야 한다. 이 믿음의 진술은 대부분의 사람들이 믿는 것처럼 말하지만 실제로는 믿지 않는다. 단지 지식으로, 또는 머리로 믿는 것이 아니라 주 예수 그리스도를 나의 구주로 믿고 영접하듯이 "마음으로" 성경이 하나님의 말씀임을 믿는 것이다. 이러한 믿음이 자리잡으면, 성경은 그 권위가 발휘될 수 있다. 하나님의 말씀은 진리이다(요 17:17). 그러므로 우리가 절대적으로 믿고 따라야 할 것이며, 성경이 말씀하시면 기록된 그대로 되리라고 믿는 믿음이 필요하다. 『나는 하나님을 믿나니 나에게 말씀하신 그대로 되리라』(행 27:25).

이와 같이 그리스도인은 반드시 성경에 대한 바른 믿음을 지니고 그 말씀을 존중해야 한다. 그리스도인이 하나님의 뜻을 어떻게 알고 그대로 행할 수 있겠는가? 하나님께서 우리에게 주신 성경(딤후 3:16)을 통해서 그렇게 할 수 있다. 그러나 성경 자체에 대한 믿음이 올바르지 않다면 그 안에 계시되어 있는 하나님의 뜻을 올바로 깨닫고 이행할 수 없는 것이다. 따라서 성경에 대한 그릇된 자세나 태도를 제거해야만 한다.

성경이 하나님에 관해서 사람들이 쓴 책이라고 생각하는 자유주의자들의 신학이 이 땅에 누룩처럼 확산됨으로써 바른 신앙을 방해하고 있다. 그러나 이러한 견해는 성경에 기록된 창조와 이적들을 부정하는 것이며, 동정녀 탄생과 피의 속죄, 부활 등의 근본적인 믿음 자체도 수용할 수 없는 것이기에 바른 믿음과 판단이란 결코 기대할 수 없다. 그런데도 많은 무지한 사람들이 이러한 자유주의의 영향 아래 있고 또 이들을 훌륭한 신학자요 교계의 지도자로 따르고 있는 것이 한국 교계의 모습이다. 바로 여기서 돌이켜야 한다.

또 한 부류의 사람들이 있는데, 이들은 성경이 하나님의 말씀을 "포함하고 있다"고 생각하며, 또 그 말씀을 대하는 사람들에게는 성경이 부분적으로 하나님의 말씀이 "된다"고 생각하는 "신정통주의"나 "신복음주의"자들이다. 이들은 성경에서 신앙의 문제를 제외한 역사적, 과학적 진술은 오류를 지니고 있으며, 각각의 구체적인 사실 진술에 있어서도 오류가 있다고 생각한다. 그 결과 성경은 모든 문제에 있어서 판단의 절대기준이 되지 못하며, 권위를 지니지 못한다. 성경의 권위를 믿는다고 말은 하지만 실제로는 역시 부정하고 있다. 여기서도 돌아서야 한다.

"정통주의"에 속한 대다수의 보수적인 사람들은 성경이 하나님의 말씀으로 역사적, 과학적 사실뿐만 아니라 초자연적인 기록에 있어서도 절대 오류가 없다고 믿는다. 그 이유는 성경의 글자 하나하나가 영감을 받아서 기록되었다고 믿기 때문이다. 이러한 믿음이 기본적으로 갖추어야 할 믿음이다.

그러나 한편으로 성경이 무오한 하나님의 말씀이라는 믿음을 지니고 있으면서도 바로잡아야 할 한 가지 문제가 있다. 그것은 최초에 기록된 원본만이 온전하고 권위있는 성경이며 필사본이나 번역본은 온전하고 권위있는 성경일 수 없다는 잘못된 견해이다. 성경은 온전한 하나님의 말씀이지만 최초의 원본이 없어진 오늘날에는 처음과 같은 권위를 지닌 성경이 존재하지 않는다는 주장은 하나님께서 자신의 말씀을 영원토록 보존하시겠다는 약속(시 12:6,7)을 믿지 못하는 데서 나오는 불신의 표현이다. 또한 원본이 없어진 상황이기 때문에 여러 가지 성경들을 동시에 수용해도 좋다는 주장은 일견 옳게 보이지만 유일하고, 최종적이며, 절대적인 권위로서의 하나님의 말씀을 제거하려는 상대주의적 사고체계에서 유래한 생각일 뿐이다. 바로 이러한 불신이 배교의 원인이다. 하나님께서는 성경을 주셨음에도 불구하고(딤후 3:16) 사람들은 권위있는 한 가지 성경이 없다고 부정하는 것이 한국 교회의 현실이다.

하나님께서 영감으로 기록하신 그 성경은 동일하게 하나님의 사람들을 통해 보존되었다(시 12:6,7, 마 5:18, 막 13:31, 계 22:18,19). 영감받은 성경을 필사하는 사람이, 또는 번역하는 사람이 영감받은 것이 아니다. 필사자들과 번역자들을 성령님께서 진리로 인도하시고 이끄실 때(요 14:26), 처음에 영감받은 그 성경 말씀을 그대로 필사하고 번역할 수 있었다. 그 필사본과 번역본은 영감받은 말씀을 그대로 기록했기 때문에 그 필사본과 번역본 역시 영감받은 처음의 성경과 똑같은 권위를 지니고 있다. 이는 하나님의 섭리로 보존된 필사본과 번역본은 영감받은 말씀을 다 기록하고 있기 때문이다. 바로 한국 교계에는 하나님께서 주신 성경이 어떤 것인가를 확증해야 한다. 그 성경으로 돌아가야 한다. 여기서부터 시작해야 한다.

한글 〈개역성경〉을 비롯한 여러 한글 번역본들에는 삭제되고 첨가된 단어들과 구절들이 들어 있음은 물론 오역된 곳도 여러 곳 있다. 현재 사용되는 한글 성경들을 비교해 보면 신·구약 전체에서 각기 약 30,000 군데의 차이를 보이고 있다. 〈개역한글판성경〉과 〈공동번역〉, 〈표준새번역〉, 〈현대인의 성경〉, 〈현대어 성경〉, 〈개역개정판〉은 모두 많은 구절들에서 단어와 절을 삭제하고 첨가하고 대체하였으며, 이러한 변개로 교리적 오류는 그 심각성이 상상을 초월한다. 그러나 이러한 성경들이 모두 하나님께서 주신 성경이라면 하나님께서 기록하신 그 말씀이 성경들에 따라 다르게 기록됨으로써 하나님께서 의도하시고 말씀하신 것이 사람들에게 다르게 전달되는 모순을 낳는 것이다. 그러므로 한국 교계가 최소한 바른 신앙의 첫 출발을 바로 하기 위해서는 이들 번역본들이 동시에 다 옳다고 인정해서는 안 된다. 다른 것은 같지 않으며, 하나님께서는 한 가지 성경만을 쓰셨기 때문이다. 따라서 무엇보다 우선되어야 할 것은 바로 하나님께서 우리에게 주신 말씀을 정확히 제시한 성경이 어떤 성경인가를 분별하는 것이며, 그 성경을 통해 하나님의 뜻을 올바로 알고 실천하는 것이다.

그러나 아직도 "현재는 완전한 성경이 없다는 생각을 가지고 여러 성경들을 비교해서 보는 것이 바람직하다."라는 태도를 지닌다면, 여러 성경들을 수용하고 또한 동시에 추천함으로써 결국에는 자신이 믿는다고 말하는 바와는 다르게 현재 자신은 하나님께서 주신 성경을 가지고 있지 않음을 스스로 입증하는 셈이다. 여러 종류의 성경을 동시에 인정하는 것은, 뒤집어 생각해 보면 절대적이고 최종적인 하나의 성경이 존재하지 않는다고 믿는 것이기 때문이다. 이는 하나님께서 하나의 성경을 기록하신 것에 대치되는 생각이다. 많은 사람들이 이러한 오류에 머물고 있다.

결론적으로 한국 교회는 성경에 대한 평범한 믿음이 필요하다고 하겠다. 평범한 믿음이란 성경이 하나님의 영감으로 무오하게 기록되었다는 믿음이며, 그 성경이 시대를 거쳐 섭리적으로 보존되었다는 믿음이다. 따라서 현재 사용하는 "성경"이 처음의 원문과 같은 권위를 지닌 하나님의 말씀이라는 믿음이다.

이것은 성경대로 믿는 그리스도인들에게 항상 있었던 평범한 믿음이다. 또한 종교개혁을 주도한 주요 원리들 가운데 하나도 개혁자들이 "성경의 유일하고, 절대적인 권위"를 믿었다는 것이다. 즉 성경이 그들에게 있어서 모든 판단의 최종권위가 되었던 것이다. 그 시대에도 여러 성경들이 있었지만 개혁자들과 분별력 있는 그리스도인들은 그 가운데서 올바른 성경이 어떤 것인가를 제시할 수 있었다. 이제 한국 교계도 하나님께서 주신 성경을 찾고, 읽고, 암송하고, 가르치고, 전파해야 한다. 한글 〈개역성경〉과 〈개역개정판〉을 비롯한 번역본들이 변개되어 결코 하나님의 권위있는 말씀이 아니라는 것은 일본의 역사 왜곡과 같이 너무나 분명한 성경적, 역사적, 필사본 증거가 있다.

어떤 성경이 하나님께서 우리에게 주신 성경인가? 삭제된 성경과 삭제되지 않은 성경 가운데 어떤 것이 하나님의 말씀인가? 하나님께서 영감으로 기록하시고 섭리로 보존하신 성경이 어떤 성경인가? 마땅히 진리를 바로 분별하고 가르쳐야 할 사람들이 바른 지식과 마음과 용기를 가지고 판단하여 진리를 선포해야 하며, 모든 그리스도인들이 개인적으로 주님을 만나야 하듯이 개인적으로 분별하고 확신해야 한다.

하나님의 뜻대로 섬기기 원한다면, 또 하나님께 인정받는 그리스도인으로 발견되기 원한다면 자신의 생각을 버리고 철저히 성경으로 돌아가야 한다. 증거 자료는 이미 제시되어 있다. 한국 교회가 사람을 기쁘게 한다면 결코 하나님의 교회일 수 없다. 심판석에서 영원한 후회만이 있을 것이다. 세상에서 인정받기 원하면 결코 하나님께 인정받을 수 없다. 지금 택해야 한다. 하나님을 기쁘시게 하기 원한다면 바른 성경으로 돌아가야 한다. 그러면 진리의 영께서 당신을 모든 진리로 인도하실 것이다(요 16:13). 바른 성경으로 돌아가지 않는 한 한국식 기독교는 결코 하나님께서 기뻐하시는 정통 신앙으로 변모될 수 없다.

2

<한글킹제임스성경>의 역사와 열매

최초의 우리말 성경인 〈예수셩교젼셔, 1887〉부터 가장 최근의 한글 번역본들에 이르기까지 제도화된 교단을 중심으로 이루어진 한글 성경 번역의 역사는 성경 변개의 역사이다. 〈한글킹제임스성경, 1994〉을 제외한 한글 번역본들은 변개된 원문에서 번역되었을 뿐만 아니라 수많은 오류들을 양산해 냈기 때문이다. 이렇게 우리말 성경을 비뚤어진 길로 가게 한 주범은 다름 아니라 성경을 번역, 출간한다는 대한성서공회와 그들과 함께한 교계 지도자들이다. 변개된 성경으로 인해 한국 교회는 비성경적인 한국식 기독교가 되었으며, 성경적 교리와 신앙은 거의 찾아보기 어렵게 되었다. 그러나 진리를 갈구하는 이 땅의 그리스도인들을 위해 하나님께서는 〈한글킹제임스성경〉이 번역, 출간되도록 하셨으며, 이 성경을 통해 하나님의 능력있는 역사가 계속됨으로써 한국 교회 앞에 많은 열매들을 내고 있다.

그동안 말씀보존학회는 월간 〈성경대로믿는사람들〉과 단행본 도서들을 통해서 〈한글킹제임스성경〉에 근거하여 다양한 분야들에 대한 성경적인 기사들과 연구 논문을 제시함으로써 이 땅에 바른 성경과 바른 교리, 바른 신앙이 정착되도록 꾸준히 노력해 왔다. 특히 모든 믿음과 실행의 근간이 되는 바른 성경의 역사는 물론, 성경 변개의 뿌리와 나쁜 열매들에 대한 성경적 비평을 통해서 바른 성경을 찾는 일과 바른 교리를 전파하며, 바른 신앙을 지키기 위한 성경적 대안을 제시해 왔다. 이제 〈한글킹제임스성경〉의 역사와 열매를 고찰함으로써 한국 교회가 바른 성경의 열매를 보고 바른 성경으로 돌아가는 데 도움이 되기를 바란다.

성경은 1,600년에 걸쳐서 기록되었으며, 현존하는 책 중에서 가장 오래된 책이다. 세상의 모든 책들 가운데 사람들의 손에 들려져서 5년 이상 살아남은 책은 1,000권 당 1권이 채 안되며, 20년 이상 살아 남은 책은 10,000권 당 7권도 채 안된다. 그리고 100년 이상 지속된 책은 10만 권 당 1권이 채 되지 않는다. 그런데 성경은 약 3,500년이 지난 지금도 가장 사랑받는 책으로 살아남아 있다.[42] 그 이유는 성경이 인간의 저작이 아니라 전능하신 주 하나님의 저작으로서 하나님의 말씀이기 때문이다.

이와 같이 성경이 참으로 하나님의 말씀인가를 검증하는 신뢰할 수 있는 시금석은 예언이다(계 19:10). 성경 이외의 그 어떤 책도 감히 앞

42) 피터 럭크만, 『조직신학 I』 (서울: 말씀보존학회, 1995), p.27.

일을 내다보지 못한다. 왜냐하면 그 책들은 하나님의 책이 아니기 때문이다. 반면 성경에 기록된 800가지 이상의 예언 중에서 300가지는 이미 문자적으로 모두 성취되었고, 나머지는 주님의 재림과 함께 성취될 것이다. 하나님께서는 자신이 참 하나님이심을 예언의 성취로 입증하시는데(사 41:22,23), 성경이 예언들과 그 성취를 기록하고 있는 것이다. 따라서 하나님께서는 성경을 영감으로 기록하시고(딤후 3:16) 섭리로 보존하셔서(시 12:6,7) 지금 우리의 손에까지 들려주셨다. 하나님께서 우리에게 주신 성경이 우리의 모든 문제를 판단하고 결정하는 최종 권위이다. 그러므로 바른 성경은 그리스도인의 바른 신앙을 결정하는 중대한 문제가 아닐 수 없다.

1. 성경 보존의 역사 - 하나님께서 주신 성경

역사를 통해 하나님께서는 그분의 말씀을 지속적으로 보존해 오셨으며, 세계 각국의 언어로 성경을 주셨다. 우리말로 번역된 성경의 역사를 보면, 기독교가 전래된 지 130년이 지난 뒤에야 바른 원문에서 우리말로 번역되었다.

A.D. 100-325년 사이에 그리스도인들이 갖고 있었던 성경은 "원본들"이 아니었다. 성도들이 가지고 있었던 것은 자그마한 책으로 이 책은 그리스도께서 지상에 계셨을 때 사용되었던 히브리어 성경과 당시의 헬라어 철자와 문법으로 필사된 사본들이었다. 이 성경은 소아시아에서 시작하여 전 세계로 확산된 시리아-비잔틴 필사본의 본문이었으며, 또 여

기서 성경들이 번역되었다. 팔레스타인의 펠라에서(A.D. 80), 안티옥에서(A.D. 100), 시리아에서(A.D. 150), 이탈리아의 교회에서(A.D. 180), 남부 프랑스의 교회에서(A.D. 200), 영국의 켈트 교회에서(A.D. 300), 발칸반도와 독일에서(A.D. 400), 비잔틴 제국에서(A.D. 312-1453) 이 성경이 보존되었는데, 이 사실은 A.D. 400년부터 현재까지 유아세례를 거부했던 성경대로 믿는 사람들의 역사를 통해 확증된 것이다. 이 성경은 알비겐스, 보도파, 페트로부르시안, 불가리안, 폴리시안, 파테린, 보고마일, 위그노, 재침례교도 등이 사용한 성경이었다.[43)]

역사를 통해 시대마다 하나님께서 주신 성경이 있었는데, 히브리어를 사용하는 사람들에게는 구약의 히브리어 성경을, 헬라어를 사용하는 사람들에게는 신약의 헬라어 성경을, 시리아어를 사용하는 사람들에게는 〈시리아 페쉬타〉를, 라틴어를 사용하는 사람들에게는 〈구라틴어성경〉을, 고트어를 사용하는 사람들에게는 울필라스의 〈고트어성경〉을, 불어를 사용하는 사람들에게는 〈올리베탄성경〉을, 독일어를 사용하는 사람들에게는 〈루터성경〉을, 영어를 사용하는 사람들에게는 〈킹제임스성경〉을, 스페인어를 사용하는 사람들에게는 〈레이나-발레라성경〉을 주심으로써 각 시대마다 사람들에게 맞게 하나님께서는 성경을 주셨다. 이러한 가운데 하나님께서 〈한글킹제임스성경〉을 번역하고 출간하게 하심으로 한글로도 바른 성경을 주셨다는 사실은 분별력 있는 그리스도인들에게 진정 감사와 찬양의 제목이 아닐 수 없다. 참된 그리

---

43) David Otis Fuller, *Which Bible?* (Grand Rapids, Mich.: Institute for Biblical Textual Studies, 1975), pp.187,223,224.

스도인들은 하나님께서 주신 성경으로(딤후 3:16) 하나님의 사역을 신실하게 수행하기 때문이다.

이와 같이 하나님께서 역사를 통해 보존하신 히브리어 구약성경은 〈야곱 벤 하임의 맛소라 원문, 1524-1525〉이며, 헬라어 신약성경은 에라스무스부터 엘지버에 이르기까지 편수된 〈표준원문, TR〉으로 현재 영국의 트리니테리안성경공회에서 출간하고 있다. 이 두 성경을 영어로 완전하게 전수한 〈킹제임스성경〉은 하나님께서 영화롭게 하신 최고의 성경이다.[44]

2. 번역과 출간 - 하나님의 사람과 손길

하나님께서 그분의 뜻을 이루실 때 일하시는 방법은 언제나 그 일에 적합한 하나님의 사람을 택하신다는 것이다. 특히 성경 기록과 보존도 예외가 아니다. 하나님께서는 그분의 거룩한 선지자들과 사도들을 택하셔서 하나님의 말씀을 선포하고 또 기록하게 하셨다(벧후 1:21). 성경 기록이 완료된 후 성경이 필사되고 번역되는 역사에서도 이 사실을 확인할 수 있다.

초기 성경 필사와 번역에는 이방인들을 위한 사도로 부름받은 바울이 가르쳤던 시리아 안티옥에서 필사본들이 전래되고, 초기 번역본인

---

44) 말씀보존학회에서 출간한 『하나님께서는 한 가지 성경만을 쓰셨다』, 『하나님께서 지키신 성경』, 『뉴에이지 성경 역본들』, 『현저한 차이』 등과 같은 책들을 참고하시오.

구시리아어 역본과 구라틴어 역본 등이 번역되었다. 또한 문자가 없던 고트인들을 위해 알파벳 문자를 만들어 고트어 역본을 번역한 울필라스(Ulfilas, A.D. 350)는 보존된 고트어 성경을 위해 선택받은 하나님의 사람이었다.[45] 군인이었다가 그리스도인이 되어 선교사가 된 메슬롭(Mesrob, A.D. 361-439)은 울필라스가 고트인들을 위해 했던 것처럼 아르메니아어의 알파벳을 만들었고, 그것이 그의 아르메니아어 신약성경 번역에 사용되었으며, 그는 바른 성경을 번역하는 데 쓰임받았다.[46] 슬라브어 역본은 A.D. 792-816년경에 사이릴(Cyril, d.869)과 메도디우스(Methodius, d.885) 형제에 의해 번역되었는데, 이들도 슬라브어로 기록할 수 있는 알파벳을 만들었고, 이들은 보헤미아, 모라비아, 폴란드 등에 복음을 전했으며, 이들이 사용한 헬라어 본문은 비잔틴 필사본의 본문으로서[47] 보존된 원문에서 번역된 바른 성경이었다.

또 하나님께서는 인쇄된 헬라어 표준원문(Textus Receptus)을 위해 에라스무스, 스테파누스, 베자, 엘지버 등을 사용하셨으며, 독일어 성경을 번역하는 데 마틴 루터를 사용하셨고, 〈루터성경〉을 저본으로 유럽의 여러 언어들로 성경이 번역되었다. 프랑스어 성경을 위해서 올리베탄을, 이태리어 성경을 위해서는 디오다티를, 스페인어 성경을 위해서는 레이나-발레라 등을 사용하셨다. 또한 〈킹제임스성경〉을 위해서는

---

45) Peter S. Ruckman, *The Christian's Handbook of Manuscript Evidence* (Pensacola Fla: Pensacola Bible Press, 1976), pp.81,208.

46) Ruckman, Ibid., p.101.

47) Ruckman, Ibid., p.102; Bruce M. Metzger, *The Text of the New Testament* (Oxford University Press, 1992), p.85.

제임스왕을 선택하시어 탁월한 번역자들(존 레이놀즈, 리차드 밴크로프트, 조지 애봇, 토마스 래비스, 헤네리 세이빌, 토마스 빌슨, 마일즈 스미스 등 54명)을 통해 번역하게 하셨다.

이와 같이 바른 한글 성경의 번역을 위해서도 대한항공 747 조종사였던 하나님의 사람 이송오 목사님을 선별하여 신학을 공부하게 하셨는데, 특히 원문비평학을 전공하는 길을 열어 주시고 한글 성경의 문제들을 일깨워 주셔서 우리 나라 최초로 바른 원문인 헬라어 〈표준원문〉에서 사복음서(1988)와 신약성경(1990)을 번역하여 출간하게 하셨고, 계속해서 구약 번역을 완료하여 1994년 4월 12일에 〈한글킹제임스성경〉이 출간되었다. (바른 성경이란 보존된 원문에서 의도적인 변개없이 직역한 성경을 말한다.)

하나님께서 사용하신 하나님의 사람들은 그들의 개인적 특성이나 기질, 그리고 모든 인생여정이 하나님께서 사용하시기에 가장 적합한 그릇이 되게 하기 위한 훈련이었음을 성경과 교회사를 통해 알게 된다. 마찬가지로 배교한 이 땅의 척박하고 완고한 교계를 향해 바른 성경과 진리를 선포하고 지키는 데 가장 적합한 하나님의 사람을 세우셨다는 사실은 필자를 비롯한 이 땅의 성경대로 믿는 사람들이 산 증인이다. 또한 하나님께서는 처음 출간된 사복음서와 신약성경을 통해 그분의 뜻에 맞는 동역자들을 이끌어 주셔서 협력하게 하셨다.

하나님께서 주관하시는 하나님의 일에는 반드시 하나님께서 선택하신 한 사람이 있고, 사역에 필요한 손길들을 주시며, 또한 재정적 필요를 공급해 주시는 것이 반드시 동반됨으로써 하나님의 섭리적이고 능력있는 역사를 그리스도인들로 하여금 알게 하신다. 하나님께서 1994년 이래 〈한글킹제임스성경〉을 27회에 걸쳐 인쇄하여 출간하게 하심으로써 바른 성경이 이 땅에 정착되고 있다. 이 모든 일에 하나님의 선하신 역사가 지속되고 있으며, 거의 하루도 거르지 않고 진리를 찾는 사람들의 손에 〈한글킹제임스성경〉이 들려지는 일이 계속되고 있다. 이것은 배교한 이 땅에도 하나님을 사랑하고, 또 하나님께서 사랑하시는 그리스도인들이 많이 있음을 증거하는 것이며, 이들이 있기에 하나님께서 마지막 때인 지금 이 땅에 바른 성경을 통한 그분의 역사를 이루고 계시는 것이다.

3. 한국 교계의 반응을 통한 검증

하나님의 역사에는 반드시 사탄의 방해와 공격이 뒤따르게 된다. 우리 주 예수 그리스도의 사역에도 사탄의 공격이 있었다는 사실은 구약성경과 복음서를 통해 자명하게 드러난다. 구약에서는 약속된 여자의 씨(창 3:15)를 막기 위한 사탄의 방해가 지속되었고, 주님께서 성육신하신 후에도 그치지 않았으며, 사역하시는 중에도 유대인들을 통한 공격은 계속되었다.

그동안 우리 성경대로 믿는 사람들은 『오히려 감추어진 수치스러운 일들을 버리고 교활함 가운데서 행하지 아니하고 하나님의 말씀을 거짓되이 다루지 아니하며 오직 진리를 나타냄으로써 하나님 앞에서 우리 스스로를 각 사람의 양심에 추천하노라.』(고후 4:2)는 말씀처럼 진리를 제시해 왔다. 또 『우리가 진리를 거슬러서는 아무것도 할 수 없고 오직 진리를 위해서만 할 수 있느니라.』(고후 13:8)는 말씀 앞에 부끄럽지 않게 진리를 선포해 왔다. 이것은 바울 사도가 베드로를 비롯한 일단의 사람들이 복음의 진리를 따라 올바르게 행치 아니하는 것을 보고 모든 사람 앞에서 베드로를 면박하며 바로잡음으로써(갈 2:14) 진리를 수호한 것과 같은 심정으로 이루어진 사역이다. 그런데 베드로는 진리의 말씀에 근거한 책망을 바르게 수용했으나, 이 땅의 많은 삯꾼 목자들은 그렇지 못하다. 『그러므로 내가 너희에게 진리를 말함으로써 너희의 원수가 되었느냐?』(갈 4:16)는 말씀처럼 성경대로 믿는 사람들은 진리로 인해 교계의 일부 사람들에게 원수가 되었으며, 거짓 목사들에 의해 진리의 길이 비방받고 있는 것이다(벧후 2:2).

주님께서는 이렇게 말씀하셨다. 『그러나 이제 너희는 하나님께로부터 들은 진리를 너희에게 말한 사람인 나를 죽이려고 하는도다... 내가 진리를 말하므로 너희가 나를 믿지 아니하는도다』(요 8:40,45). 그렇다. 진리가 제시되면 진리 반대편에 있는 자들은 견딜 수 없어 한다. 그렇기 때문에 진리를 믿지 않을 뿐만 아니라 대적하는 것이다. 사탄이 공격한다는 것은 그 일이 하나님의 일임을 증거하는 것이다. 하나님의 일이 아닌 것에는 사탄의 공격이 없다. 단지 있다면 육신적 분열과 육신을 도모하는 일이 있을 뿐이다. 바울의 사역도 그의 회심 이후 예수 그리스도를 증거하는 그의 초기 사역부터 순교에 이르기까지 각종 위험과 죽음의 위기와 거짓 비방과 이단이라는 혹평 등 갖가지 사탄의 방해가 있었다(행 9-28장).

주님의 말씀과 성경의 예시대로 이 땅에 변개된 성경을 바로잡고 바른 성경이 제시되며, 칼빈주의를 비롯한 비성경적인 교단 교리와 실행이 드러나게 되자 스스로를 장자 교단이라고 칭하는 장로교단을 중심으로

〈한글킹제임스성경〉과 책임번역자인 이송오 목사님에 대한 공격이 집중되었다. 바울 개인과 그의 사역에 대해 거짓 비방이 있었던 것과 같이 이송오 목사님과 성경에 대한 거짓 비방이 계속되고 있다. 또한 바울을 이단이라고 혹평했던 것처럼 동일하게 이단이라는 혹평을 하고 있다. 그러나 과연 어떤 사람들이 바울과 그 사역을 비방했던가? 구원받지 못한 유대인들, 곧 위선자인 유대 종교지도자들과 그들을 따르는 무지한 열성파들이었다(바울이 복음을 증거하는 곳을 찾아다니면서 거짓으로 비방하고 사람들을 선동했던 사람들이 이들이다). 이 땅에도 이목사님과 〈한글킹제임스성경〉을 비방하는 사람들은 구원받지 못한 거짓 목사들이거나 교단에서 육신의 이익을 취하는 정치 목사들이다.

예수님께서 진리의 말씀을 선포하시는 곳에서는 늘 분쟁이 있었다. 믿는 자들과 반대자들의 공방이었다. 바울의 경우에도 그가 선포한 말씀을 믿고 따르든지 아니면 돌아서서 반대하여 공격하는 자들이 있었다. 이 땅에도 과연 어떤 사람들이 진리의 반대편에 서 있는가? 이 땅에서 양식있는 목사들과 그리스도인들 가운데 어떤 누구도 이송오 목사님과 〈한글킹제임스성경〉을 이단이라고 말하지 않는다. 다만 진리를 대적하는 사람들이 그들 스스로의 정체를 드러내고 있을 뿐이다. 영적 전쟁에는 중간 지대가 없다. 하나님의 진영을 반대하는 자들은 구원받지 않은 마귀의 자식들이거나 마귀에게 속아서 마귀의 편에서 종노릇하는 자들이다.

<u>〈한글킹제임스성경〉에 대한 사람들의 반응은 진리의 영과 미혹의 영을 분별할 수 있는 시금석과 같은 역할을 하고 있다.</u> 왜냐하면 『진리에 속한 자는 누구나 나의 음성을 듣느니라.』(요 18:37)는 말씀에서 보듯이

미혹의 영에 사로잡힌 자들은 진리를 듣지 못하기 때문이다. 또한 바울이 진리와 분별있는 말을 했을 때 무지한 자들은 그를 미쳤다고 생각했던 것처럼(행 26:25) 생각하기 때문이다. 또 〈한글킹제임스성경〉을 비방하는 자들은 진리를 막는 자들이며(갈 3:1; 5:7), 결코 진리의 지식에 이를 수 없는 자들이기 때문이다(딤후 3:7).

교계 일각에는 가말리엘의 충고에만 머물러 있는 사람들이 있다. 사도행전 초기에 베드로와 사도들의 사역이 확산되자 진리를 거슬러 행하는 유대인들을 향해 가말리엘은 이렇게 충고했다. 『그러므로 이제 내가 너희에게 말하노니 이 사람들을 상관 말고 내버려 두라. 만일 이 이론이나 행동이 사람에게서 비롯된 것이면 곧 무너져 버릴 것이요 그것이 하나님에게서 비롯된 것이면 너희가 그것을 무너뜨리지 못할 것이니 도리어 너희가 하나님을 대적하는 것으로 알려지지 않도록 하라』(행 5:38,39). 따라서 말씀보존학회의 사역을 지켜만 보고 있는 사람들은 대적하는 것에 비해 낫다고 할 수 있으나, 분별 없음과 진리에 침묵하는 것 역시 성경은 책망하고 있음을 알아야 한다. 진리를 굳게 붙잡지 않으면 언제든지 진리의 반대편에 서게 된다.

또한 이 땅에는 니코데모와 같은 많은 목사님들과 그리스도인들이 있다. 바른 성경이 무엇인지 알고, 진리의 지식에 눈을 뜨며, 진리의 말씀에 귀가 열렸기 때문에 때가 되자 자신 안에 계신 그리스도를 시인하여 자신들을 드러내고 있는 것이다(요 3,7,19장). 또한 열성은 있으나 진리의 지식이 없는 상태에서 진리를 듣고 받아들임으로써 변화되어 귀하게 쓰임받은 아폴로와 같은 많은 사람들이 있게 될 것이다(행 18,19장). 당신은 어떤 사람이 될 것인가?

4. 열매로 나무를 안다.

한국 교계에서 한국 교회의 비성경적인 행태들을 모르는 사람이라면 무지하고 분별력이 없는 사람이다. 그런데 개혁을 외치는 자들이 개혁의 대상이 된 것이 한국 교계이며, 그들 역시 부패한 종교인들로 남아 있는 것 또한 현실이다. 겉모습은 외형적 성장으로 화려하지만, 영적으로는 죽어 있는 것이다(계 3:1). 그 근본 원인은 바른 성경이 그들의 손에 들려 있지 않기 때문이다. 종교개혁과 교회의 영적 부흥은 바른 성경이 인쇄되고 번역되어 그리스도인들의 손에 그 성경이 들려졌을 때 이루어졌음을 알아야 한다.

하나님께서 주신 바른 성경이 있으면 어떤 열매가 있게 되는가? 진리의 영이신 성령께서 내주하시는 사람이 그리스도인이다. 성령께서는 그리스도인들을 모든 진리로 인도하신다(요 16:13). 따라서 진리의 말씀이 이 땅에 출간되었을 때, 바른 성경을 보고 자신 안에 성령의 역사가 일어난 사람들은 그 성경을 중심으로 모이게 되었다. 자연스러운 하나님의 역사인 것이다. 그 결과 바른 성경을 분별해 낸 그리스도인들이 모여 하나님께 예배드리게 됨으로써 자생적으로 교회가 형성되었다. 이것이 이 땅에서 성경적인 신약 교회의 모델로 제시되는 "성경침례교회"의 시작이었다.

이송오 목사님의 가정에서 드려지던 예배가 점차 사람들이 모이게 되어 장소를 마련하게 되고, 1992년 4월 12일에는 창립예배를 드리게 되었다. 바로 이 교회가 모체가 되어 이 땅에 〈한글킹제임스성경〉의 신구약 합본이 1994년 4월 12일에 출간되었으며, 이 교회의 부속 사역들을 통해 현재까지 이 땅에서 반드시 필요한 하나님의 사역들이 시작되었고 또 열매를 맺고 있는 것이다. 이 교회는 어린아이부터 노인에 이르기까지 모든 성도가 성경을 공부하며, 구령하고 거리에서 설교하며, 한 달에 약 1,500-2,000명의 잃어버린 혼들을 그리스도께 이겨오고 있으며 재림을 소망하는 성경적 신약 교회의 모범이다. 따라서 모든 사역의 구심점인 이 교회를 파괴하려는 마귀의 공격은 반복적으로 계속되었으나 하나님께서 굳건하게 세워주셨으며, 이 교회를 통해 그분의 살아 있고 능력있는 역사를 증거로 보여 주고 계신다.

바른 성경은 무엇을 위해 주어졌는가? 그것의 첫째 목적은 "교리"를 위해서이다(딤후 3:16). 따라서 〈한글킹제임스성경〉에 근거하여 진리의 지식을 담은 바른 교리서들이 "말씀보존학회"를 통해서 출간되었다. 〈한글킹제임스성경〉의 출간 이후에는 그 열매가 더욱 풍성하게 맺혀서 영적 깊이를 더하고 진리를 전파하는 책들이 현재 200여 권 이상 출간되어 국내외에 널리 확산되고 있다. 특히 바른 성경이 출간됨으로써 교리는 물론, 책망과 바로잡음과 의로 훈육하는(딤후 3:16) 일을 담당하는 "신학과 교리의 교통정리자" 월간 〈성경대로믿는사람들〉이 1992년 3월 창간한 이래로 한국 교계를 바로잡고 진리를 제시하는 사역에 매진하고 있으며, 한 번도 쉬지 않고 출간되어 국내외에서 선교사와 성경교사와 파수꾼의 역할을 다하고 있다. 또한 매일같이 말씀보존학회로 성경 본문과 교리, 각종 실행 등에 대한 질문이 계속되고 있으며, 첨예한 문제들에 관한 조언을 구하고 있다. 이러한 현상은 이 땅에 진리의 전파자와 수호자의 역할이 무엇인가를 보여 주는 것이다. 2005년부터는 인터넷 신문

〈바이블 파워〉를 창간했는데, 이 신문은 이 땅의 젊은이들에게 바른 성경과 진리의 말씀을 제시하고, 영적 분별력을 길러주고 있으며, 많은 그리스도인 지성인들이 참여하고 방문하는 대표적인 인터넷 신문으로 청년과 교회를 변화시키는 일에 효과적인 열매를 맺고 있다.

또한 보다 효과적으로 하나님의 사역이 펼쳐지는 데 역할을 하고 있는 것은 〈한글킹제임스성경〉에 근거하여 능력있는 일꾼을 양성하는 "킹제임스성경신학대학"이 바른 성경의 큰 열매이다. 1991년부터 이 신학대학을 통해 배출된 일꾼들이 국내외에 14개의 지역 교회들을 설립했으며, 〈한글킹제임스성경〉을 들고 구령하고, 설교하며, 책을 쓰고, 번역하며, 능숙한 작가의 펜과 같이 한국식 기독교를 바로잡는 글을 쓰고 있고, 이 성경을 통해 이루어지는 모든 사역을 담당하고 있다. 그래서 한국 교계에서 제대로 성경을 배우고 하나님께 쓰임받고자 한다면 "킹제임스성경신학대학"에 가라고 많은 목회자들이 신학을 공부하고자 하는 사람들에게 조언하고 있다. 또한 인터넷을 통해 모든 강의를 듣고 공부하는 ON-LINE 과정을 통해 직접 참석하지 못하는 지방과 해외의 그리스도인들에게 큰 호응을 받고 있으며, 진리의 지식이 전파되는 데 큰 역할을 담당하고 있다.

한편 우리 나라 공교육의 폐해로 인해 그리스도인 학생들에게 성경적 교육을 하기 위하여 2003년 설립된 "서울크리스찬중고등학교"는 〈한글킹제임스성경〉을 최종권위로 믿고 실행함으로써 믿음과 실력을 겸비한 인재를 양성하는 크리스찬학교의 모범이 되고 있다. 특히 교사들은 해당 과목은 물론 킹제임스성경신학대학에서 신학을 전공한 분들로서 바른 성경에 근거한 성경적 교육을 실시하는 중추적 역할을 하고 있다. 현재 바른 성경 교육과 함께 학습능력을 배양하는 교육은 물론, 여러 분야에서 활동력을 갖추도록 하는 전인교육을 받고 있다. 이 학교는 미국의 성경대로 믿는 교회들이 미국 공교육의 부패로부터 자녀들을 지키고 〈킹제임스성경〉으로 가르치기 위해 시작한 교회학교와 같은 역할을 하고 있으며, 이 학생들 중에서 이 땅에 필요한 하나님의 일꾼들이 배출될 것이다.

이와 같은 모든 사역들은 〈한글킹제임스성경〉의 열매들이다. 이 성경이 진리를 사랑하는 그리스도인을 성별하게 했고, 바른 교리와 바른 신앙의 근거를 제공해 주었으며, 모든 판단과 실행의 기준을 제시해 주기 때문에 가능한 것이다.

결 론

필자를 포함하여 우리 모두는 하나님 앞에서 부족한 사람들이다. 하나님께서 공급해 주시는 능력과 지혜가 아니면 아무것도 할 수 없다. 하나님께서는 신실하셔서 우리에게 바른 성경을 주신 목적에 합당하게 역사해 오셨으며, 앞으로도 변함없을 것이다. 단지 우리 성경대로 믿는 사람들이 주님 앞에서 겸손하게 그분의 지혜와 능력을 구하고 순종할 때 이 모든 것은 지속될 것이다.

성경 말씀의 능력은 어떤 것으로도 대체될 수 없다. 성경 말씀을 통해 우리가 확신하는 것은 어떤 공격과 방해에도 불구하고 하나님의 말씀은 매이지 않으며(딤후 2:9), 하나님의 말씀은 성장하고 번성하며(행

12:24), 또한 하나님의 말씀은 힘 있게 융성하며 세력을 얻는다는 것이다(행 19:20). 그것이 하나님께서 주신 바른 성경의 열매이며, 증거이다. 그 증거로서의 열매들을 보는 눈과 분별력이 있는 사람들은 복된 사람이다. 왜냐하면 많은 그리스도인들이 그 증거에 눈멀어 있기 때문이며, 하나님께서 주신 성경과 교회와 진리의 지식과 교제를 향유하지 못하기 때문이다.

이 땅에는 하나님을 사랑하고, 진리를 배우며, 성경대로 살고자 하는 많은 목회자들과 그리스도인들이 있다고 믿는다. 이 땅에 바른 성경과 바른 교리와 바른 신앙을 주기 원하시는 하나님의 역사와 열매를 볼 수 있는가? 그렇다면 하나님께 감사하고 각자 자신들이 있는 곳에서 또는 그곳으로부터 성별하여 성경대로 믿는 사람들의 대열에 동참해야 한다. 누구든지 바른 성경을 통해 역사하시는 주님을 이 땅에서 시인하지 않는다면 그리스도의 심판석에서 부끄러움을 당하며 후회하게 될 것이기 때문이다.

부 록 : <개역성경>과 <개역개정판>이 변개된 증거들

1. 지옥에 관한 변개의 실상 : 실재하는 형벌의 장소인 지옥과 무덤, 음부는 어떻게 다른가?

2. 사탄의 정체에 관한 변개의 실상 : <개역성경>과 <개역개정판>이 가려버린 사탄의 정체

부록 1

지옥에 관한 변개의 실상 :

실재하는 형벌의 장소인 지옥과 무덤, 음부는 어떻게 다른가?

사람이 죽으면 어디로 가는지 모른다고 말하는 불가지론자들을 비롯해서, 죽으면 끝이라고 말하는 무신론자, 죽으면 다시 태어난다고 하는 윤회론자, 그리고 이들과 같이 성경의 신리를 거부하는 여호와의 증인이나 그 밖에 수많은 이색종파들은 성경이 기록하고 있는 지옥을 믿지 않는다. 소위 기독교인이라고 하는 사람들, 많은 목사들과 신학자들은 물론, 심지어 성경을 번역하는 사람들조차 죄인이 죽은 후에 고통과 형벌의 장소인 불타는 지옥에 가지 않는다고 믿고 있는 사실에 실로 놀라지 않을 수 없다. 이러한 비성경적 사상은 교계에 널리 유포되어 있으며, 결국 변개된 성경들에 그대로 반영되어 성경에서 "지옥"이라는 단어가 삭제되기에 이르렀다.

1. 지옥에 대한 비성경적인 주장들

성경에서 지옥을 제거하도록 영향을 끼친 비성경적인 주장들은 다음과 같다.[48]

- 불교 - 지옥은 "느낌과 감정이며 장소가 아니다."
- 유니티교 - 지옥은 "의식의 상태... 생각의 상태"이다.
- 마인드 사이언스 - 지옥은 "정신적 상태"이다.
- 〈루시퍼〉지의 편집인 헬레나 블라바츠키 - "하데스는 영원한 저주의 장소라는 우리의 개념과는 상당히 다른 곳이며, 오히려 정화의 한 중간 단계로 정의내릴 수 있다."
- 여호와의 증인 - "죽음 이후에... 불타는 지옥이 있다는 교리는 진실일 수가 없다. 죽은 사람은 의식이 없으며 아무런 활동도 하지 않기 때문이다. 그 혼은 죽어 있는 상태다."
- 여호와의 증인들의 〈신세계역〉 부록 - "[지옥은] 온 인류가 공통적으로 묻히는 장소인 무덤을 뜻한다... 단어는 고통이라는 개념을 전혀 포함하고 있지 않다."
- 암스트롱주의 - "형벌의 장소인 지옥이 있다는 생각은 민속 전설에서 유래한 것이다... 인간이 죽고 나면, 그는 죽은 상태에 있다."

---

48) Gail Riplinger, *New Age Bible Versions* (Munroe Falls, Ohio : A.V. Publications, 1993), pp.291-298, 신혜선 옮김, 『뉴에이지 성경역본들』(말씀보존학회, 1998), pp.264-270 참고.

• 성경 변개자 오리겐 – 지옥은 '비유적'인 곳이다. 마귀와 타락한 천사들은 지옥에서 빠져 나가 하늘로 돌아갈 것이다.

• ASV, NASB, Living Bible의 편집자 샤프 – 그는 "지옥이 물리적 장소라는 이론"에 반대했으며 독자들에게 "오리겐이 얼마나 위대한 인물"인지를 역설했다.

• 변개된 헬라어 신약성경(1881년)의 편집자 웨스트코트 – 지옥은 "죄에 대한 형벌의 장소가 아니며," 하데스는 "이생을 떠난 영들의 공통 거처"이다. "장소가 아니라 상태를 의미한다."

• 변개된 헬라어 신약성경(1881년)의 편집자 홀트 – 지옥은 "비유적"인 곳이다.

• 필립스 번역본의 번역자 J.B. 필립 – 지옥은 존재하는가? 필립은 말한다. "나는 그것을 심각하게 의심한다."

• NIV 편집자 래어드 해리스 – "이에 대한 수많은 신학적 이견들로 인해서, 많은 현대 번역본들은 그 단어를 번역하지 않았다... [지옥은] 당연히 영원한 죽음을 의미하는 것이다." "이 같은 견해 [지옥이 존재한다는]에는 몇 가지 문제가 따른다. 그것은... 죽음을 의미할 뿐이며... 형벌을 뜻하는 것이 결코 아니다." "NIV 번역진들은... 단어[지옥]의 의미를 결정짓는 과정에서... '무덤'의 의미가 맞다고 결론지었다... 무덤으로 번역한 것이 가장 적합한 번역이다. 이 두 단어[지옥과 무덤]는 동의어다... 무덤 속에 존재하는 것은 어두움과 육체의 분해, 흙 속에 누워 있는 것, 부패, 소멸 등일 뿐이다." "...그들은 그 의미를 독자들 스스로의 결정에 맡기고 있다..."

이와 같은 주장들은 불신자들은 물론, 신학자들과 성경 번역자 및 편집자, 일반적인 기독교인들에게 널리 공유되고 있으나 성경과는 전혀 맞지 않는 육신적인 생각으로 세상의 유치한 원리를 따른 것이다(골 2:8). 성경대로 믿는 그리스도인은 세상적인 온갖 교리의 풍조를 따르기보다(엡 4:14) 우리 주 예수 그리스도께서 선포하신 말씀을 신뢰하고 따르는 사람들이다. 그러므로 성경대로 믿는 그리스도인들은 성경이 말씀하시는 바에 경청하면 지옥에 대한 분명한 교리들을 바로 알고 분별하게 된다.

2. 지옥에 대한 성경 말씀들 : 성경은 지옥에 대해 이렇게 말씀한다.

첫째, 지옥은 죄인이 죽은 후에 가는 곳으로(시 9:17, 마 23:15,33, 잠 9:18, 계 20:13, 눅 12:5), 불타는 가운데 고통받는 형벌의 장소이다. 성경은 지옥에 대해, "지옥의 고통"(시 116:3), "지옥에서 고통받는 중에"(눅 16:23), "불꽃 가운데서 고통을 받고"(눅 16:24), "꺼지지 않는 불 속인 지옥"(막 9:43-49), "지옥의 불에서 태우느니라."(약 3:6)고 그 참혹함을 경고하고 있다. 이렇게 고통을 받는 것은 지옥에 가는 존재가 혼이기 때문이다. 혼은 영원히 죽지 않으면서 불에 타며 고통을 느끼는 존재이다(욘 2:2, 눅 16:23,24,27-30).

바로 이 지옥에서 우리 주 예수 그리스도께서 죄인들을 대신하여 삼일 낮과 삼 일 밤을 고통받으시고 우리를 의롭다고 확증하시기 위해 부활하신 것이다(시 16:10, 행 2:27,31). 주님의 사랑은 십자가에 못박히는 고통을 감수하신 것뿐만 아니라 지옥불도 친히 감내하시고 이겨내신 것이다. 이 큰 사랑과 구원을 어떻게 소홀히 여기며, 잊어버릴 수 있겠는가? 죄인들을 위해, 바로 자신들을 위해 주님께서 겪으신 지옥의 고통을 제거하며 믿지 않는 사람들이 주님의 사랑을 얼마나 알 수 있겠는가?

둘째, 지옥은 위치적으로 "가장 낮은" 곳으로(신 32:22) 땅 속, 즉 땅의 심장에 있다(마 12:40). 그래서 성경은 지옥을 설명할 때, "가장 낮은 지옥"(시 86:13), "아래 있는"(잠 15:24, 사 14:9), "땅의 아랫부분"(겔 31:16-18; 32:18-30 참고), "지옥의 깊은 곳들"(잠 9:18), "지옥으로 내려간다"(시 55:15, 겔 31:17; 32:21), "지옥으로 끌어 내려진다"(사 14:15; 57:9, 눅 10:15), "지옥으로 파고 들어간다"(암 9:2), "지옥까지 낮아진다"(마 11:23)는 등의 표현을 사용하고 있다. 에베소서 4:8-10도 『그러므로 말씀하시기를 "그가 위로 올라가실 때에 사로잡힌 자를 사로잡아 갔고 사람들에게는 은사들을 주셨다."고 하셨느니라. (따라서 그가 올라가셨다는 것은 그가 땅의 더 낮은 부분들로 먼저 내려가셨다는 것이 아니고 무엇이냐? 내려가셨던 그가 모든 하늘들 위로 올라가신 바로 그분이니 그가 모든 것을 충만케 하시려 함이니라.)』고 말씀하심으로써 지옥이 땅 속에 실제로 있는 장소임을 말씀하고 있다.

셋째, 지옥은 구조적으로 볼 때, 여러 부분들로 구분되어 있다. 성경은 지옥에 문들이 있으며(마 16:18), 우리 주 예수 그리스도께서 지옥의 열쇠들을 가지고 계신다고 기록하고 있다(계 1:18). 특히 지옥 중에는 특별한 부분이 있는데, 그것은 영들이 있는 장소이다(벧전 3:19). 이 곳은 지옥과 분리된 별개의 장소가 아니라 "지옥 안에 있는" 특정한 장소로, 성경이 "감옥," "흑암의 사슬," "영원한 사슬," "흑암" 등으로 표현하는 곳에 죄를 지은 천사들이 갇혀 있는 것이다(벧후 2:4, 유 6)[49] – 『하나님께서는 죄를 지은 천사들조차 아끼지 않으시고 지옥에 던져서 흑암의 사슬에 내어 주어 심판 때까지 가두어 두셨으며... 또 자기들의 처음 지위를 지키지 아니하고 자신들의 처소를 떠난 천사들을 주께서 영원한 사슬로 묶어 큰 날의 심판 때까지 흑암 속에 가두어 두셨느니라.』 또한 구약의 성도들이 거하던 낙원과의 사이에 커다란 구렁으로 분리되어 있는 곳이 지옥이다(눅 16:26).

지옥은 가득 차지 않으며(잠 27:20), 스스로 확장하여 한없이 입을 벌리고 있다(사 5:14). 그래서 성경은 사람이 만족할 줄 모르고 욕심을 부리는 것에 대해 지옥이 스스로 넓히는 것처럼 욕심을 넓힌다고 말씀한다(합 2:5). 혹자는 지옥에 갈 사람이 부족해서 자신이 가겠다고 두려움 없이 말하지만, 하나님께서는 그런 사람들의 허황된 말에 우롱당하지 않으신다. 누구든지 지옥에게 한 번 물어보라. 그곳이 가득 차려면 얼마나 남았는가를.

---

49) 지옥을 뜻하는 단어 "스올," "하데스," "게헨나" 외에 "타타루스"(Tartarus)가 있는데, 베드로후서 2:4에서 한 번 나온다(ταρταρώσας). 보통 "지옥"이라는 표현보다 "타타루스"라고 부르는데, 이곳은 지옥과 분리된 곳이 아니라 지옥 안에 있는 한 장소이다. (〈킹제임스성경〉은 다른 단어들과 같이 "hell"로 번역했다.)

넷째, 지옥은 시대에 따라 그 위치와 상태가 다르다. 예외적인 경우를 제외하고 구약과 현재 교회 시대에는 죄인들의 몸은 흙으로 돌아가고, 혼은 고통받는 형벌의 장소인 지옥에 가지만, 천년왕국 때에는 몸과 혼이 동시에 지옥불에 던져져서 고통을 당하게 된다(마 5:22,29,30; 10:28; 18:9, 막 9:43-47). 백보좌 심판 이후 새 하늘과 새 땅에서는 지옥이 불못으로 불리며(계 20:15; 21:8), 더 이상 땅 속에 있지 않게 될 것이다.

이와 같은 성경적 사실들을 통해 우리가 알 수 있는 것은 지옥을 믿지 않는 이색종파들과 신학자들, 성경 변개자들의 주장과 성경이 말씀하는 바가 분명히 다르다는 점이다. 성경 변개자들이 성경에서 지옥을 삭제하는 것은 단순한 실수가 아니라, 그 단어를 특정한 구절에서 제거해야만 하고, 또 다른 단어를 그 구절에 첨가해야만 하는 분명한 이유를 가지고 있는 것으로, 자신들의 이론과 사상을 근거로 판단하고 행한 의도적인 것임을 확실히 알아야 한다.

NIV는 성경에서 54회 기록하고 있는 "지옥"이란 단어를 무려 40회나 삭제했고, 대신에 죽음(death)[50], 깊음(depths)[51], 하데스(hades)[52],

---

50) 5회 - 신 32:22, 욥 26:6, 잠 15:11; 23:14, 27:20. 이러한 구절들에는 죽음을 뜻하는 히브리어 "무드"(מוּת) 또는 "마베드"(מָוֶת)는 한 번도 나오지 않지만, NIV는 지옥을 삭제하고 죽음(death)으로 대체했다. NIV는 그들 자신이 강조하는 원어를 무시한 번역으로, 결코 충실한 번역이 될 수 없다. 그들은 단지 많은 이색종파들의 교리와 일치하는 신학을 성경에 그대로 적용한 것이다.

51) 3회 - 시 139:8, 마 11:23, 눅 10:15.

52) 5회 - 마 16:18, 계 1:18; 6:8; 20:13; 20:14. 여호와의 증인 성서인 〈신세계역〉

무덤(grave)[53] 등으로 대체시켰으며, 〈개역성경〉은 41회에 결쳐 지옥이란 단어를 삭제하고 대신에 음부나 스올로 바꾸었다.[54] 이러한 지옥의 삭제는 지옥을 믿지 못하게 만들었을 뿐만 아니라, 설교 가운데 지옥을 선포할 수 없도록 했다. 변개된 성경들이 혼잡하게 해 놓은 지옥을 성경을 통해 바로 알고, 바로 믿고, 바로 가르쳐야 한다.

3. 예수 그리스도의 승천 이전과 이후

"구약과 신약"은 예수 그리스도께서 십자가에서 죽으심을 기점으로 구분되는데(마 26:28; 27:50), "사람이 죽으면 가는 곳"은 시대에 따라 몇 가지 구분을 할 수 있지만, 특히 예수 그리스도의 승천을 기점으로 크게 구분된다.

예수님의 승천 이전에 사람이 죽으면 가는 곳은 "지하세계"(Underworld)

이 히브리어 "스올"을 번역하지 않고 그대로 둔 것처럼, NIV와 NASB는 "하데스"를 번역하지 않고 그대로 두었다. 이와 같이 "하데스"를 번역하지 않고 독자들이 직접 단어의 의미를 선택하도록 한 것은 독자들이 지옥을 부정하도록 의도한 것이며, 뉴에이지 사상에 동조한 것이다.

53) 27회 - 삼하 22:6, 욥 11:8, 시 9:17; 16:10; 18:5; 55:15; 86:13; 116:3, 잠 5:5; 7:27; 9:18; 15:24, 사 5:14; 14:9,15; 28:15,18; 57:9, 겔 31:16,17; 32:21,27, 암 9:2, 욘 2:2, 합 2:5, 행 2:27,31. 무덤이라는 단어 "베이(בְּעִי), 케바라(קְבוּרָה), 케베르(קֶבֶר)" 등이 한 번도 나오지 않는데도 "지옥"이라는 말의 원어 "스올"(שְׁאוֹל)을 무시하고 모두 무덤으로 번역했다.

54) 개역성경은 각주 3)~6)에 제시된 모든 성경 구절과 누가복음 16:23에서 "지옥"을 삭제하고 음부로 번역했으며, 요나 2:2에서는 "스올"로 음역했다.

였다. 누가복음 16장의 말씀에서 보듯이 의인이 가는 낙원(아브라함의 품)과 죄인이 가는 지옥으로 두 부분이 제시되는데, 둘 다 땅의 아랫부분에 있는 것이다. 그러나 에베소서 4:8-10의 말씀에 따라 예수 그리스도께서 승천하실 때, 낙원에 있던 구약 성도들을 셋째 하늘로 데려가셨다. 그러므로 이제 더 이상 낙원은 땅 속에 있지 않고 하늘에 있게 된 것이다. 이런 이유로 고린도후서 12:1-4에서 바울이 셋째 하늘에 갔었을 때, 그는 그곳에 낙원이 있음을 보게 된 것이다. 예수님의 승천 이후에는 더 이상 구원받은 사람들이 죽으면 지하의 낙원으로 가는 것이 아니라 하늘의 낙원으로 가게 된다. 하지만 죄인은 여전히 땅 속의 지옥으로 내려간다.

구약에는, 좀더 엄밀히 말하면 예수 그리스도의 승천 이전에는 사람이 죽으면 가는 곳에 대한 일반적인 표현이 있었는데, 그것이 음부(grave, שְׁאוֹל)이다. 음부는 낙원과 지옥을 포함하는 개념으로, 죽으면 가는 곳을 통칭할 때 사용되었다.[55] 반면 예수님의 승천 이전에도 죄인들이 형벌을 받는 곳을 지칭할 때 지옥이라는 말이 사용되었다. 그러므로 신약과는 다르게 구약에는 당연히 낙원과 지옥 이외에 이 둘을 포함하는 음부라는 표현이 자주 등장하지만, 신약에는 더 이상 그럴 필요가 없다. 하늘 위와 땅 아래로 구분되기 때문에 신약에서는 지옥으로 기록하거나 아니면 하늘로만 기록하는 것이다.

---

55) C.I. Scofield, ed., *The Scofield Reference(Study) Bible* (New York, N.Y.: Oxford University Press, 1909), pp.956-957(Hab 2:5 Note), pp.1098-1099(Lk 16:23 Note).

4. 무덤, 음부, 지옥

언어적으로 구약의 "스올"(שְׁאוֹל)에 해당하는 신약의 헬라어는 "하데스"(ᾅδης)이다. "스올"이 구약에서 쓰일 때는 음부와 지옥을 다 포함하고 있기에, 음부의 의미일 때는 영어 〈킹제임스성경〉에서 "grave"로 번역되었고, 지옥의 의미일 때는 "hell"로 번역된 것이며, 〈한글킹제임스성경〉에서도 마찬가지로 "음부"와 "지옥"으로 각각 구분하여 번역되었다. 한편 영어의 "grave"는 무덤의 뜻으로 쓰일 때도 있는데, 그 때는 히브리어 "베이"(בְּעִי)나 "케바라"(קְבוּרָה), 또는 "케베르"(קֶבֶר)로 음부를 뜻하는 "스올"(שְׁאוֹל)과는 다른 단어가 사용되었을 때이다. 따라서 〈한글킹제임스성경〉에서도 히브리어의 차이에 따라 "grave"가 무덤으로, 또는 음부로 각각 구분되어 번역되었다.

성경에는 지하세계의 중요한 부분으로 "음부"(陰府)를 기록하고 있다. 음부에 대해 구약과 신약에는 히브리어와 헬라어로 총 여덟 가지로 세분되어 나오지만, 정리하면 크게 두 가지로 구분된다. 첫째는 무덤을 뜻하고, 둘째는 음부를 뜻하는 것이다.

영어 〈킹제임스성경〉에서 "grave"가 무덤을 뜻할 때, 히브리어와 헬라어는 다섯 가지로 나뉜다. 첫째, 히브리어 "베이"(בְּעִי)는, 욥기 30:24에서 한 번 나오는 단어이다. 둘째, 히브리어 "케바라"(קְבוּרָה)로 창세기 35:20부터 에스겔 32:24까지 4회 나온다. 셋째, 히브리어 "케베르"(קֶבֶר)로 창세기 50:5부터 나훔 1:14까지 총 34회 등장한다. 넷째, 헬라어 "므네마"(μνῆμα)는, 요한계시록 11:9에서 한 번 나오는 단어이다. 다섯째, 헬라어 "므네메이온"(μνημεῖον)은, 마태복음 27:52

부터 요한복음 12:17까지 8회 사용된다.[56]

이와 같은 다섯 가지의 단어들이 영어 "grave"로 번역되는데, 그 의미는 "시체나 유골을 묻는 곳"이라는 뜻으로, 우리말 "무덤"으로 번역된다(구약 39회, 신약 9회).[57]

반면 영어 "grave"가 사람이 죽으면 가는 곳이라는 일반적인 뜻인 "음부"로 사용될 때 히브리어와 헬라어는 세 가지로 나뉜다. 첫째, 히브리어 "스올"(שְׁאוֹל)인데, 창세기 37:35을 시작으로 호세아 13:14까지 총 32회 사용된 단어이다. 둘째, 히브리어 "사카트"(שַׁחַת)로 욥기 33:22에 한 번 쓰인 단어이다. 셋째, 헬라어 "하데스"(ᾅδης)는 고린도전서 15:55에서 한 번 사용된다.[58] 이와 같은 히브리어와 헬라어의 뜻으로 "grave"가 사용될 때는, "일반적으로 특정한 구분없이 죽은 사람들이 가는 곳"이라는 뜻으로, 우리말 "음부"로 번역된다(구약 33회, 신약 1회).

우리말로는 "음부" 하나이지만, 히브리어와 헬라어는 "스올," "사카트," "하데스"이나. 중요한 사실은 영이 "grave"는 히브리어와 헬

---

56) Robert Young, *Analytical Concordance to the Bible* (Grand Rapids, Mich.; WM. B. Eerdmans Publishing Co., 1991), p.432.

57) 무덤이라는 단어 "grave" 외에 영어 〈킹제임스성경〉에는 "tomb"이 10회, "sepulchre"가 70회 사용된다. "tomb"은 히브리어 "가디쉬"(גָּדִישׁ), 헬라어 "므네마"(μνῆμα), "므네메이온"(μνημεῖον), "타포스"(τάφος) 등일 때 사용되며, "sepulchre"는 히브리어 "케바라"(קְבוּרָה), "케베르"(קֶבֶר), 헬라어 "므네마"(μνῆμα), "므네메이온"(μνημεῖον), "타포스"(τάφος) 등일 때 각각 사용된다.

58) Young, *Analytical Concordance to the Bible*, p.432.

라어의 차이에 따라 "베이," "케바라," "케베르," "므네마," "므네메이온"일 때는 무덤으로, "스올," "하데스"일 때는 음부로 각기 다른 뜻을 지니고 있다는 것이다. 그래서 단지 영어 "grave"를 일관성을 강조한 나머지 모두 무덤으로 번역한다거나, 아니면 모두 음부로 번역하면 심각한 오류가 발생하는 것이다. 단어는 하나이지만 각기 다른 뜻이기 때문이다.

성경에서 지옥(hell)을 뜻하는 말은 네 가지로 구분된다. 첫째, 구약에서 사용되는 히브리어로 "스올"(שְׁאוֹל)이며, 나머지는 신약에서 사용되는 헬라어로 "하데스"(ᾅδης)와 "게헨나"(γέεννα), "타타루"(ταρταρόω)이다. 이 단어들이 나오는 경우에는 지옥(hell)으로 번역된다.

시편 16:10의 예를 살펴보자. 『이는 주께서 내 혼을 지옥에 버려 두지 아니하시며 주의 거룩하신 분으로 썩어짐을 보지 않게 하실 것임이니이다.』 여기서 지옥에 해당하는 히브리어는 "스올"인데, 이것이 신약에서 인용될 때인 사도행전 2:27에서 사용된 헬라어는 "하데스"이다. 그런데, 이 둘을 한 언어로 옮길 때는 어떻게 되겠는가? 영어로는 "hell"이며, 한글로는 "지옥"이다. 신구약의 두 개의 언어가 한 언어의 한 표현으로 정확히 제시된 것이다. 분명한 사실은 영어와 한글 성경들 가운데서는 〈킹제임스성경〉과 〈한글킹제임스성경〉만이 히브리어 "스올"(שְׁאוֹל)이 언제 "음부"(grave)의 뜻으로 기록되었으며, 또 언제 "지옥"(hell)의 뜻으로 기록되었는지를 완벽하게 구분해서 번역하였다는 것이다.

성경에서 음부가 의미하는 것은, 위에서 살펴본 바와 같이 "일반적으로 특정한 구분없이 죽은 사람들이 가는 곳"을 뜻한다(삼상 2:6, 욥

7:9, 시 89:48). 일반적으로 의인이나 악인의 구분없이 사람이 죽은 후에 가는 곳에 대한 표현으로 사용되는 것이다. 따라서 음부라는 것은 지하세계를 가리키는 것으로 그 안에 낙원과 지옥을 포함하고 있는 것이다. 반면에 지옥이라는 단어가 나올 때는 어떤 예외도 없이 불타는

한글 킹제임스 성경	**King James Bible**	**히브리어 / 헬라어의 용례**
무덤	tomb	• "가디쉬"(גָּדִישׁ) 욥 21:32 • "므네마"(μνῆμα) 막 5:5 • "므네메이온"(μνημεῖον) 마 8:28 • "타포스"(τάφος) 마 23:29
무덤 (묘)	sepulchre	• "케바라"(קְבוּרָה) 신 34:6 • "케베르"(קֶבֶר) 창 23:6 • "므네마"(μνῆμα) 눅 23:53 • "므네메이온"(μνημεῖον) 마 23:29 • "타포스"(τάφος) 마 23:27
무덤	grave	• "베이"(בְּעִי) 욥 30:24, • "케바라"(קְבוּרָה) 창 35:20 • "케베르"(קֶבֶר) 창 50:5 • "므네마"(μνῆμα) 계 11:9 • "므네메이온"(μνημεῖον) 마 27:52
음부	grave	• "스올"(שְׁאוֹל) 창 37:35 • "사카트"(שַׁחַת) 욥 33:22 • "하데스"(ᾅδης) 고전 15:55
지옥	hell	• "스올"(שְׁאוֹל) 신 32:22 • "하데스"(ᾅδης) 마 11:23 • "게헨나"(γέεννα) 마 5:22 • "타타루"(ταρταρόω) 벧후 2:4

형벌의 장소를 가리킨다.[59)]

그러나 신약에서는 언어적으로 "스올"의 동의어인 "하데스"가 구약과는 다르게 구체적인 형벌의 장소인 지옥을 지칭하기 때문에 영어 〈킹제임스성경〉에서 "hell"로, 〈한글킹제임스성경〉에서는 "지옥"으로 번역된다. 예외적으로 고린도전서 15:55에서는 살아 있는 것과 대조적으로 사망과 연관된 의미로 한 번 사용되는데, 이때 "하데스"는 영어로 "hell"이 아니라 "grave"이다. 이는 구약에서 그러했던 것처럼 일반적인 의미의 죽음에 대한 표현이다. 이 때 "grave"가 무덤이 될 수 없는 것은 그 원어가 구약의 "스올"에 해당하는 "하데스"이기 때문이다.

만약 무덤을 의미하는 구약의 "베이"(בְּעִי), "케바라"(קְבוּרָה), "케베르"(קֶבֶר) 등과 같은 단어들이 신약의 헬라어 "므네마"(μνῆμα)나 "므네메이온"(μνημεῖον) 등과 같은 단어로 기록되었다면 "grave"가 당연히 무덤이겠지만 성경은 그렇게 기록되지 않았다. 또한 구약성경의 용례가 이를 입증해 주고 있다 – 『내가 그들을 음부의 권세로부터 속량하며 내가 그들을 사망으로부터 구속하리니, 오 사망아, 내가 네 재앙이 될 것이요, 오 음부야, 내가 네 멸망이 되리라. 돌이키는 것이 내 목전에서 숨겨지리라』(호 13:14). (참고 구절 – 시 6:5; 49:14, 사 38:17,18). 이와 같이 성경은 살아 있는 것에 대한 반대 표현으로 "사망과 무덤"을 말하지 않고 "사망과 음부"를 말한다.

성경에서 다르게 기록한 것을 우리는 다르게 읽고 믿어야 한다. 또

---

59) 독자들이 직접 확인해 보기를 원한다면, 영(Young)의 성구색인사전을 이용하여 grave와 hell을 찾아 성경 구절을 비교함으로써 확신할 수 있을 것이다.

한 성경은 다른 것들 가운데 "같은 것"을 제시하기도 한다. 그러한 경우 우리는 다른 것들 속에 있는 "같은 것"을 찾아 같은 것으로 읽고 믿어야 한다. 그래서 성경은 우리에게 "진리의 말씀을 올바로 나누라."고 말씀하는 것이다(딤후 2:15).

그러나 이 말씀에 순종하지 않는 학자들과 NIV 번역자들을 비롯한 영어 성경 변개자들과, 〈개역성경〉과 〈개역개정판〉을 비롯한 변개된 한글 번역본들은 자신들이 강조하는 원어도 무시하고 자의적으로 "지옥"이라는 단어를 삭제했으며, 또한 〈한글킹제임스성경〉이 출간된 이후에 소위 〈킹제임스성경〉에서 번역했다며 혼란을 가중시키는 유사 킹제임스성경들도 무지하게도 "음부"를 제거하고 "무덤"만을 주장한다. 이들 모두는 하나님의 말씀을 훼손시키는 자들이다.

부록 2

사탄의 정체에 관한 변개의 실상 :

<개역성경>과 <개역개정판>이 가려 버린 사탄의 정체

1. 욥기 40:15, 사탄의 정체와 역사를 밝혀 주는 이름 "비히못"

– "비히못"은 "짐승들"이라는 뜻으로 사탄을 나타내는 이름이며, 사탄의 삼위일체 중의 하나로 사탄이 육신으로 나타난 "한 사람"인 "적그리스도," 즉 "짐승"과의 관계를 밝혀 주는 이름이다.

욥기 40:15에서 〈한글킹제임스성경〉은 『이제 내가 너와 함께 만든 비히못(behemoth)을 보라. 그가 소처럼 풀을 먹는도다.』라고 기록하고 있는데, 영어 〈킹제임스성경〉이 히브리어 "베헤못"(בְּהֵמוֹת)을 영어로 "비히못"(behemoth)이라고 음역(音譯)한 것을 따라 한글로 음역한 것이다. 반면 〈개역성경〉은 「이제 소 같이 풀을 먹는 하마(hippopotamus)를 볼찌어다 내가 너를 지은 것 같이 그것도 지었도다」라고 『비히못』을 「하마」라고 변개했으며, 〈쉬운성경〉과 〈NLT〉도 「하마」라고 변개했다.

한편 대한성서공회가 〈개역성경〉을 개정하여 출간한 〈개역개정판〉에서는 '하마' 대신에 〈한글킹제임스성경〉을 따라서 '베헤못'이라고 수정했는데, 난외주에는 여전히 「하마로 볼 수도 있다.」고 잘못된 설명을 하고 있으며, 〈표준새번역〉과 〈NIV〉도 난외주에 '하마 또는 코끼리'라고 잘못된 설명을 하고 있다.

히브리어에서 "베헤못"(בְּהֵמוֹת)은 "짐승들"을 뜻하는 복수 표현이며, 결코 "하마"를 뜻하는 단어가 아니다. 그렇다고 해서 이 구절의 "비히못"이 풀을 먹는 여러 종류의 짐승들 각각을 가리키는 것이 아니기 때문에 "짐승들"이라고 뜻을 전달하는 번역을 하는 것은 오역이다. 따라서 "사탄"이나 "리비야단"이라는 단어가 히브리어의 뜻을 옮긴 번역이 아니라 히브리어의 음역인 것처럼, "비히못"은 여러 짐승들의 특성을 지닌 "사탄"을 지칭하기 때문에 음역하는 것이 바른 번역이다. 이렇게 함으로써 사탄의 이름이 무엇인지, 또 그 이름을 통해 드러나는 사탄의 정체와 역사가 어떤 것인가를 성경에 기록된 대로 깨달을 수 있는 것이다.

"비히못"의 정체를 알려 주는 짐승들이 어떤 짐승들인가는 성경을 통해 확인할 수 있다. 요한계시록 13:1-3은 그 짐승들에 대해 이렇게 기록하고 있다.

『내가 바닷가 모래 위에 서서 보니, 한 짐승이 바다에서 올라오는데, 일곱 머리와 열 뿔을 가졌더라. 그 뿔들에는 열 개의 왕관이 있고 그 머리들에는 하나님을 모독하는 이름이 있더라. 또 내가 본 그 짐승은 표범과 같고, 발은 곰의 발 같고, 입은 사자의 입 같은데, 용이 자기의 능력과 자리와 큰 권세를 그 짐승에게 주더라. 또 내가 보니, 그의 머리들 가운데 하나가 상처를 입어 죽게 된 것 같았으나, 그의 치명적인 상처가 나으니 온 세상이 기이히 여겨 그 짐승을 따르더라.』

표범과 곰과 사자 등과 같은 여러 짐승들의 특성을 지닌 "한 짐승/그 짐승"은 욥기 40:15에서 "비히못"(짐승들)으로 불리는 "한 영적 존재," 즉 "사탄"이 "육신을 입고 사람의 모습으로 나타난 것"이다. 요한계시록 13:2에서 "용," 즉 사탄(계 12:9)이 자기의 능력과 자리와 큰 권세를 준 그 짐승은 바로 사탄 자신이 육화하여 나타난 "한 사람"이다(계 13:18). 성경은 짐승들의 특성을 지닌 "한 사람"(그 짐승)이 사탄의 삼위일체 중의 하나로 사탄이 육신으로 나타난 "한 사람"인 "적그리스도," 즉 "짐승"임을 분명히 밝혀 주고 있다.[60] 또한 하나님께서는 욥기 40:15에서 사탄에게 "용"이나 "리비야단"이라는 이름 외에 "비히못"(짐승들)이라는 이름으로 부르심으로써 사탄과 그의 화신인 한 사람 "짐승"과의 관계를 밝혀 주신 것이다. 그러나 이와 같이 사탄의 삼

60) 성경은 대환란 때 바다에서 올라오는 "그 짐승"을 적그리스도라고 말씀하며(계 13:1-10), 또 땅에서 올라오는 "다른 짐승"을 적그리스도를 위해 사역하는 거짓 선지자라고 말씀한다(계 13:11-17). 성경은 또한 그 짐승이 "한 왕국"을 대표하는 것이라고 계시해 주고 있다(단 7:23 -『그러므로 그분께서 말씀하시기를 "넷째 짐승은 땅 위의 넷째 왕국이 되리니 그것은 모든 왕국들과 달라서 온 세상을 집어삼키고 밟아서 산산조각을 낼 것이라』).

위일체 중에서 적그리스도와 거짓 선지자인 "짐승"을 나타내는 사탄의 이름을 변개된 성경들이 삭제함으로써 사탄의 정체와 그 활동을 분별할 수 없게 만들었다.

한편 〈개역성경〉과 〈개역개정판〉을 비롯한 변개된 성경들은 요한계시록 13:18의 『지혜가 여기에 있으니 지각이 있는 자는 그 짐승의 숫자를 헤아려 보라. 그것은 한 사람의 숫자(the number of a man)이니, 그의 숫자는 육백육십육이니라.』는 말씀에서 "한 사람의 숫자"를 단지 "사람의 수"라고 변개함으로써 짐승인 적그리스도가 사탄이 육화하여 "한 사람"(남자)으로 이 땅에 온다는 사실을 알 수 없게 했다.

2. 스카랴 11:17 "우상 목자" 적그리스도

- 우상 목자는 사탄이 육신을 입고 나타난 짐승, 곧 적그리스도와 거짓 선지자의 정체와 역사를 밝혀 준다.

〈한글킹제임스성경 / KJV〉

양떼를 버려 둔 우상 목자에게 화 있으리라! 칼이 그의 팔과 그의 오른 눈에 임하리니, 그의 팔은 바싹 마르고 그의 오른눈은 완전히 어둡게 되리라.

Woe to the idol shepherd that leaveth the flock! the sword *shall be* upon his arm, and upon his right eye: his arm shall be clean dried up, and his right eye shall be utterly darkened.

〈개역성경 · 개역개정판 / NIV〉

화 있을찐저 양떼를 버린 못된 목자여 칼이 그 팔에, 우편 눈에 임하리니 그 팔이 아주 마르고 그 우편 눈이 아주 어두우리라

"Woe to the worthless shepherd, who deserts the flock! May the sword strike his arm and his right eye! May his arm be completely withered, his right eye totally blinded!"

※ 새번역 – 쓸모없는 목자, 쉬운성경 – 못된 목자
※ NLT – worthless shepherd

〈한글킹제임스성경〉의 스카랴 11:17은 이렇게 기록하고 있다. 『양떼를 버려 둔 우상 목자(the idol shepherd)에게 화 있으리라! 칼이 그의 팔과 그의 오른눈에 임하리니, 그의 팔은 바싹 마르고 그의 오른눈은 완전히 어둡게 되리라.』 이 구절에서 『우상 목자』라는 표현은 사탄이 육화하여 나타난 "짐승"(계 13장)의 실체를 알려 주는 중요한 단어이다. 그런데 〈개역성경〉은 「화 있을찐저 양떼를 버린 못된 목자여 칼이 그 팔에, 우편 눈에 임하리니 그 팔이 아주 마르고 그 우편 눈이 아주 어두우리라」고 오역함으로써 『우상 목자』를 「못된 목자」라고 변개했다. 〈쉬운성경〉도 "못된 목자"라고 똑같이 변개했으며, 〈개역개정판〉과 〈표준새번역〉, 〈NIV〉, 〈NLT〉 등은 「쓸모없는 목자」(worthless shepherd)라고 변개했다. 따라서 이들 변개된 성경들은 성경이 밝혀 주는 "짐승"의 실체를 가려 버린 것이다.

스카랴 11:17의 『우상 목자』라는 말씀은 앞의 두 구절의 문맥에서도

그 실체를 확인할 수 있는 말씀들이 기록되어 있다.

『이에 주께서 내게 말씀하시니라. 너는 다시 어리석은 목자의 도구들을 취하라. 보라, 이는 내가 그 땅에 한 목자를 일으킬 것임이니 그가 멸망한 자를 찾아보지 아니하고, 어린 자를 찾지 아니하며, 상한 자를 치유하지 아니하고, 조용히 서 있는 자를 먹이지 아니할 것이며, 오히려 그는 살진 자의 살을 먹고 그들의 굽을 산산이 찢으리라. 양떼를 버려 둔 우상 목자에게 화 있으리라! 칼이 그의 팔과 그의 오른눈에 임하리니, 그의 팔은 바싹 마르고 그의 오른눈은 완전히 어둡게 되리라』(슥 11:15-17).

여기서 『어리석은 목자』(15절), 『한 목자』(16절), 『우상 목자』(17절)는 같은 대상으로 모두 요한계시록 13장의 짐승을 지칭한다. 예수님께서 요한복음 5:43에서 이렇게 말씀하셨다. 『내가 내 아버지의 이름으로 왔으나 너희가 나를 영접하지 아니하는도다. 만일 다른 자가 자기 이름으로 오면 너희는 그를 영접하리라.』 이 말씀처럼 아버지의 이름으로 오신 주님을 거부하고 앞으로 대환란 때에 사람들이 영접하게 될 자는 양떼를 돌보지 않고 오히려 멸망케 하는 "우상 목자"이다.

스카랴 11:17은 칼이 "우상 목자"의 팔과 오른눈에 임하게 되고 그의 팔이 바싹 마르고 그의 오른눈이 완전히 어둡게 될 것이라고 말씀하셨는데, 요한계시록 13:11-15은 사탄의 화신인 "짐승"이 "우상 목자"로 불리는 이유를 그가 상처를 입었다가 치유될 것이라고 말씀하심으로써 "우상 목자"가 누구인지 알려 주고 있다. 요한계시록 13:1-10에는 바다에서 올라오는 짐승이 나오는데 사람들은 그 짐승에게 권세를 준 용인 사탄과 그 짐승에게 경배한다. 또 땅에서 올라오는 다른 짐승에 대한 말씀도 기록되어 있는데(계 13:11-18) 그는 용(사탄)과 같이 말하며, 그 앞에 있던 첫째 짐승의 모든 권세를 행사하고 『땅과 거기에 사는 자들로 하여금 치명적인 상처를 치유받은 그 첫째 짐승에게 경배하게』(계 13:12) 한다. 또 큰 이적들을 행하는데 심지어는 사람들 앞에서 불을 하늘에서 땅 위로 내려오게 하고, 그가 첫 번째 짐승 앞에서 행할 권세를 받아 그 같은 기적들을 통하여 땅에 거하는 자들을 미혹하며, 또 땅에 거하는 자들에게 『칼로 상처를 입었다가 살아난 그 짐승을 위하여 형상을 만들어야 한다』(계 13:14)고 말하고 또 그가 "짐승의 형상"에게 생명을 주는 권세를 받아 "그 짐승의 형상"으로 말도 하게 하고, "그 짐승의 형상"에게 경배하지 아니하는 자는 다 죽이도록 한다(계 13:15). 이것을 통해 우리가 알 수 있는 것은, 처음 짐승인 적그리스도는 스카랴 11:17의 말씀대로 칼이 "우상 목자"의 팔과 눈에 임하게 되고, 치명적인 상처를 입었다가 치유받고 살아나 경배받는 대상이 되며, 그 짐승의 형상이 만들어지고 사람들은 그 형상에 경배하게 된다는 사실이다.

따라서 요한계시록 13:11-16 말씀이 설명해 주는 사탄의 화신인 "짐승," 즉 적그리스도와 거짓 선지자는 "형상"으로 만들어진 우상이며, 또 우상 숭배를 하도록 주도하는 우상 숭배자이다. 그래서 예수 그리스도를 모방하여 나타난 "짐승"(계 13장)을 스카랴 11:17에서 "우상(idol) 목자"라고 기록한 것이다. 이 구절에서 우상(idol)이라는 단어의 히브리어 표현은 "엘릴"(אֱלִיל)인데, 15구절에서 18회 사용되었다(레 19:4; 26:1, 대상 16:26, 시 96:5; 97:7, 사 2:8,19,20; 10:10,11; 19:1,3; 31:7, 합 2:18, 슥 11:17).

영어 〈킹제임스성경〉과 〈한글킹제임스성경〉을 비롯한 바른 성경들은 이 구절들에서 모두 "우상"으로 바르게 번역한 반면, 〈개역성경〉과 〈개역개정판〉은 15구절 중에 11구절에서 "우상"이라고 번역하고서도 4구절에서는(레 19:4, 대상 16:26, 시 97:7, 슥 11:17) "헛된 것들," "헛것," "허무한 것," "못된" 등으로 변개했다. 같은 뜻의 단어를 일관성 없게 오역했는데, 특히 역대기상 16:26과 시편 96:5은 같은 구절인데도 "헛것"(대상 16:26)과 "우상들"(시 96:5)로 각각 다르게 오역했다. 잘못된 숭배의 대상이 된 "우상들"을 다른 단어로 변개한 것도 심각한 일이지만, 무엇보다도 사탄의 정체와 역사를 알려 주는 핵심 구절인 스카랴 11:17에서 원문의 의미를 왜곡하여 "우상"을 "못된"이라고 변개한 것은 단순한 오역이 아니라 자신을 감추는 사탄의 역사인 것이다.

이와 같이 〈개역성경〉과 〈개역개정판〉을 비롯한 변개된 성경들은 『우상 목자』를 단순히 "못된 목자" 또는 "쓸모없는 목자"라고 변개시킴으로써 사탄의 정체와 역사를 가리고 있으며, 이 구절에서만이 아니라 성경 전체에서 사탄의 실체를 감추는 변개가 폭넓게 이루어졌으나 한국 교회가 전혀 무지한 상태에 있다는 것이 매우 심각한 문제이다. 분명히 알아야 할 사실은 변개되지 않은 바른 성경을 통해서만 진리의 지식에 이를 수 있으며, 사탄의 정체를 바르게 분별할 수 있고, 거짓 교리들을 바로잡을 수 있다는 것이다.

3. "귀신"은 없고 "마귀"는 있다

- 귀신은 마귀의 정체를 감추는 실존하지 않는 허상이다.

신구약 성경 전체에 "마귀"(devil)라는 단어가 총 118회 기록되어 있는데, 사탄을 지칭하는 단수 표현인 "마귀"가 35회 나오고, 나머지 83회는 마귀의 일을 수행하는 "마귀들"(더러운 영, 악한 영)이다. 그러나 변개된 〈개역성경〉과 〈개역개정판〉을 비롯한 한글 번역본들은 "마귀"라는 핵심 단어를 삭제하고 세상에 전혀 존재하지 않는 "귀신"이라는 단어로 대체함으로써 심각한 성경 변개를 자행했다. "귀신"의 사전적 정의는 "사람이 죽은 뒤에 남는다는 넋"이다.[61] 귀신은 샤머니즘에 따른 허구적인 개념일 뿐이며 결코 실존하지 않는다. 성경적으로, 사람이 죽은 뒤에는 하늘 나라 아니면 지옥에 가는 것 외에 세상을 떠돌거나, 다른 사람에게 들어가거나 괴롭히거나 도움을 주는 사후의 존재가 되는 것이 결코 아니다. 그럼에도 불구하고 <u>〈개역성경〉과 〈개역개정판〉은 물론 모든 한글 번역본들은 "마귀"를 "귀신"으로 왜곡함으로써 "마귀"의 실체와 그 마귀의 활동 세력들이 "마귀들"임을 알 수 없게 만들었다</u>.

신약성경에서 마귀(devil)에 해당하는 헬라어 단어는 "디아볼로스"(διάβολος)와 "다이몬"(δαίμων) 두 가지가 있다. 이 두 표현 중에 "디아볼로스"는 총 35회 나오는데, 모두 "사탄"(Satan)을 지칭하는 "마귀"(the devil)로 번역된다. 그런데 〈개역성경〉과 〈개역개정판〉은 누

---

61) 국립국어연구원, 표준국어대사전, (株)두산동아, 1999, p.763.

가복음 4:6에서 이 "마귀"라는 단어를 삭제해 버렸고, 디모데후서 2:26에서는 "마귀"를 삭제하고 대신에 "하나님"을 첨가하여 본래의 성경 말씀을 완전히 왜곡했다. 디모데후서 2:26의 『마귀의 뜻대로 그에게 사로잡혔던 그들이 마귀의 올무에서 깨어 나올까 함이라.』는 말씀은, 주의 종이 반대하는 자들을 온유함으로 바로잡아 주어야 하는데(딤후 2:24,25), 그 "반대하는 자들"이 바로 "마귀의 뜻대로 마귀에게 사로잡혔던 자들"이며, 또 그들을 바로잡아 줌으로써 마귀의 올무에서 그들이 깨어 나오도록 하는 것이 주의 종의 역할임을 알려 준다. 그런데 〈개역성경〉과 〈개역개정판〉은 「저희로 깨어 마귀의 올무에서 벗어나 하나님께 사로잡힌바 되어 그 뜻을 좇게 하실까 함이라」고 변개함으로써, 마귀의 올무에서 벗어나야 할 사람들이 "마귀의 뜻대로 마귀에게 사로잡혔던 자들"이라는 사실을 제거해 버렸고, 대신에 하나님께 사로잡혀 하나님의 뜻을 따르게 한다고 심각한 변개를 저질렀다.

한편 신약성경에서 "디아볼로스"(διάβολος) 외에 "마귀"를 뜻하는 헬라어 단어는 "나이몬"(δαιμων)인데, "다이몬(δαίμων), 다이모니온(δαιμόνιον), 다이모니조마이(δαιμόνιζομαι)" 등으로 총 79회 기록되어 있으며, 사탄 마귀의 사역을 수행하는 많은 "마귀들"(devils)을 지칭한다.

구약에는 "마귀들"(devils)이라는 복수 표현이 총4회 나오는데(레 17:7, 신 32:17, 대하 11:15, 시 106:37),[62] 신명기 32:17에서 〈개역성

62) 구약성경에는 사탄을 지칭하는 단수 표현의 "마귀"(the devil)는 한 번도 나오지 않고 "사탄"(Satan)이라는 표현으로 총 18회 기록되어 있다. [대상 21:1, 욥 1:6,7(2회),8,9,12(2회); 2:1,2(2회),3,4,6,7, 시 109:6, 슥 3:1,2(2회)]

경〉은 복수 표현인 "마귀들"을 단수인 "마귀"로 오역했고, 〈개역개정판〉은 "귀신들"이라고 변개했다. 나머지 세 곳에서 〈개역성경/개역개정판〉은 "마귀들"이라는 단어를 삭제하고 대신에 "수염소/숫염소"(레 17:7), "수염소 우상/숫염소 우상"(대하 11:15), "사신(邪神)/악귀들"(시 106:7)이라고 변개함으로써 구약성경에서 마귀들의 실체를 분별하지 못하게 만들었다. 여기서 "마귀들"이라는 복수 표현을 "마귀"라는 단수로 변개함으로써, 마귀는 오직 하나만 있는 존재이고 여러 "마귀들"이 있다는 사실을 부정하는 거짓 교리를 만들어내게 되었다. 특히 성락교회의 김기동 목사가 변개된 〈개역성경〉에 근거하여 이와 같은 이단 교리를 주장하는 대표적인 사례이다.

〈개역성경〉과 〈개역개정판〉을 비롯한 한글 번역본들이 "다이몬"의 뜻을 바르게 알지 못했기 때문에 헬라어 "다이몬"과 영어 "demon"을 "귀신"이라고 오해했으며, 신약에서 79회 중 마가복음 5:12에서 "마귀"를 삭제하고, 78회 모두 "마귀"라는 바른 번역을 버리고 "귀신"이라고 변개했다. 또한 마귀의 실체와 역사를 감추는 이와 같은 성경 변개를 자행하면서, "마귀들"이 "영들"이라는 사실을 알려 주는 구절들도 함께 변개했다. 마태복음 8:16에서 『영들』(the spirits)이라는 표현을 헬라어 원문을 무시한 채 "귀신들"이라고 변개했으며, 누가복음 8:29; 9:42에서는 마귀들을 "더러운 영"(the unclean spirit)으로 기록하는데도 헬라어 원문을 무시하고 "더러운 귀신"이라고 변개했다. 특히 마태복음 9:34; 12:24, 마가복음 3:22 등에서 『마귀들의 통치자』인 비엘세붑, 곧 "사탄"(막 3:23)을 「귀신의 왕」이라고 변개한 것은, "마귀 사탄"이 단지 "죽은 사람들"(귀신)의 왕이라고 주장하는 심각한 오류를 범한 것이다. 이와 같은 성경 변개의 배경에는 현대 영어 번역본들이 "마귀"를 뜻하는 "devil"이라는 영어 〈킹제임스성경〉의 바른 표현을 삭제하고 그 뜻을 바르고 분명하게 전달하지 못하는 "demon"이라고 변개한 것을 따랐기 때문이다. 영어의 "demon"은 헬라어 "다이몬"을 음역(音譯)한 것일 뿐이며 그 뜻을 번역한 것이 아니다.

고대 철학자들(피타고라스, 탈레스...)이나 역사학자들(플루타크...)은 헬라어 "다이몬"을 신들과 사람들 사이를 연결하는 수호신으로서 그리스 신화에 나오는 황금 시대의 사람들을 지칭하는 것으로 사용했다. 또한 소크라테스나 고대 그리스의 시인들은 선한 사람이 죽으면 죽은 사람들 가운데서 영예롭게 되고 능력을 부여받으며 하나의 "다이몬"이 된다고 말했다.[63] 이러한 개념은 성경을 거부한 이교도 철학자들의 망상이지 실제로 존재하는 것에 대한 설명이 아니다. 또한 철학자들 자신과 소위 지혜롭다고 하는 자들을 격상시킨 표현이다. 그러나 이러한 개념과 다르게 성경에 기록된 "다이몬"은 악한 의미로 사용된 것이며, "악령"이나 "더러운 영"으로 불리는 "마귀들"을 뜻한다.[64] 따라서 영어 〈킹제임스성경〉의 번역자들은 헬라어 "디아볼로스"와 "다이몬"을 모두 "마귀/마귀들"을 뜻하는 "devil/devils"라고 바르게 번역한 것이다. 〈한글킹제임스성경〉 역시 헬라어 원문과 영어 〈킹제임스성경〉의 정확한 표현에 따라 "마귀"와 "마귀들"로 정확하고 일관성있게 번역했

63) Marvin R. Vincent, *Vincent's Word Studies in the New Testament*, Vol.I, (Peabody, MA.: Hendrickson Publishers), pp.165,166.

64) 성경에는 "악한 영" 또는 "악령"으로 13회 나오며(판 9:23, 삼상 16:14...), "더러운 영"으로 22회 나온다(슥 13:2, 마 10:1...).

다. 반면 모든 현대 영어 번역본들과 〈개역성경〉과 〈개역개정판〉은 "마귀"의 역사를 보여 주는 "마귀들"을 이교도의 신화나 샤머니즘에서 통용되는 실존하지 않는 가상의 존재인 "귀신"(demon)이라고 변개했다. 그 결과 한국 교회의 마귀론이나 소위 '귀신론'은 비성경적인 거짓 교리들로 가득하며, 매우 혼미한 상태이다.

이상에서 확인하는 바와 같이 분명히 알아야 할 사실은, 변개되지 않은 바른 성경이 없이는 결코 사탄의 실체와 그 역사를 바르게 분별하여 깨달을 수 없으며, 이와 같은 오류들도 바로잡을 수 없다는 것이다.

4. 데살로니가후서 2:3-7, "사탄"을 "성령"으로 바꾼 성경 변개와 왜곡된 해석

1) 성경 변개와 왜곡된 해석

『이제 너희는 무엇이 막고 있는지를 아나니 이는 그(he)가 자기(his) 때에 나타나려는 것이라. 불법의 신비가 이미 활동하고 있나니 현재는 막는 자(he who... letteth)가 있어 막을 것이나 그(he)가 그 길에서 옮겨질 때까지만 그리하리라』(살후 2:6,7).

데살로니가후서 2:7의 『막는 자』와 『그』가 성령님을 지칭하는 것이라는 주장은 배교한 근본주의자들의 왜곡된 해석이다. 이들뿐만 아니라 자신들이 정통이라고 자처하며 보수주의나 복음주의를 외치는 교단 신학교들과 교회들의 교수들이나 목사들은 물론, 대부분의 사람들이 이 구절의 의미를 대단히 잘못 알고 있다. 특히 미국의 근본주의자들이 만든 변개된 〈뉴킹제임스성경, NKJV〉은 7절의 『그』(he)의 첫 번째 알파벳 "h"를 대문자 "H"로 바꾸어 「그분」(He)이라고 신성을 부여함으로써 『그』가 성령님이라는 사사로운 해석을 하도록 변개했으며, 〈리버티 성경 주석〉은 "지금 죄의 사람의 활동을 억제하고 있는 것이 성령의 사역임을 단정할 수 있는 타당한 이유가 있다."고 주석함으로써 역시 심각한 오류를 범하고 있다. 환란 전에 성도들이 휴거된다는 성경적 진리를 입증하고자 하는 일단의 배교한 근본주의자들의 열정이 잘못 표출됨으로써 7절을 왜곡하게 된 것이다. 7절의 『그』가 "성령"이라고 잘못 단정하고, 데살로니가후서 2:3의 배교는 "성령"께서 세상으로부터 옮겨지실 때, 즉 그리스도의 몸인 교회를 이끌고 올라가신 이후라고 잘못 판단한 것이다. 이와 같은 오류는 두 가지 사실을 간과한 결과이다.

첫째, 전후 문맥 어디에도 성령이나 그리스도의 몸을 지칭하는 표현이 없다. 문맥을 벗어난 성경 해석은 억측일 뿐이다.

둘째, 『그가 그 길에서 옮겨질』이라는 말씀에서 『그』는 성령을 지칭할 수 없는데, 그 이유는 하나님이신 성령께서는 어디에나 계시기에(렘 23:24, 시 139:7,8) 옮겨지지 않기 때문이다. 또한 성령께서는 교회 시대 이후에 이 땅에서부터 옮겨지실 수 없는데, 그 이유는 성령께서 "환란 때에" 이 땅에서 144,000명의 구원받은 유대인 성도들을 불러내실 것이며, 아무도 셀 수 없는 많은 수의 무리도 또한 불러내시는 역사를 이루실 것이기 때문이다(계 7장). 성령님의 사역은 교회가 휴거된 이후인 환란 시대에도 이 땅에서 계속될 것이다(계 11:11). 그러므로 7절의 『그』가 성령님이라고 가르치는 것은 거짓 교리이다.

2) "막는 자"와 "그"는 누구인가?

데살로니가후서 2:6,7의 『막는 자』와 『그』는 누구인가? 그것은 문맥을 보면 분명하게 알 수 있다. 밑줄친 부분을 주의깊게 읽으며 6,7절과 연관해서 판단해 보기 바란다.

『*1* 형제들아, 우리 주 예수 그리스도의 오심과, 그 앞에 우리
가 함께 모이는 일에 관하여 이제 너희에게 간구하노니, *2* 영
으로나 말로나 또는 우리에게서 받았다고 하는 편지로나 그리스
도의 날이 가까웠다고 마음이 쉽게 흔들리거나 두려워해서는 안
될 것이라. *3* 아무도 어떤 모양으로든지 너희를 미혹하지 못하
게 하라. 이는 먼저 배교하는 일이 이르지 않고서는 그 날이 오
지 아니함이라. 그리고 나서 그 죄의 사람 곧 멸망의 아들이 나
타나리라. *4* 그는 대적하는 자며, 또 하나님이라고 불리는 모든
것과 숭배받는 대상 위에 자신을 높여 하나님의 성전에 앉아 하
나님처럼 보여 자신을 하나님이라고 하느니라. *5* 내가 너희와
함께 있었을 때에 너희에게 이 일들에 대해 말한 것을 기억하지
못하느냐? *6* 이제 너희는 무엇이 막고 있는지를 아나니 이는
그가 자기 때에 나타나려는 것이라. *7* 불법의 신비가 이미 활
동하고 있나니 현재는 막는 자가 있어 막을 것이나 그가 그 길
에서 옮겨질 때까지만 그리하리라. *8* 그리고 나서 그 악한 자가
나타나리니 주께서 그를 자기 입에서 나오는 영으로 소멸하시고
그의 찬란한 오심으로 제거하시리라』(살후 2:1-8).

(1) 전후 문맥을 주의깊게 읽으면, 특히 6,7절은 『이제 너희는 무엇이 막고 있는지를 아나니 이는 그가 자기 때에 나타나려는 것이라. 불법의 신비가 이미 활동하고 있나니...』라고 기록함으로써 막고 있는 그 "무엇"이라는 중성의 표현이 지칭하는 것이 바로 "불법의 신비"라는 사실을 알려주고 있다. 『불법의 신비』는 다음과 같이 크게 세 가지로 설명할 수 있다.

첫째, 디모데전서 3:16에 나타난 『경건의 신비』가 하나님께서 육신으로 나타나신 것을 말씀하는 것처럼, 『불법의 신비』는 사탄이 육신으로 나타나는 것을 뜻한다. 이것은 하나님을 모방하는 사탄의 특징을 잘 드러내는 사례이다. 성경은 유다 이스카리옷을 사탄이 육신을 입고 온 것이라고 말씀하며(요 6:70; 17:12) 그는 지옥이 아닌 "그 자신의 거처"(행 1:25), 곧 끝없이 깊은 구렁으로 갔으며, 앞으로 대환란 때에 그곳에서 올라와 육신을 입고 다시 나타나게 될 것이다(계 13:1).

둘째, 사탄이 육신으로 나타나는 것을 예표하는 특별한 사람들에게 역사하는 사탄의 활동을 뜻한다. 카인, 님롯, 파라오, 카이사, 교황 등이 대표적인 사례이다. 데살로니가후서 2:7의 말씀대로 바울의 때에도 『불법의 신비가 이미 활동하고』 있었는데, 역사적으로 당시 로마의 카이사에게 적용할 수 있으며, 이후에 로마카톨릭이 형성되었을 때에는 교황이 가장 적합한 적용 대상이다. 따라서 이러한 인물들을 성경적으로 "적그리스도들"이나 "죄의 사람"들이라고 말하는 것이다.

셋째, (첫 번째와 같이) 사탄 자신이 장차 육신을 입고 『멸망의 아들』로 이 땅에 나타나기 전까지 (두 번째에 해당하는) 많은 적그리스도들을 허용하거나 막고 있는 사탄의 역사를 뜻한다. 이것이 7절에서 말하는 불법의 신비에 대한 적합한 설명이다.

(2) "죄의 사람"은 적그리스도의 한 유형으로, 『멸망의 아들』인 『적그리스도』가 오기 전에 역사를 통해 『많은 적그리스도』가 나타나게 되는데(요일 2:18), 역사적으로 "죄의 사람"이라고 불리는 인물들, 특히 많은 교황들이 있었다. 그러나 장차 대환란 때에 "죄의 사람"은 더 완전한 모습으로 나타나는데, 성경은 『그 죄의 사람(that man of sin) 곧 멸망의 아들』로 나타날 것이라고 말씀한다(살후 2:3). 이사야 14:16은 사탄을 "이 자"(this the man)라고 말씀하는데, 그가 이 땅에 나타날 때에는 "한 사람"(계 13:18)으로 오게 될 것이다. 즉 사탄이 육신을 입고 "한 사람"으로 오는 것에 대해 성경은 그를 "적그리스도"(요일 2:18), "짐승"(계 13:1), "그 죄의 사람"(살후 2:3), "멸망의 아들"(살후 2:3), "그 악한 자"(살후 2:8)라고 말씀한다.

(3) 사탄이 『지극히 높으신 분같이 되리라.』(사 14:14)고 말한 것에서 보듯이 사탄은 하나님을 "모방하는"(imitate) 자이기 때문에 사탄에 대한 성경 말씀은 그가 예수 그리스도를 모방하여 예수 그리스도와 거의 비슷하다는 것이다. 예수 그리스도께서 『하나님의 아들』(요 9:35)이신 반면 적그리스도는 『멸망의 아들』이며(살후 2:3), 예수 그리스도께서 『슬픔의 사람』(사 53:3)이신 반면 적그리스도는 『죄의 사람』(살후 2:3)이고, 예수 그리스도께서 『경건의 신비』(딤전 3:16)를 이루신 반면 적그리스도는 『불법의 신비』(살후 2:7)를 성취할 것이며, 예수 그리스도께서 『참 포도나무』(요 15:1-3)이신 반면 적그리스도는 『땅의 포도송이(계 14:18)』가 될 것이고, 예수 그리스도께서 『선한 목자』(요 10:14)이신 반면 적그리스도는 『우상 목자』(슥 11:17)이며, 예수 그리

스도께서 아버지의 이름으로 오셨던 반면(요 5:43) 적그리스도는 『자기 이름으로』(요 5:43) 오게 될 것이다.

이렇게 예수 그리스도를 모방하여 이 땅에 육신을 입고 오게 될 사탄에 대해 데살로니가후서 2:4은 『그는 대적하는 자며, 또 하나님이라고 불리는 모든 것과 숭배받는 대상 위에 자신을 높여 하나님의 성전에 앉아 하나님처럼 보여 자신을 하나님이라고 하느니라.』고 말씀하는데, 다니엘은 이렇게 행하는 적그리스도에 대해 다니엘 11:36,37에서 다음과 같이 예언했다. 『그 왕이 자기 뜻대로 행하고 자신을 높일 것이요 모든 신보다 자기를 높이고 신들의 하나님을 거슬러 이상한 일들을 말할 것이며 그 분노가 마칠 때까지 번성하리니, 이는 작정된 일이 이루어질 것임이라. 또 그는 자기 조상들의 하나님이나 여자들의 원하는 바를 개의치 않으며 또 아무 신도 개의치 아니할 것이니, 이는 그가 모든 것보다 자신을 높일 것임이라.』 이 말씀을 역사적으로 적용하여 〈킹제임스성경〉의 번역자들이 당대에 로마카톨릭의 교황을 "죄의 사람"이라고 불렀던 것은 성경적인 판단이었다. 이와 같이 장차 나타날 적그리스도의 선두주자들은 역사를 통해 나타난 교황들이며, 그들은 "적그리스도들"이다(요일 2:18). 모든 교황들은 하나님께만 해당하는 이름인 『거룩하신 아버지』를 자신들에게 사용해 왔으며, 교황은 자기가 전능하신 하나님으로 대접받고 존경받아야 마땅하다고 주장하는 죄인인 것이다. 이제 장차 육신으로 나타날 사탄, 곧 창세기 3:15에서 예언된 "뱀의 씨"가 될 "한 사람"의 교황이 나타나게 될 것이며, 성경은 그를 『그 죄의 사람 곧 멸망의 아들』이라고 부른다.

(4) 『불법의 신비』는 사도 바울의 때에도 이미 활동하고 있었고 지금도 마찬가지며 장차 『그 죄의 사람 곧 멸망의 아들』이 나타나기까지 계속될 것이다. 따라서 『불법의 신비』는 교황들을 비롯한 많은 적그리스도를 "허용"하면서 동시에 "막고 있는"데(영어 〈킹제임스성경〉의 "let"은 "허용하다"와 "막는다"는 두 개의 뜻이 다 있다), "사탄"이 그 길에서 옮겨질 때까지이며, 그리고 나서 사탄이 『멸망의 아들』(3절), 곧 『그 악한 자』(8절)로 나타나게 될 것이다. 요한계시록 12장에서 미카엘과 그의 천사들이 "용"인 사탄과 그의 천사들과 싸워 승리함으로써 사탄과 그의 천사들은 더 이상 하늘에 있지 못하고 땅으로 쫓겨나게 된다(계 12:7-9). 그리고 13장에서 한 "짐승"이 나오는데, 그는 사탄이 육신을 입고 나타난 "한 사람"으로 적그리스도이다.

따라서 데살로니가후서 2:7에서 말씀하는 "막는 자"(he who... letteth)와 "그"(he)는 당연히 "사탄" 자신으로 『그(he)가 자기(his) 때에 나타나려고』 많은 적그리스도들을 허용하면서 동시에 막고 있었던 것이며, 대환란 때에 사탄 자신이 하늘로부터 쫓겨나게 될 상황이 도래하면 그는 자기 때가 얼마 남지 않았음을 알고(계 12:12) 이 땅에 육신을 입고 『멸망의 아들』로 나타나서 사람들을 미혹하게 될 것이다.

3) <개역성경>과 <개역개정판>의 실상

성경의 예언대로 사탄은 『멸망의 아들』로 "한 사람"의 몸을 입고 이 땅에 나타날 것이다. 성경은 구원받은 성도들이 주 예수 그리스도 앞에 함께 모이는 일(살후 2:1), 즉 휴거가 있기 전에 『배교하는 일』이 먼저 일어난다고 말씀한다. 데살로니가후서 2:3에서 『먼저 배교하는 일이 이르지 않고서는 그 날이 오지 아니함이라.』고 분명히 말씀하고 있는데, 이렇게 배교가 있고, 교회는 휴거되며, 그리고 나서 사탄은 평화의 사도를 가장하여 "한 사람"의 몸을 입고 『멸망의 아들』로 출현하게 되는 것이다. 『그가 자기 때에 나타나려는 것이라.』(살후 2:6)는 말씀에 따르면 그 악한 자(사탄)는 대환란 때, 곧 『자기 때에』 나타나며 온 세상이 그를 알게 될 것이다(계 13장). 이는 그 악한 자가 사탄의 역사를 따라 모든 능력과 표적들과 거짓 이적들과 모든 불의의 속임수로 오기 때문이며(살후 2:9,10), 멸망하는 사람들은 그의 속임수에 넘어가게 될 것이다. 성경의 예언대로 그대로 성취될 것인데, 당신은 어떤 믿음과 지식을 가지고 있는가?

이와 같은 진리의 지식을 과연 〈개역성경〉과 〈개역개정판〉으로 깨닫거나 입증할 수 있겠는가? 결코 그럴 수 없다. 직접 비교해 보면 그 변개의 실상을 쉽게 알 수 있을 것이다.

첫째, 데살로니가후서 2:3에서 원문을 무시한 채 『그 죄의 사람』을 「저 불법의 사람」으로 변개했다.

둘째, 데살로니가후서 2:4은 『그는 대적하는 자며, 또 하나님이라고 불리는 모든 것과 숭배받는 대상 위에 자신을 높여 하나님의 성전에 앉아 하나님처럼 보여 자신을 하나님이라고 하느니라.』는 말씀인데, 이 구절을 「저는 대적하는 자라 범사에 일컫는 하나님이나 숭배함을 받는 자 위에 뛰어나 자존하여 하나님 성전에 앉아 자기를 보여 하나님이라

하느니라」고 변개함으로써 적그리스도가 "범사에 일컫는 하나님이나 숭배함을 받는 자 위에 뛰어나"다고 주장하는 심각한 오류를 범했다.

셋째, 데살로니가후서 2:6에서 『이제 너희는 무엇이 막고 있는지를 아나니 이는 그가 자기 때에 나타나려는 것이라.』는 말씀을 「저로 하여금 저의 때에 나타나게 하려 하여 막는 것을 지금도 너희가 아나니」라고 변개함으로써 사탄 자신이 육신을 입고 나타나려고 사탄 자신이 막는다는 뜻을 제거하고, 성령 등 다른 존재가 막는 것으로 해석할 수 있게 왜곡했다.

넷째, 데살로니가후서 2:7에서 『불법의 신비』를 「불법의 비밀」로 변개했다. 『신비』란 깨달은 자들이 알려야 할 것이지만, 「비밀」은 결코 말해서는 안 되는 것이다. 또한 7절에서 『현재는 막는 자가 있어 막을 것이나 그가 그 길에서 옮겨질 때까지만 그리하리라.』는 말씀을 「지금 막는 자가 있어 그 중에서 옮길 때까지 하리라」고 변개하여 『막는 자』인 사탄을 지칭하는 대명사 『그』를 삭제한 것은 물론, 무슨 뜻인지 알 수 없게 만들었다.

교회사를 통해 입증된 진리는, 바른 성경을 거부하고 바른 성경에 근거한 진리의 지식에 무지한 사람들이 사탄에게 속아 왔으며 앞으로도 계속 속을 것이라는 사실이다. 오직 변개되지 않은 바른 성경을 통해서만 사탄의 정체를 바르게 알 수 있으며, 또한 그를 대적할 수 있는 것이다.

5. 사탄의 종말과 심판

지극히 높으신 하나님께 반역하여 대적했던 사탄은 자신을 높여 하나님과 같이 되고자 했으나(사 14:13,14), 하나님께서 그를 벌하여 셋째 하늘로부터 쫓아내셨고, 그후 사탄의 위치는 계속 낮아져 땅으로, 또 땅의 가장 낮은 곳까지 떨어져 내려가게 하셨다(사 14:12,15). 주 하나님의 말씀대로 사탄의 운명은 가장 낮은 곳으로 떨어져 영원한 형벌을 받는 것이다. 세상의 기초를 놓으시기 전에 하나님의 영원한 계획 속에 사탄의 종말은 확정되었으며, 역사를 통해 성취되어 왔고, 또 미래에 성취될 것이다.

이와 같이 높아지고자 했던 사탄의 위치는 그가 반역한 후에 셋째 하늘에서 둘째 하늘로(창 1:2, 사 14:12a), 그리고 첫째 하늘과 땅으로(계 12:9,10,12,13, 사 14:12b), 다시 지옥과 구렁으로(사 14:15, 계 20:1-3), 마지막에는 우주의 가장 낮은 곳인 영원한 불못으로 떨어져 내려가는 것이다(계 20:10). 이와 같이 사탄은 단계적으로 지극히 높으신 하나님께서 계신 셋째 하늘로부터 가장 낮은 불못에까지 떨어져 내려가는 것을 성경이 분명히 계시해 주고 있다(눅 10:18).

1) 이사야 14:12-15

이사야 14:12의 『땅으로 끊어져 <u>내렸느냐</u>』를 〈개역성경〉은 「땅에 <u>찍혔는고</u>」라고 오역하여 사탄이 하늘에서 땅으로 내려왔다는 사실을 정확하게 알려 주지 못한다. 이사야 14:15의 『...너는 지옥까지 <u>끌어내려</u>

질 것이요, 구렁의 사면까지 끌어내려지리라.』를 〈개역성경〉은 「...네가 음부 곧 구덩이의 맨 밑에 빠치우리로다」로 오역함으로써 사탄이 지옥과 구렁에까지 내려가게 될 운명에 대해 정확하고 분명하게 보여 주지 못했다.

2) 요한계시록 12:7-12

요한계시록 12:7-10에 따르면, 대환란 때에 사탄은 하늘에서 쫓겨나게 된다.

> 『또 하늘에 전쟁이 있으니 미카엘과 그의 천사들이 용을 대항하여 싸우고 용과 그의 천사들도 싸우나 그들이 이기지 못하여 하늘에서 더 이상 있을 곳을 찾지 못하더라. 그리하여 그 큰 용이 쫓겨나니 그는 마귀라고도 하고 사탄이라고도 하는 옛 뱀, 곧 온 세상을 미혹하던 자라. 그가 땅으로 쫓겨나고 그의 천사들도 그와 함께 쫓겨나더라... 그 고소자가 쫓겨났기 때문이니라.』 현재 그리고 대환란의 한 시점까지 사탄은 하늘에서 활동하고 있으나 대환란 때에는 땅으로 쫓겨나서 이 땅에 내려와 이 세상을 미혹하게 된다. 요한계시록 12:12은 이렇게 말씀한다. 『그러므로 너희 하늘들과 그 안에 거하는 너희는 즐거워하라. 땅과 바다에 사는 자들에게는 화 있으리라! 이는 마귀가 자기 때가 얼마 남지 않았음을 알고 크게 분노하며 너희에게로 내려갔음이라."고 하더라.』

3) 요한계시록 19:20; 20:1-3,7-10

창세기 3:15은 예수 그리스도께서 사탄의 머리를 부수실 것을 예언했으며, 로마서 16:20에서 사도 바울은 평강의 하나님께서 사탄을 속히 성도들의 발 아래서 부수실 것이라고 말씀했는데, 주님의 재림을 통해 이 말씀들이 실제적으로 성취될 것이다.

주님께서 재림하실 때, 짐승과 땅의 왕들이 주님을 대적하여 아마겟돈 전쟁을 하게 되는데 주님께서는 그들에게 승리하신다(계 19:17-19). 따라서 대환란 중에 용의 권세를 받아 하나님을 대적하던 짐승, 곧 적그리스도와 거짓 선지자는 유황으로 불타오르는 불못에 산 채로 던져지게 된다(계 19:20).

또한 용인 사탄은 하늘에서 끝없이 깊은 구렁의 열쇠를 가지고 내려온 천사에 의해 사슬에 묶여 땅 아래의 끝없이 깊은 구렁으로 던져져 천 년 동안 갇힐 것이다(계 20:1-3). 그러나 천년왕국이 끝나면 잠시 풀려나(계 20:3b) 땅의 민족들을 미혹하여 하나님을 대적하는 전쟁을 일으키는데, 하나님께서 하늘로부터 불을 내려보내시어 그들을 불로 삼켜 버리실 것이다(계 20:7-9). 그들을 미혹하던 사탄 마귀는 불과 유황이 타는 못에 던져져 영원 무궁토록 밤낮 고통을 받게 될 것이다(계 20:10). 이것이 사탄에 대한 최종 심판이다.

4) 누가복음 10:18

『주께서 그들에게 말씀하시기를 "사탄이 하늘에서 번개처럼 떨어지는 것을 내가 보았노라.』 이 구절은 초림 당시에 주님께서 이 말씀을 하셨을 때나, 아니면 그보다 조금 전에 사탄이 하늘에서 떨어지는 것을 보셨다는 뜻이 아니다. 이 구절은 예수 그리스도께서 삼위일체 하나님으로서 세상의 기초를 놓으시기 전에 이미 사탄의 운명을 확정하셨음을 알려 주며, 또한 사탄이 미래에 하늘로부터 떨어질 것을 미리 보셨던 것을 말씀하신 것이다. 따라서 이 구절은 사탄이 셋째 하늘로부터 쫓겨나 떨어진 것부터 계속해서 그 위치가 낮아지는 사건들에 적용할 수 있다.

18절의 전후 문맥은 마귀들이 주님의 이름을 대면 제자들에게 복종한다는 말씀과(17절), 주님께서 제자들에게 뱀과 전갈을 밟으며 원수의 모든 권세를 제어할 권세를 주셔서 아무것도 제자들을 해치지 못하게 하셨다는 말씀들이 기록되어 있다(19절). 그러므로 주님께서는 마귀가 이미 심판을 받았고, 또 받을 것이 확정되어 있으며, 하늘과 땅의 모든 권세를 가지신 주님의 권위 아래 있기 때문에, 주님께서 권세를 주신 제자들이 마귀들을 제어할 수 있음을 말씀하신 것이다.

5) 결론

이 시대를 살고 있는 그리스도인에게 성경은 다음과 같은 권면을 하고 있다. 『끝으로 나의 형제들아, 주 안에서와 그의 힘의 능력 안에서 강건하라. 너희는 마귀의 술책에 대항하여 설 수 있도록 하나님의 전신갑옷을 입으라. 이는 우리의 싸움이 혈과 육에 대항하는 것이 아니라 정사들과 권세들과 이 세상 어두움의 주관자들과 높은 곳들에 있는 영적 악에 대항하는 것이기 때문이니라』(엡 6:10-12). 또한 성경은 우리에게 주님 편에 서서 주님의 능력있는 권세로 마귀를 대적하라고 말씀한다. 『마귀를 대적하라. 그리하면 그가 너희로부터 도망하리라』(약 4:7). 마귀가 도망하도록 마귀를 향해 뺃을 강력한 공격 무기는 『성령의 칼, 곧 하나님의 말씀』(엡 6:17)이다. 당신에게 그 하나님의 말씀이 있는가?

지금까지 몇 차례에 걸쳐 살펴본 사탄에 관한 많은 구절들의 사례들을 통해서 입증된 사실은, 오직 변개되지 않은 바른 성경을 통해서만 사탄의 정체와 역사를 바르게 밝힐 수 있으며, 또 사탄을 대적할 수 있는 분별력을 얻을 수 있다는 것이다. 영적 전쟁에서 승리하기 원한다면 하나님의 전신갑옷을 입어야 하며, 이 영적 무장에서 중심이 되어야 할 것은 성령의 칼인 하나님의 말씀이다. 따라서 변개된 성경들을 들고 이 전쟁에 임하고 있는 사람들은 자신들의 성경이 사탄의 정체를 가리고 영적 분별력과 능력을 제거하는 사탄의 독보리이며, 위조품이라는 사실을 깨날아야 한나.

영적 전쟁에서 승리하기 원하고, 하나님의 뜻대로 신실한 믿음을 지니고 실행하기 원한다면 무엇보다도 먼저 하나님께서 이 땅의 그리스도인들에게 주신 보존된 하나님의 말씀이 어떤 성경인가를 분별하고 확신하며, 그 성경을 자신의 최종권위로 삼아 손에 들고 마음에 새겨 사탄과 접전하는 것이다.

참고문헌

1. 성경

1) 한글 성경

『한글킹제임스성경』. 서울: 말씀보존학회, 1994.
『한글킹제임스 스코필드주석성경』. 서울: 말씀보존학회, 2004.

2) 영어 성경

The Holy Bible, An Exact Reprint in Roman Type, Page to Page of the Authorized Version Published in the Year 1611, with an Introduction by Alfred W. Pollard. The Facsimile 1611 Bible, This bible is one of limited edition of 250 copies, Copy Number 8. Walton Street, Oxford: Oxford University Press, 1985.
The Scofield Study Bible, The Holy Bible, Containing the Old and New Testaments Authorized King James Version, edited by C. I. Scofield. Scofield Facsimile Series No.2. New York, NY: Oxford University Press, 1917.

3) 히브리어 성경

תורה נביאים ובתובים, *The Holy Scriptures of the Old*

Testament, Hebrew and English. London: The British & Foreign Bible Society, 1985.

4) 헬라어 성경

H KAINH ΔIAΘHKH, The Greek Text Underlying the English Authorized Version of 1611. Kingston Road, London: Trinitarian Bible Society, 1991.

2. 변개된 성경

1) 한글 번역본

『공동번역 성서』. 서울: 대한성서공회, 1984.

『성경젼셔』. 대영성서공회, 1911.

『성경전서 개역한글판』. 서울: 대한성서공회, 1961.

『성경전서 개역개정판』. 서울: 대한성서공회, 1998.

『성경전서 표준새번역』. 서울: 대한성서공회, 1993.

『성경전서 표준새번역 개정판』. 서울: 대한성서공회, 2001.

『셩경개역』. 죠션경셩셩셔공회, 1938.

『성경 신세계역』. 서울: (사)워치타워성서책자협회, 1999.

『쉬운성경』. 서울: (주)아가페출판사, 2001.

『예수셩교젼셔』. 경셩 문광셔원, 1887.

『우리말성경』. 서울: (사)두란노서원, 2004.

『현대어성경』. 서울: 성서교재간행사, 1991.

2) 영어 번역본

New International Version. Colorado Springs, CO: International Bible Society, 1984.

New Living Translation. Wheaton, IL: Tyndale House Publisher, INC, 1996.

New World Translation of the Holy Scriptures - with References. English Revised ed. Brooklyn, New York: Watch Tower Bible and Tract Society of New York, INC., 1984.

3) 히브리어 비평판본

Biblia Hebraica Stuttgartensia, edited by Karl Elliger, Wilhelm Rodolph. Stuttgart: Deutsche Bibelgesellschaft, 1990.

4) 헬라어 비평판본

Nestle-Aland Novum Testamentum Graece, post Eberhard et Erwin Nestle editione vicesima septima revisa, communiter ediderunt Barbara et Kurt Aland, Johannes Karavidopoulos, Carlo M. Martini, Bruce M. Metzger. 27. revidierte Auflage. Stuttgart: Deutsche Bibelgesellschaft, 1995.

The Greek New Testament, edited by Barbara Aland, Kurt Aland, Johannes Karavidopoulos, Carlo M. Martini, and Bruce M. Metzger. Fourth Revised Edition. Stuttgart: Deutsche Bibelgesellschaft / United Bible Societies, 1993.

The New Testament in the Original Greek, The Text Revised by Brooke Foss Westcott and Fenton John Anthony Hort. New York, NY: The Macmillan Company, 1936.

3. 단행본

게일 립링거. 『뉴에이지 성경 역본들』. 바른 성경을 찾아서 8. 신혜선 옮김. 서울: 말씀보존학회, 1998.

나채운. 『바른성경 바른해석 바른설교』. 서울: 성지출판사, 2002.

민영진. 『'개역'의 전통을 잇는 한국 교회 예배용 성경 '개역개정판'』. 서울: 대한성성서공회, n.d.

민영진. 『개역개정판 이렇게 달라졌다』. 서울: 대한성서공회 성경원문 연구소, 2003.

옥성득 · 이만열. 『대한성서공회사』. 제1권. 서울: 대한성서공회, 1993.

류영대 · 옥성득 · 이만열. 『대한성서공회사』. 제2권. 서울: 대한성서공회, 1993.

이송오. 『하나님께서는 한 가지 성경만을 쓰셨다』. 서울: 말씀보존학회, 1994.

_____. 『현저한 차이』. 서울: 말씀보존학회, 1999.

_____. 『영원히 세워진 주의 말씀들』. 서울: 말씀보존학회, 2002.

조승규. 『칠십인역의 망상』. 바른 성경을 찾아서 5. 서울: 말씀보존학회, 1996.

_____. 『하나님께서 지키신 성경』. 바른 성경을 찾아서 7. 서울: 말씀보존학회, 1998.

페리 록우드. 『섭리로 보존된 성경』. 바른 성경을 찾아서 2. 서울: 말씀보존학회, 1994.

편집부. 『킹제임스성경의 신비』. 바른 성경을 찾아서 1. 서울: 말씀보존학회, 2001.

편집부. 『훼손당한 성경』. 바른 성경을 찾아서 3. 서울: 말씀보존학회, 2007.

피터 럭크만. 『배교의 결정판 NIV』. 김기준 옮김. 서울: 말씀보존학회, 1994.

피터 럭크만. 『조직신학』. 서울: 말씀보존학회, 2004.

Collett, Sidney. *All About The Bible*. n.p. Fleming H. Revell Company, n.d.

Fuller, David Otis. *Which Bible?*. Grand Rapids, Mich.: Institute for Biblical Textual Studies, 1975.

Hills, Edward F. *The King James Version Defended*. Des Moines, Ia.: The Christian Research Press, 1988.

Metzger, Bruce M. *The Text of the New Testament*. New York, Oxford University Press, 1992.

Riplinger, Gail. *New Age Bible Versions*. Munroe Falls, Ohio: A.V. Publications, 1993.

Ruckman, Peter S. *Bible Babel*. Pensacola, Fla.: Bible Baptist Bookstore, 1987.

________. *Problem Texts*. Pensacola, Fla.: Pensacola Bible Institute Press, 1980.

________. *Satan's Masterpiece - The NASV*. Pensacola, Fla.: Bible Baptist Bookstore, 1972.

________. *The Christian's Handbook of Manuscript Evidence.* Pensacola Fla: Pensacola Bible Press, 1976.

________. *The Christian's Handbook of Biblical Scholarship.* Pensacola, Fla.: Bible Baptist Bookstore, 1988.

________. 「The Inspiration of the Bible」, *Theological Studies.* Vol.15. Pensacola, Fla.: Bible Baptist Bookstore, 1988.

Vance, Laurence M. *A Brief History of English Bible Translations.* Pensacola, Fla.: Vance Publications, 1993.

Waite, Jr., D.A. *The Comparative Readability of the Authorized Version.* Collingswood, New Jersey: The Bible For Today Press, 1996.

4. 정기간행물 / 학술논문

김주병. 「성서공회와 가톨릭교회와의 협력」. 『성서한국』. 서울: 대한성서공회. 제13권 2호, 1967.

도한호. 「개역한글판성경 개정의 의의와 방법」. 『성경원문연구』. 서울: 대한성서공회. 제2호, 1998년 2월.

민영진. 「표준새번역은 이 시대 최선의 선택이 될 것이다」. 월간 『목회』. 1993년 10월호.

조승규. 「성경을 믿는 평범한 믿음」. 월간 『성경대로믿는사람들』. 서울: 말씀보존학회. 2000년 7월호, 통권120호. 10-15.

_____. 「개역성경을 고수하는 자들의 영적 혼란」. 월간 『성경대로믿는

사람들』. 서울: 말씀보존학회, 2001년 12월호, 통권117호. 16-22.

_____. 「한글 성경의 역사와 저본의 문제」. 월간 『성경대로믿는사람들』. 서울: 말씀보존학회. 2002년 3월호, 통권120호. 7-13.

_____. 「쉬운성경에 속지 말라」. 월간 『성경대로믿는사람들』. 서울: 말씀보존학회. 2003년 7월호, 통권136호. 11-19.

_____. 「한글킹제임스성경의 역사와 열매」. 월간 『성경대로믿는사람들』. 서울: 말씀보존학회. 2004년 3월호, 통권144호. 9-17.

_____. 「개역성경의 종말과 대한성서공회의 실패」. 월간 『성경대로믿는사람들』. 서울: 말씀보존학회. 2005년 3월호, 통권144호. 56-61.

_____. 「이익을 위해 야합한 대한성서공회와 예장합동」. 월간 『성경대로믿는사람들』. 서울: 말씀보존학회. 2005년 11월호, 통권164호. 62-75.

_____. 「변개된 개역개정판을 선전하는 사람들의 죄」. 월간 『성경대로믿는사람들』. 서울: 말씀보존학회. 2007년 4월호, 통권181호. 42-55.

Hodges, Zane C. 「The Greek Text of the King James Version」. *Bibliotheca Sacra*. 125, 1968.

5. 사전

국립국어연구원. 『표준국어대사전』. 상 · 중 · 하. 서울: (株)두산동아, 1999.

Kittel, Gerhard. and Friedrich Gerhard. ed. *The Theological Dictionary of the New Testament*. Vol. I-X. trans. and ed. Geoffrey W. Bromiley. Grand Rapids, Mich.: WM. B. Eerdmans Publishing Company, 1995.

Botterweck. G. Johannes and Ringgren, Helmer. ed. *The Theological Dictionary of the Old Testament*. Vol. I-IX. Grand Rapids, Mich.: WM. B. Eerdmans Publishing Company, 1988-1998.

Liddell, Henry George and Scott, Robert. *A Greek-English Lexicon*, with a rivised supplement. New York, NY: Oxford University Press, 1996.

Orr, James. ed. *The International Standard Bible Enccyclopedia*. Vol. II. Grand Rapids, Mich.: WM. B. Eerdmans Publishing Co., 1986.

Oxford English Dictionary, Second Edition on CD-ROM Version 3.0 including Additions Series Volumes 1-3. New York, NY: Oxford University Press, 2002.

Vincent, Marvin R. *Vincent's Word Studies in the New Testament*, Vol. I. Peabody, MA.: Hendrickson Publishers. n.d.

Young, Robert. *Analytical Concordance to the Bible*. Grand Rapids, Mich.: WM. B. Eerdmans Publishing Co., 1988.

Strong, James. *The Exhaustive Concordance of the Bible*. Iowa Falls, Ia: World Bible Publishers, n.d.

6. 신문, 웹사이트, 기타

『기독신문』. 2001. 10. 17; 2005. 10. 5.

대한성서공회 웹사이트(www.bskorea.or.kr).

대한예수교장로회총회(합동) 제88회 총회보고서. 2003.

● 지은이 / 조 승 규

• 인하대학교 철학과 (B.A.)
• 인하대학교 인문대학원 철학과 (M.A.)
• 킹제임스성경신학대학 신학과 (B.D., Th.M.)
• 킹제임스성경신학대학 교수 (원문비평학, 칼빈주의비평, 신약학)
• 월간 <성경대로믿는사람들> 편집장
• 말씀보존학회 성경연구원
• 성경침례교회 부목사
• 서울크리스찬중고등학교 교목

● 저서 및 역서

• <칠십인역의 망상>(말씀보존학회)
• <하나님께서 지키신 성경>(말씀보존학회)
• <나는 그리스도인인가 칼빈주의자인가>(피터 럭크만, 말씀보존학회)
• <로마 카톨릭식 성경해석>(피터 럭크만, 말씀보존학회)

바른 성경을 찾아서 11

바이블 내비게이션

초판인쇄 / 2007년 12월 1일
초판발행 / 2007년 12월 5일
지은이 / 조 승 규
펴낸이 / 이 송 오
펴낸곳 / 말씀보존학회
등록 / 16-223(88.12.12)
주소 / 서울 강서 우체국 사서함 90호
전화 / (02) 2665-3743 · 팩스 / (02) 2665-3302
인터넷 / www.biblemaster.co.kr
E-mail / kjv@biblemaster.co.kr

값 9,000 원